谨以此书献给我的父母和师长!

本书得到中国博士后科学基金面上资助

边缘人的呼喊与细语
西欧中世纪晚期女性作家研究

杜力 著

北京大学出版社
PEKING UNIVERSITY PRESS

图书在版编目(CIP)数据

边缘人的呼喊与细语：西欧中世纪晚期女性作家研究 / 杜力著. —北京：北京大学出版社，2017.10

（文学论丛）

ISBN 978-7-301-28777-4

Ⅰ.①边⋯ Ⅱ.①杜⋯ Ⅲ.①女作家—人物研究—西欧—中世纪 Ⅳ.① K835.605.6

中国版本图书馆 CIP 数据核字(2017) 第 229334 号

书　　名	边缘人的呼喊与细语——西欧中世纪晚期女性作家研究 BIANYUANREN DE HUHAN YU XIYU
著作责任者	杜　力　著
责任编辑	李　娜
标准书号	ISBN 978-7-301-28777-4
出版发行	北京大学出版社
地　　址	北京市海淀区成府路 205 号　100871
网　　址	http://www.pup.cn　新浪微博：@北京大学出版社
电子信箱	345014015@qq.com
电　　话	邮购部 62752015　发行部 62750672　编辑部 62754382
印 刷 者	三河市博文印刷有限公司
经 销 者	新华书店 720 毫米 ×1020 毫米　16 开本　16.25 印张　289 千字 2017 年 10 月第 1 版　2017 年 10 月第 1 次印刷
定　　价	54.00 元

未经许可，不得以任何方式复制或抄袭本书之部分或全部内容。
版权所有，侵权必究
举报电话：010-62752024　电子信箱：fd@pup.pku.edu.cn
图书如有印装质量问题，请与出版部联系，电话：010-62756370

目 录

序 言 ·· 1

绪 论 ·· 1

    第一节 西欧中世纪女性写作的基本概况 ····························· 1

    第二节 国内外文献综述 ·· 7

    第三节 选题范围和意义 ··· 15

第一章 西欧中世纪晚期女性写作的历史背景和文化概况 ········· 18

    第一节 城市的复兴与社会文化的繁荣 ······························ 19

    第二节 中世纪晚期宗教信仰领域的变革 ·························· 23

第二章 贝居因运动：女性之城的盛与衰 ································ 34

    第一节 贝居因运动的兴起与历史背景 ······························ 35

    第二节 贝居因运动的修行模式 ······································ 40

    第三节 贝居因写作与新神秘主义思潮 ······························ 44

    第四节 贝居因运动的衰微 ·· 48

第三章 梅希蒂尔德：边缘人的言说与自我建构 ······················ 51

    第一节 梅希蒂尔德的生平与创作 ··································· 52

    第二节 边缘人的书写 ·· 54

  第三节 俗语写作的文化建构意味 …………………………… 56
  第四节 从边缘到中心 …………………………………………… 63

第四章 海德薇希：在爱中与神相遇 …………………………………… 71
  第一节 海德薇希的生平与创作 …………………………………… 72
  第二节 在爱中认识上帝并与上帝合一 ………………………… 75
  第三节 以爱为阶梯的灵性升华之途 …………………………… 84

第五章 玛格丽特·波蕾特：救赎之镜 ………………………………… 103
  第一节 玛格丽特·波蕾特的生平与创作 ……………………… 104
  第二节 从世俗之镜到神性之镜 ………………………………… 111
  第三节 破除虚妄的救赎之镜 …………………………………… 116

第六章 克里斯蒂娜·德·皮桑：道德视域中的性别与政治 ………… 139
  第一节 克里斯蒂娜·德·皮桑的生平与创作 ………………… 141
  第二节 作者身份的寓言 ………………………………………… 158
  第三节 互文中的性别博弈 ……………………………………… 184
  第四节 女性社会身份的重构 …………………………………… 212

结语 丰盛的遗产 ……………………………………………………… 232

参考文献 …………………………………………………………………… 235

后 记 ……………………………………………………………………… 248

序　言

　　杜力的首部学术专著经过多年的打磨，终于要出版了，对她表示祝贺！每当我对自己的学生说"祝贺"两个字的时候，在别人听来也就是客套，但在我和学生心中，这一声"祝贺"真的来之不易。从开始选题，准备资料，再经过艰辛的写作，反复修改，没有亲身体验的人很难理解这其中的甘苦。文学研究与自然科学、社会科学研究不同，它需要大量的阅读积累和情感体验。杜力的这部专著是在她的博士学位论文的基础上修改而成的。我一直认为，博士研究生与之前的学业最大的不同是，它不是个学习阶段，而是一个研究阶段，甚至可能是人的一生中最重要的研究阶段。对大多数学者来说，博士论文往往是其人生中奠定学术基础的工作。博士论文之难起码有三个方面：一是完备掌握与对象相关的直接材料，这一点难在"完备"，比如你研究某个作家，则要把这个作家所写的每一行字都读完，才能开始所谓的"研究"。第二个难点是，要想创新，必须做与对象相关的研究史的研究，这也是与理工科不同的地方，理工科的研究进展到了什么地步，一般来说就摆在那里，学生不必花太多时间对研究史做考辨；但文学史的研究不同，你起码要对研究史上重要的研究成果加以研读、体会，了解其研究方法、思路、观点，然后才能开始你的研究。所以，越是经典的文学史现象，其研究工作的繁重程度就越大。实际上，这个考虑也就涉及了第三个难点，即你要在研读这些研究史材料的基础上做出你的超越性工作。从这个角度来看，文学研究也是一种有风险的工作，因为很可能你花费了大量时间，读了大量材料，结果你却发现你无法超越前人，而只能做些重复性工作或者表面的研究文章。当然，如果你顶住了这种高标准研究的压力，做出了令人满意的成果的时候，这时说一声"祝贺"就显得十分沉重了。

杜力在硕士即将毕业的时候便与我商定未来的研究方向为欧洲中世纪女性文学。说实在的，在她提出这个研究方向的时候，我脑子里对这一领域一片空白，我只知道欧洲中世纪和文艺复兴时期存在女性写作，但对其内容一无所知。她提出这个方向之后，我才做了些了解，感觉其中大有文章可做，尤其是在国内的相关领域，当时堪称处女地。当然，这一选题的背后还隐含着一种学术的勇气，因为它将涉及大量如我前面所说的基础研究材料；这也就意味着，这个研究将开启一个充满艰辛和发现的喜悦的工作。其实这个选题的确定，已经标志着杜力研究能力的成熟。杜力在读书期间显示了她作为文学研究者的天赋。说起天赋，在我看来，也许没有哪个专业像文学研究这样，需要特殊的综合才能。在科学研究方面，着重需要的是逻辑思辨的能力，在艺术创造方面，则取决于创造者的情感领悟能力；而唯有文学研究，它不仅需要艺术的感悟力——依我看，起码应当和艺术家的感悟能力不相上下，否则你怎么可能从一种艺术文本中看到艺术家本人置于文本中的内容，以致看到艺术家自己所看不到的内容，此外，文学研究者还需要具备理性的思辨能力和清晰的逻辑表达能力。当然，这两种能力是可以通过训练培育的，但这个过程异常艰苦。比如，你缺少艺术感悟力，则需要通过大量的艺术阅读来弥补，而如果缺少思辨与表达能力，则需要通过大量的思辨性写作来加以培训；甚至即使你具备了某种程度上的天赋，也需要经过反复训练才能达到对研究对象的深入浅出，即深入理解，明晰表达。所以我说，我们这一行是一道"窄门"，它通向"永生"，但其走入的过程却充满辛苦。这也是所有想要选择文学研究作为"职业"的年轻人应当慎重考虑的。

杜力在文学研究方面的天赋体现在几个突出的方面。首先是她的热情与投入。

在我的眼中，她的生活中只有文学，虽然她也像其他女孩一样爱漂亮的服饰，爱美食，但她的时间却很少耗费在这些事情上，因为一个具有强大吸引力的事业——对中世纪女性文学的研究——占据了她全部的生活，大家通过这部专著的文献工作量即可对此有所体会。此外，杜力还具备了一种特殊的能力——表达，最明显的是口语表达。我曾对学生说，要珍惜说话的机会，因为很多想法在脑子里回绕的时候，你感觉是清楚的，实际上是混沌的，而一旦表述出来才渐渐变得清晰起来。而杜力则是一个从不吝惜表达的人，俗话说"三句话不离本行"，说的就是杜力这样的人。实际上现实中这样的人并不多，但恰恰是在文学研究专业，学会清晰的口语表达至关重要。口语表达是将思想明晰化的最方便的形式，在某种意义上也是训练观察能力的敏锐度的一种方式。当然，生活中有健谈与否的个性之分，但文学研究者除了通过文字表达自己的思想之外，在现代媒介条件下，口语的直接传达也变得越来越重要。杜力的研究天赋还在于她对理论的领悟能力。我们一直强调做研究要有新的视角，而许多研究者因为找不到新的视角，则以换一种理论武器的方式来加以替代。所以，这类研究往往先把这个理论武器举得高高的，有的甚至把一种理论的不同理论家的观点都一一罗列出来，即使哪怕某些观点与论文的内容并无关系。这种做法用我的说法是：好比一个外科医生，他着重的不是病人的病灶，而是自己手中的手术刀；不是根据病灶来选择手术刀，而是根据自己手中的手术刀来决定病灶的切除方式。现在回想起来，杜力从最初的研究开始，就从未采用过这样的写作方式。她选择直接从文本出发，把文学文本与社会文本贯通起来加以理解，从而在不自觉的情形下采用了新历史主义的重写方法。也正是在这种以冷静的姿态重新审视历史文本的过程中，她向我们展示了一个新颖的，甚至是令人震撼的中世纪女性文学景观。

我们过去的欧洲文学史研究，在我看来，一直采用一种"断裂"式思维，即过多地看重其中的变革与断裂，而缺少甚至干脆抽掉了文学史的内在脉络。这样的文学史观其实是从苏联来的，苏联的文学史教材，无论是世界文学史还是俄国文学史，都在夸大不同时期的"断裂"性，这实际上是"革命"思维的一种变体。所谓革命思维，就是强调"突变"，强调与"旧世界"的彻底决裂，强调人"创新创造"的意义。因此，十月革命后，曾有人提出要重建"无产阶级文化"的主张，马雅可夫斯基等人甚至声称："把普希金、陀思妥耶夫斯基、托尔斯泰等，从现代生活的轮船上扔出去。"（布尔柳克、马雅可夫斯基等：《给社会趣味一记耳光》,张捷译,见翟厚隆编选《十月革命前后苏联文学流派》上编,上海译文出版社,1998年,第111页。)虽然这种主张后来遭遇了主流意识形态的否定,但这种割裂式思维却渗入整个苏联时期的文学史写作之中。所以,你看苏联的文学史,即使是被认定为伟大作家的普希金、屠格涅夫、托尔斯泰等人,最后也要加上一部分谈其"局限性"(顺便说,这种写法直到今天仍在影响着我们的文学史写作模式),"局限性"似乎成了我们伟大的"辩证法"的永远正确的托辞。除了这些作家,就更不用说像陀思妥耶夫斯基这样始终反对暴力革命的作家了,在很长的一段时间之内,他根本就没有资格列到文学史的正章里去讲述。对西欧文学史的写作当然也不会例外。因为要强调革命,要强调无神论的胜利,所以在文学史的叙事中,文艺复兴与中世纪,就成了格格不入、截然对立的两个时代,一个是光芒四射、充满活力、到处传唱着人的颂歌的光明世纪,一个是愚昧、落后、残酷、神权压制人权的黑暗世纪;尤其是对中世纪的这种描述,似乎不如此,就不能凸显一种革命性巨变的意义;基督教文化变成了腐朽蒙昧的代名词,因为苏维埃文化就是要与这种基督教文化彻底决裂。不幸的是,我们国家在很长一段历史时期内,几乎所有的教科书都是按照苏联的模板编纂而成的,其实内在的因素是,我们的整体性社会思维也是按照这种革命思维来建构的,所以我们很容易就把这种模式认定为正统的、合理的,而要想跳出这种模式,则难上加难。因为我们习惯了命名式的文学研究,并且在不断地强化这种模式的研究。直到今天,我们在最新的教材中还会看到"人文主义就是否定神权、肯定人权,反对蒙昧主义、肯定思想解放"之类的表述,即把人文主义与中世纪文化加以对立性命名。从这个意义上说,杜力的基于对中世纪晚期女性写作文本的直观研究是一种革命性的工作。这个工作不仅让我们通过女性写作这一独特的现象,来重新审视中世纪文化的存在样态以及在向文艺复兴运动转化过程中的复杂性,更重要的是在方法论上的革命,是一种修正主义的革命,即回到历史文本,回到历史的多样性情境,从而达到新历史主义的重写目标。这个工作在方法论层面上是新历史主义的,而在本体论层面上,则是真正的历史主义,也即重建历史的内在逻辑,消解从外部、从臆想的目标而形成的对历史的阉割。我想,凡是摒除了先入之见的读者,在杜力的书稿中都会看到这种思想是如何借助于中世纪晚期女性写作而演绎出来的。

杜力在自己的研究中投入了过多的热情,这从另一面看,也使她失去了一些世俗生活的内容,我有时也会为此而感到矛盾。我总是理想化地希望年轻人既能做出专业成就，又能顾及个人的物质生活，毕竟生活应当是多姿多彩的；但实际上，我心里又有一个固执的想法，即人的一生中总要付出些代价，才能取得超越俗常的成就，鱼与熊掌能否得兼，有时真的是一个没有答案的问题。好在，杜力始终保持着良好的、乐观的心态，研究带给了她别人所无法享受到的乐趣与幸福。每当我想到她那始终如一的笑容，心下也便释然，毕竟，只要快乐就好。

是为序。

王志耕

2017 年 5 月 30 日于莫斯科

绪 论

第一节 西欧中世纪女性写作的基本概况

欧洲的中世纪开端于公元5世纪末,以西罗马帝国的分崩离析为标志。在此后的近千年中,一种与古典文明迥然有别的新的文明形态在欧洲大地上逐渐形成,这就是欧洲的中世纪文明。当代史学界将西欧中世纪大致划分为三个主要阶段:5世纪末至10世纪末为中世纪早期;11世纪至13世纪中叶为中世纪盛期;13世纪下半叶至15世纪末被称之为中世纪晚期。在这个漫长的发展历程中,西欧的思想文化经历了多次的复兴和转折。在7世纪末、8世纪早期,爱尔兰的文化传统与本笃会的修道院传统在遥远荒寒的诺森比亚海岸相逢,由此带来了欧洲中世纪的第一次文化复苏,也即后人所说的"诺森比亚复兴"。[1] 9世纪查理曼大帝主导

---

[1] 朱迪斯·M. 本内特、C. 沃伦·霍利斯特:《欧洲中世纪史》,杨宁、李韵译,上海:上海社会科学院出版社,2007年,第68页。

的加洛林文艺复兴,在法兰克帝国的贵族阶层和教士群体中推广了拉丁语教育,并且整理编纂了一批古代典籍和基督教文献。在此基础上,基督教信仰、古典文化和蛮族传统彼此交融,为欧洲奠定了形成统一的文化身份认同的基础。以法国为中心的12世纪文艺复兴标志着西欧中世纪盛期的到来。这一时期西欧城镇经济活动的复苏不仅创造了社会财富,而且逐步松动了封建制度下的人身依附关系,在此基础上推动了政治权力的移位和法学思想的变革。在这个意义上,西欧社会在12世纪文艺复兴时期经历了一次社会集体心态的转型。中世纪盛期的文化突破了教会主导的宗教文化的范畴,惠及西欧社会生活的各个领域。大学的兴起造就了市民知识分子阶层的崛起,使得世俗文化开始壮大发展。自14世纪中叶开始,意大利再度掀起文艺复兴的浪潮,与之相伴随的人文主义思想逐步向西欧各国扩散。在中世纪晚期的西欧社会,中世纪文化的余晖仍旧在延续,新时代的曙光又为人们带来了对于宗教信仰、政治理念、社群关系以及个体价值的全新见解。这一时期的西欧文学呈现出新旧交替的特质,一部分接受了人文主义思想的作家们开始在中世纪的传统文类和写作范式中,表达他们对于外部世界和内在心灵的大胆探索与发现。

正是因为西欧中世纪的文化经历了多次波澜起伏的变革,而非死气沉沉的铁板一块,所以西欧中世纪的女性写作也经历了一个漫长的、多阶段的发展历程。也许有人会提出这样一个疑问:在西欧中世纪文学近千年的发展历程中是不是存在着一个相对独立的女性文学传统?西欧中世纪的女性写作能否被视为一个独立存在的概念?这些疑问的产生在一定程度上反映了学术界在中世纪文学研究问题上的一些偏颇之处。长期以来,国内学人往往忽略了对中世纪边缘文学的研究,但是女作家们恰恰活跃在这一领域当中。自2000年以来,国内虽然出版了一批颇具深度的欧洲中世纪文学研究专著和论文,但是在这些对中世纪文学进行纵向梳理的文学史类的论著当中,对女性作家只是零星提及,并未对她们的作品进行深度解读和阐释。在一些对具体作家、作品进行研究的论文中,有时研究者未能将女性作家和她们的作品置入时代的文化、文学背景中进行细致的分析与探讨。现有的研究成果往往是片段式的,缺乏对这一特定历史时期的女性写作谱系深入系统的把握和理解。这样一种研究现状导致了国内学术界对中世纪女性写作传统的认识不足。以下笔者将通过对西欧中世纪女性写作发展历程的简单梳理,来呈现这一内蕴丰富的女性写作传统的大致轮廓和主要发展阶段。

众所周知，西欧中世纪的主流文化是以基督教信仰为核心的，拉丁语是这一文化体系的重要载体。教育资源的稀缺，使得拉丁语教育成为教会掌控文化霸权，排除异己的一种工具。中世纪的广大平信徒尤其是女性往往被剥夺了接受教育的机会。但是，由于修道院在中世纪文化教育领域中扮演了举足轻重的角色，所以还是有一小部分女性可以经由修道院内的生活接触拉丁语教育，进而掌握阅读和书写的技能。这就是中世纪的女性能够进行写作，女性文学传统能够一直存在的基础和保证。正是因为如此，西欧中世纪早期和中期的女作家往往运用拉丁语进行创作。9世纪的法兰克贵妇多达（Dhuoda）是中世纪首位用拉丁语创作长篇作品的女作家，她的教育书简《人生指南》（Liber Manualis）是加洛林文艺复兴时期重要的文化结晶。这部作品不仅表达了一位饱经忧患的贵族女性对法兰克政局的见解和批判性反思，而且体现了基督教信仰、古典文学传统与蛮族文化的交融。10世纪的修女甘德榭的罗斯维塔（Hrotsvit of Gandersheim）继承了加洛林文艺复兴的余绪。在她的笔下，异教精神和基督教信仰之间形成了一种微妙的对话关系，展示了加洛林文艺复兴带来的多元融合的文化遗产。罗斯维塔被当代学者视为第一位基督教戏剧作家、第一位萨克森诗人、第一位德国女性历史学者，她的史诗作品是迄今为止唯一流传下来的出自女性之手的拉丁语史诗。① 宾根的希尔德加德（Hildegard of Bingen）是12世纪最负盛名的女性神秘主义者。她在代表作《明道》（Scivias）、《生命的价值》（Liber Vitae Meritorum）和《神圣的工作》（Liber Divinorum Operum）中，以具象化的方式表达了一位修道女性的宗教救赎理念以及她对于人神关系的探索和反思。希尔德加德不仅是一位作家，同时还是杰出的神学家、作曲家、画家、医学家和灵修导师，是12世纪文艺复兴时期最杰出的女性学者之一。她的才华得到了同时代的教会领袖与世俗统治者的共同承认，被誉为"莱茵河的西比尔"（Rhenish Sibyl）。②

12世纪文艺复兴通过推动大学的建立促进了神学、哲学和法学的高度发展，同时还培育了丰富多彩的世俗文化。世俗教育的扩展不仅带来了俗语文学的兴起，而且使得一部分女性可以在修道院之外接受俗语世俗教育。自12世纪开始，

---

① Katharina M. Wilson, "The Saxon Canoness: Hrotsvit of Gandersheim", in *Medieval Women Writers*, Katharina M. Wilson ed., Athens: The University of Georgia Press, 1984, p.30.

② Peter Dronke, *Women Writers of the Middle Ages*, Cambridge: Cambridge University Press, 1984, p.144.

西欧的女性写作便不再被艰深晦涩的拉丁语所束缚。中世纪盛期的女作家们大多活跃在宫廷和市井当中,她们以生动活泼的本民族俗语来进行文学创作,细腻地表达了女性的思考和情怀。生活在英王亨利二世宫廷中的女作家法兰西的玛丽(Marie de France)创作了一系列言辞优美的俗语韵文作品。她的《籁歌集》(*Lais*)反映了骑士阶层的精神状态、贵族生活的奢华以及宫廷爱情(Courtly Love)和封建婚姻制度之间难以调和的矛盾。玛丽的文学创作并没有仅仅局限于描述宫廷生活和男欢女爱,她还以女性的敏锐眼光来捕捉、反映社会政治经济生活中的一系列变迁,为后世读者留下了一幅中世纪盛期的历史画卷。玛丽笔下的《寓言》(*Fables*),名为翻译实为充满了原创性的再创作。她通过这些耳熟能详的寓言表达了一位女性知识分子对社会不公的愤慨和对弱势群体的深切同情。在《圣帕特里克的炼狱》(*St. Patrick's Purgatory*)中,玛丽表达了对民族身份认同问题的高度关注,而这正与亨利二世在爱尔兰推行的殖民政策密切相关。[①] 除了创作视野的开阔,玛丽的写作更为难能可贵的一点是她对女性作者身份的高度自觉。在每一部作品的序言当中,玛丽都开宗明义地表达了对于自己作者身份的认可和强调。玛丽的这种态度一方面与12世纪作者身份观念的演变相关,[②] 另一方面也反映了女性自我意识的觉醒。

在中世纪晚期,西欧的女性写作在数量和质量上较之中世纪早期和中期都得到了较大幅度的提升。这一时期的女性写作呈现出两大特点:首先,女性俗语神秘主义写作走向繁荣。不同于中世纪早期、中期的女性神秘主义写作,中世纪晚期女性神秘主义写作的主要参与者不再是修道院里的修女,而是世俗宗教运动积极的女性参与者们。她们大多来自于富裕的市民家庭或者低级贵族阶层,这一方面使得她们能够接受良好的教育并且拥有读写的技能,另一方面她们的出身使得她们倾向于选择一种准宗教性质的修行生活,而非走进修道院的高墙之内与世隔绝。这些女性的生活与修行方式决定了她们在写作时选择俗语而非拉丁语。教会为了对抗风起云涌的异端运动,对于能够为其所用的女性神秘主义写作持一种相对宽容的态度,这成为中世纪晚期女性神秘主义写作蓬勃发展的重要推动力量之

---

① R. Howaed Bloch, *The Anonymous Marie de France*, Chicago: The University of Chicago Press, 2003, p.209.

② Ibid., pp.10-11.

一。①来自贝居因修会的马格德堡的梅希蒂尔德（Mechthild of Magdeburg）、布拉班特的海德薇希（Hadewijch of Brabant）以及玛格丽特·波蕾特（Marguerite Porete）被视为中世纪晚期女性神秘主义写作最为杰出的代表。其次，世俗女性知识分子写作的崛起。在14、15世纪之交，西欧国家普遍进入市场经济复苏的历史时期。一部分市民阶层的女性开始走出狭小的私人空间，成为活跃的市场经济行为的主体，还有一部分接受了良好教育的贵族女性开始承担起经营家业或统治国家的政治职责。②与此同时，发端于意大利的人文主义思潮开始逐步向西欧各国扩散，其中所蕴含的有利于两性平等的思想引发了欧洲知识分子阶层对女性价值的反思与重估。在中世纪晚期的意大利和法国，一些接受了人文主义思潮影响的知识分子家庭开始给予女性和男性同等的教育，从而使得一部分知识女性得以跻身于由男性主导的知识分子写作传统当中。③法国女作家克里斯蒂娜·德·皮桑（Christine de Pizan）是这一时期最具有代表性的女性知识分子之一。皮桑自幼年起即在父亲的教导下接受了良好的启蒙教育，并且在漫长的学习生涯中博览群书。深厚的知识积累使得皮桑的写作打破了传统观念对于女性的束缚，她将思考和写作延伸至广阔的社会公共空间当中。皮桑的一生由于家人的早逝和国家的动荡不安而波澜起伏、颠沛流离。但是命运的坎坷使得她能够深化对于人类生存困境的思索，进而摆脱了传统女性写作往往聚焦于宫廷生活、两性情感、神秘主义的窠臼。皮桑在漫长的写作生涯里，创作了一系列影响广泛的政论写作、历史传记与哲理作品，她使得女性的声音能够加入15世纪欧洲文化转型期的话语交锋当中。

经由以上的简单梳理可见，在西欧中世纪的文化发展历程当中，一直存在着一个相对独立的女性写作传统，而且这一女性文学传统与西欧中世纪的主要文化发展阶段呈现出紧密的关联性。这一方面表现为自9世纪加洛林文艺复兴开始，

---

① Joann McNamara, "The Rhetoric of Orthodoxy: Clerical Authority and Female Innovation in the Struggle with Heresy", in *Maps of Flesh and Light: The Religious Experience of Medieval Women Mystics*, Ulrike Wiethaus ed., New York: Syracuse University Press, 1993, p.12.

② 苏拉密斯·萨哈：《第四等级——中世纪欧洲妇女史》，林英译，广州：广东人民出版社，2003年，第141页。

③ Sarah Gwyneth Ross, *The Birth of Feminism: Woman as Intellect in Renaissance Italy and England*, Cambridge: Harvard University Press, 2009, pp.2-3.

一直到处于欧洲文艺复兴前夜的15世纪,在西欧大地上女性作家层出不穷。她们的创作涉及了中世纪文学的各种文体和类型,鲜活而又生动地展示了中世纪文明多姿多彩的文化面貌。女性作家以自己深邃的思考、优美的文笔促进了西欧中世纪文学的繁荣和多元化发展。另一方面表现为中世纪女作家的写作虽然在表面上千差万别,但是却存在着一种内在的一致性。女性身份的边缘化以及中世纪盛行的厌女思想使得她们大多对于自己的作者身份格外敏感,并且有意识地在文本中建构作者身份与权威。此外,女性在文化领域中备受歧视的处境使得她们与传统的男性经典之间形成了一种微妙的对话关系。中世纪的西欧女作家们既向伟大传统学习并且吸收有益的成分,同时又与其保持一定的距离,而且她们常常从边缘人的立场出发,对其做出批判性反思。

西方学术界对中世纪女性写作的研究始于19世纪下半叶。这一时期的研究往往聚焦于发掘整理中世纪手稿和对单个作家、作品的个案研究,尚未将西欧中世纪的女性写作视为一个具有内在共通性的文学现象来加以对待。20世纪下半叶以来,女性主义思潮对于女性文学传统的深入发掘和要求重写女性文学史的主张,促使西方学术界开始重估中世纪女性写作的价值和意义。自20世纪80年代以来,欧美陆续出版了一批系统研究中世纪女性写作的学术专著,开始将中世纪的女性写作视为欧洲中世纪文学中一个相对独立的范畴来加以研究。1984年,学者彼得·羌克(Peter Dronke)出版了《中世纪的女性作家》(*Women Writers of the Middle Ages*)一书。这是英语学术界中较早对跨越多个民族、多种语言的中世纪女性文学发展历程进行断代研究的专著。卡莎瑞娜·M.威尔逊(Katharina M. Wilson)主编的《中世纪女性作家》(*Medieval Women Writers*, 1984)是一本兼具研究与翻译的资料汇编集。该书收录了从9世纪至15世纪中叶的15位具有代表性的女性作家和她们的作品,并且对于她们的代表作进行了节译。1986年出版的由伊丽莎白·埃维达·派特罗夫(Elizabeth Alvilda Petroff)主编的《中世纪女性的幻象文学》(*Medieval Women's Visionary Literature*)收集了从公元3世纪初至15世纪中叶,由女作家所创作的幻象文学作品。派特罗夫在序言中深入分析了女性幻象写作的基本特质,尝试探讨她们作品里展示出的独特风格与中世纪女性的生活方式、受教育状况、信仰模式以及心理状态之间的潜在关联。这3部成书于20世纪80年代的学术专著,是英语学术界中最早一批将中世纪的女性作家作为一个群体来加以研究所取得的学术成果。

90年代之后,西方学术界对中世纪女性作家的研究日益活跃深入。卡罗琳·莱林顿(Carolyne Larrington)在《欧洲中世纪的女性和写作》(*Women and Writing in Medieval Europe*,1995)一书中,不再像80年代的研究者那样以编年史的方式来考察中世纪的女性写作。她选择从女性在社会生活中扮演的不同角色出发,来呈现中世纪女性写作近千年的发展历程。2003年出版的由卡罗琳·丁肖(Carolyn Dinshaw)和大卫·华莱士(David Wallace)主编的《剑桥中世纪女性写作指南》(*The Cambridge Companion to Medieval Women's Writing*)是一本以中世纪女性写作为核心议题的论文汇编集。该书收入了17篇具有代表性的论文,涵括了对具体作家、作品的分析阐释以及对于和女性写作相关的时代文化背景的考察。研究者们还尝试将两者结合起来以深化当代读者对中世纪女性文学传统的理解。

进入21世纪以来,欧洲中世纪女性写作对于西方学术界和普通读者而言都已经不再是一个陌生的名词了,而成为一个普遍接受的文学概念和极具潜力的研究领域。除了以上提到的那些从宏观的角度对西欧中世纪女性写作进行历时性研究和梳理的专著,近40年来还涌现出了一大批从微观层面进行学术研究的专著和论文。所以,笔者认为将西欧中世纪的女性写作定义为一个相对独立的文学研究领域是完全可行的。

第二节 国内外文献综述

一、国内文献综述

在2000年之后,国内学术界开始了对欧洲中世纪女性写作的研究,并且取得了一些具有学术价值的成果。但是,国内学人对中世纪女性写作的研究相对还比较薄弱,整体而言尚处于起步阶段。在目前已经发表的学术论文当中,有一部分是对西欧中世纪的女性写作进行比较宽泛的概述和研究,往往不涉及对具体作家和文本的深度细读与分析。例如,秦晓红发表于2006年的《西欧中世纪女性神秘主义之爱:根源及意义》、王睿发表于2007年的论文《中世纪西欧女性写作与"双声"现象》。另一部分则集中于对中世纪晚期英国的两位女性神秘主义作家诺里奇的朱莉安与玛格丽·坎普的研究。例如,王睿与张亚婷合作发表于2008年的论文《走出遗忘：中世纪英国女性写作的接受研究》，张亚婷发表于2007年与2010年的论文《与基督对话：英国中世纪女性的写作政治》《论中世纪英国女作家的文本写作与情感虔诚》，彭佳与代玮炜合作发表于2008年的《中世纪的女性宗教写作：女性创作荒原上的绝响》。这些以英国中世纪晚期的女性神秘主义作家为研究对象的论文，拓展了国内学术界对中世纪女性文学的认识。研究者将女性写作与基督教神秘主义结合在一起进行分析与解读，有助于深化我们对中世纪文学与文化的整体把握。但是，现有的以中世纪女性神秘主义写作为研究对象的学术论文都忽略了活跃在中世纪晚期的贝居因女性神秘主义作家，而她们恰恰是中世纪晚期新神秘主义写作最重要的女性代表者。

除了对中世纪晚期的女性神秘主义写作进行研究的论文，还有一些以法国女作家克里斯蒂娜·德·皮桑为研究对象的论文。例如，崔莉发表于2005年的《从皮桑的〈妇女城〉管窥文艺复兴时期的"女性文学"》，隋忆越发表于2006年的《西方女性主义文学的先锋——克里斯蒂娜·德·皮桑其人其作》，李惠民与朱伟奇合作发表于2009年的《浅析克里斯蒂娜·德·皮桑妇女思想的矛盾性》。这些论文借鉴了西方研究者将皮桑定义为中世纪的原女性主义者（Protofeminist）的观点，着重考察皮桑的代表作《女性之城》中的性别平等意识。这些关于皮桑的论文让这位西方性别平等思想的先驱者进入了国内学人的视野当中，深化了学术界对西方女性主义文学传统的认知。但是，这些论文的分析和解读却大多停留在对表面现象的论述，并没有揭示出皮桑如何通过文本中巧妙的、多重的艺术手法来表达她有异于传统的性别观念。既有的这些论文也并未将《女性之城》与皮桑所处的时代背景结合起来加以研究和探讨，而且研究者们都忽略了玫瑰论战（rose debate）对皮桑性别书写的深刻影响。此外，国内研究者们往往只关注《女性之城》，而遗漏了皮桑其他的重要作品。

国内以中世纪女作家为研究对象的学位论文有如下10篇：首都师范大学世界史硕士田汝英2007年的硕士论文《一位中世纪女性对神学的解释——试析圣希尔德加德的女性化神学思想》、华东师范大学英语语言文学博士王睿2008年的博士论文《表演的力量：对〈玛格丽·坎普之书〉的表演学解读》、华东师范大学英语语言文学博士张亚婷2009年的博士论文《母亲与谋杀：中世纪晚期英国文学中的母性研究》、陕西师范大学世界史硕士李惠民2010年的硕士论文《克里斯蒂娜·德·皮桑妇女思想研究》、武汉音乐学院音乐学硕士孙可人2010年的硕士论文《莱茵河畔的女先知——论音乐史上第一位女作曲家希尔德加德的音乐创作》、复旦大学世界史博士汪丽红2012年的博士论文《十三世纪西欧女性神秘主义研究》、中央民族大学宗教学硕士王璐瑶2013年的硕士论文《中世纪晚期基督教女性神秘主义》、东北师范大学世界史硕士白敏2014年的硕士论文《论希尔德加德的女性观》、江西师范大学世界史硕士孙霞丽2015年的硕士论文《爱洛伊丝的修道思想和修道实践研究》、东北师范大学世界史博士刘颖2015年的博士论文《国家命运与时代风云：从多达〈人生指南〉看九世纪中叶加洛林社会变迁》。此外，在由杨慧林、黄晋凯合著的《欧洲中世纪文学史》（2000）、刘建军著的《欧洲中世纪文学论稿》（2010）、张亚婷著的《中世纪英国文学中的母性研究》（2014）以及王睿著的《表演的力量：<玛格丽·坎普之书>的表演学解读》（2015）中，作者都不同程度地对中世纪的女作家与她们的作品进行了研究与阐释。

  总体而言，近十几年来国内学人对中世纪女性写作的研究深化了学术界对欧洲中世纪文学和文化的理解与把握，使得中世纪的女性作家日渐成为欧洲中世纪文学研究领域中不可或缺的组成部分之一。笔者认为目前国内学术界对西欧中世纪晚期女性写作的研究主要有如下几点不足：首先，现有的语言文学类论文大多选取英国的两位女性神秘主义者诺里奇的朱莉安和玛格丽·坎普作为研究对象，忽视了这一时期其他具有代表性的女性神秘主义作家。历史学领域的论文虽然广泛涉及了中世纪各个时期的女性作家，但是大多都没有对她们的文学创作进行细致的研究和解读。其次，国内研究者往往聚焦于中世纪女性写作中的性别意味，运用女性主义的批评方法对其进行分析和阐释，但是这种研究策略有可能遗漏她们作品中丰富的宗教与文化内涵。再次，部分国内学人在研究中世纪女作家的时候未能将她们的作品置入中世纪独特的文学、文化背景当中进行探讨。这种将女作家的文本与中世纪的文化语境割裂的研究方法，在一定程度上遮蔽了中世纪文学在形式、修辞、技巧和文类上的特殊性。综上所述，目前国内学术界对中世纪女性写作的研究还存在着一些不尽如人意之处，在很多方面尚是一片空白，有待开拓的学术研究空间非常广阔。

二、国外文献综述

  近40年来对中世纪女性写作的研究在西方学术界方兴未艾，被人们视为中世纪文学研究领域中最具有活力的组成部分之一。来自欧美各国的研究者们，站在不同的立场对中世纪的女性写作进行了深入而又独到的解读。自20世纪80年代以来，对中世纪女性写作的翻译和出版在西方学术界蔚然成风。以英语国家为例，翻译使得那些让普通读者望而却步的、由中古语言写作的文本得以进入大众的阅读视野之内。美国学者伊丽莎白·A.德雷尔（Elizabeth A. Dreyer）在她的研究专著《热烈的灵性：宾根的希尔德加德与布拉班特的海德薇希》（*Passionate Spirituality: Hildegard of Bingen and Hadewijch of Brabant*，2005）中指出，美国普通读者对于中世纪女性神秘主义写作的阅读和接受的程度远远超过了学者们的预期。[①] 皮桑的代表作《女性之城》更是进入了美国多所大学西方文化课程的必读书目当中。此外，皮桑创作的一系列涉及政治、军事内容的论著在西方政治学研究领域日益受到关注，她被当代学者视为中世纪晚期重要的思想家之一。[②] 近40年来出版的以中世纪女作家为研究对象的批评专著和论文数量巨大，在此笔者仅选取和本书的研究对象——贝居因女性神秘主义者和克里斯蒂娜·德·皮桑——关系密切的代表性研究论著来加以简要介绍。

艾米莉亚·朱姆·布鲁恩（Emilie Zum Brunn）和乔吉特·埃彭尼-博格德（Georgette Epiney-Burgard）合著的《中世纪欧洲的女性神秘主义者》（*Women Mystics in Medieval Europe*，1989）一书是欧美学术界中较早将西欧中世纪的女性神秘主义写作视为一个独立的研究领域来进行系统研究的批评专著。在这部论著里，两位研究者将12世纪首屈一指的修道院女性神秘主义者宾根的希尔德加德与中世纪晚期俗语神秘主义写作的4位重要代表——贝居因修会的梅希蒂尔德、海德薇希、玛格丽特·波蕾特以及西多会修女拿撒勒的比阿特丽斯——并置在一起加以考察。通过对不同风格的女性神秘主义写作进行深入研究，该书揭示了以出身贵族阶层的修女为主要作者群体的拉丁语女性神秘主义写作与中世纪晚期盛行的俗语女性神秘主义写作之间的继承关系和差异性。在该书的两位作者看来，前者主要站在一种维护等级制度和教会权威的立场上写作，后者则凸显了一种鲜

---

① Elizabeth A. Dreyer, *Passionate Spirituality: Hildegard of Bingen and Hadewijch of Brabant*, Mahwah: Paulist Press, 2005, p.6.

② Kate Langdon Forhan, *The Political Theory of Christine de Pizan*, Burlington: Ashgate Pub Ltd., 2002, p.160.

明的抗辩性色彩，表达了平信徒对教阶制度的不满。此外，这两个不同历史时期的女性神秘主义写作在文体风格、修辞手法、价值取向上均存在着一定的差异。

美国芝加哥大学的神学教授伯纳德·麦金（Bernard McGinn）是中世纪基督教神秘主义研究领域举足轻重的权威专家，他的代表作是多卷本的《上帝的临在：西方基督教神秘主义史》（*The Presence of God: A History of Western Christian Mysticism*）。在第三卷《神秘主义的兴盛：新神秘主义思潮中的男性和女性（1200—1350）》（*The Flowering of Mysticism: Men and Women in the New Mysticism*: 1200—1350，1998）中，麦金细致地分析和探讨了对中世纪晚期的宗教信仰模式、文学文化乃至社会政治经济领域都产生了重要影响的新神秘主义思潮。麦金在这部著作中花了很大的篇幅来论述深受新神秘主义思潮影响的贝居因修会。梅希蒂尔德、海德薇希、玛格丽特·波蕾特创作的俗语神秘主义作品则是其中的重中之重。麦金的研究成果得到了西方学术界的普遍认同，他将对女性神秘主义写作的研究引入了更为广阔的文化空间当中。伯纳德·麦金主编的《埃克哈特大师与贝居因神秘主义者：布拉班特的海德薇希、马格德堡的梅希蒂尔德和玛格丽特·波蕾特》（*Meister Eckhart and the Beguine Mystics: Hadewijch of Brabant, Mechthild of Magdeburg, and Marguerite Porete*，1994）一书收入了18篇学术论文。研究者们将贝居因女性神秘主义者和中世纪晚期的思想家埃克哈特大师放在一起进行对照式的阅读和分析。通过把贝居因女性神秘主义写作放置在中世纪晚期俗语神秘主义思潮的思想谱系中加以考察，研究者力图揭示出贝居因女作家的独特性和她们的写作对于后世的深远影响。

美国中世纪研究领域的知名学者卡罗琳·沃克·拜纳姆（Caroline Walker Bynum）在一系列以中世纪神秘主义为主要研究对象的学术专著中，将女性神秘主义写作视为一个极具学术价值的研究领域。她通过细致深入的解读揭示了中世纪晚期女性神秘主义写作中蕴含的丰富思想内涵。拜纳姆尤为关注隐含于其中的性别意识，以及女性神秘主义写作对传统神学观念的挑战和修正。在《基督如母：中世纪盛期灵性思想研究》（*Jesus as Mother: Studies in the Spirituality of the High Middle Ages*，1982）一书中，拜纳姆通过考察基督如母（Jesus as Mother）这一神学观念，探讨了中世纪盛期灵性思想的独特内涵。她以西多修会（Cistercian）的神秘主义写作为例，来探讨个体意识和情感因素对于传统修道院神学的渗透。此外，拜纳姆还详细分析了13世纪最重要的女性学术团体赫尔夫塔修道院（Helfta）中女性神秘主义写作繁荣兴盛的原因。在《神圣的飨宴与神圣的禁食：食物对中世纪女性的宗教意义》（*Holy Feast and Holy Fast: The Religious Significance of Food to Medieval Women*，1987）一书中，拜纳姆另辟蹊径地从食物和女性的复杂关系入手，通过对大量中世纪女性神秘主义作品的细读和分析，揭示了中世纪的女性如何将食物以及与食物相关的宗教行为，作为表达自己虔诚信仰的有力手段。在《碎片与救赎：关于中世纪信仰中性别与人类身体的论文集》（*Fragmentation and Redemption: Essays on Gender and Human Body in Medieval Religion*，1992）中，通过对中世纪神秘主义文本的细致解读，拜纳姆发现无论是男性作者还是女性作者都将人类的身体，尤其是女性的身体作为中世纪神秘主义写作的核心主题之一。在男作家笔下的女性圣徒行传中，往往充斥着对女性身体的厌弃和残虐，这和中世纪神学领域中盛行的厌女思想密切相关。但是在女作家创作的灵性自传和神秘主义作品中，她们大多舍弃这种充斥着男权思想的写作手法和修辞模式，转而以一种积极的、正面的态度对待女性乃至人类的身体。通过将人类的身体从传统教义的束缚中解放出来，女作家们表达了她们在宗教信仰领域的乐观态度。

迈克尔·A.塞尔斯（Michael A. Sells）在《不可言说的神秘主义话语》（*Mystical Language of Unsaying*，1994）中，从否定的神学这一视角，对贝居因女性神秘主义写作加以考察和分析。塞尔斯的研究揭示了玛格丽特·波蕾特是如何借助这些充溢着二律背反意味的神秘主义话语来反抗教会推崇的经院哲学。波蕾特力图打破中世纪晚期宗教信仰领域中二元对立的等级制度，为女性和其他平信徒争取话语权。在《俗语精神：中世纪宗教文学论文集》（*The Vernacular Spirit: Essays on Medieval Religious Literature*，2002）一书中，共计收入了13篇以中世纪晚期的俗语文学为研究对象的论文。研究者们探讨了中世纪晚期俗语文学的兴起所带来的世俗精神对于宗教写作的渗透与影响。其中芭芭拉·纽曼（Barbara Newman）的《镜子与玫瑰：玛格丽·特波蕾特邂逅爱神》（*The Mirror and the Rose: Marguerite Porete's Encounter with the Dieu d' Amours*）一文将《单纯灵魂之镜》与《玫瑰传奇》进行对照式阅读，在此基础上论证贝居因女性神秘主义写作与俗语世俗文学之间的互文关系。

在当代西方学术界，有相当一部分研究者采用了女性主义的批评理论，对中世纪晚期的女性写作进行研究和解读。简·钱斯（Jane Chance）主编的《中世纪晚期的性别与文本》(*Gender and Text in the Later Middle Ages*, 1996)一书和她的专著《中世纪女性的文学颠覆》(*The Literary Subversions of Medieval Women*, 2007), 都将研究的目光聚焦于中世纪女性写作中所蕴含的对父权制和教会权威的反抗与颠覆。芭芭拉·纽曼在《从男人婆到女性基督:对中世纪信仰和文学的研究》(*From Virile Woman to Woman Christ: Studies in Medieval Religion and Literature*, 1995)中,关注女作家与男性学者间的对话,在此基础上探讨女性与西欧主流文化之间的互动关系。在她的另一部作品《上帝与女神:中世纪的幻象文学、诗歌与信仰》(*God and Goddesses: Vision, Poetry, and Belief in the Middle Ages*, 2005)中,纽曼考察了中世纪晚期的文化观念对上帝与女性气质的思索和探讨。罗莎琳·沃登(Rosalynn Voaden)在《上帝的话语,女性的声音:中世纪晚期女性灵视者作品中的灵性判断》(*God's Words, Women's Voices: The Discernment of Spirits in the Writing of Late-Medieval Women Visionaries*, 1999)中,研究中世纪晚期女性幻象写作与教会的审查制度之间产生的复杂张力,借此来探讨女性神秘主义写作中潜藏的叛逆性因素。

查丽蒂·坎农·威拉德(Charity Cannon Willard)是克里斯蒂娜·德·皮桑作品的杰出翻译者和资深研究者。在《克里斯蒂娜·德·皮桑:她的生平与创作》(*Christine de Pizan: Her Life and Works*, 1984)一书中,威拉德将人物传记写作和对皮桑创作生涯的梳理、考察结合在一起,关注皮桑的作品与时代文化背景之间的密切关系。威拉德的研究使得当代读者能够更为清晰地看到在14、15世纪之交的西欧中世纪晚期,政治、经济以及思想领域的急遽变革如何为一位女性知识分子的职业创作生涯提供了可能性。此外,她还探讨了皮桑的写作与社会主流思潮之间的交流与碰撞,并且尝试在这种对话性中揭示出皮桑作品的价值和意义。

莫琳·奎林根(Maureen Quilligan)在《女性作者权威的寓言:克里斯蒂娜·德·皮桑的〈女性之城〉》(*The Allegory of Female Authority: Christine de Pizan's Cité Des Dames*, 1991)一书中,从女性主义文学批评和精神分析的视角来研究皮桑作品里的性别意识。通过对《女性之城》的细读,奎林根深入地探讨了皮桑如何借助对历史、神话中的女性人物形象进行颠覆式改写,来反抗中世纪盛行的厌女思想。奎林根指出皮桑还在写作中致力于女性作者权威的建构,这种创作意图与皮桑和男性知识分子之间爆发的玫瑰论战息息相关。

罗莎林德·布朗–格兰特（Rosalind Brown-Grant）在《克里斯蒂娜·德·皮桑与女性的道德辩护：超越性别的阅读》（*Christine de Pizan and the Moral Defence of Women: Reading Beyond Gender*，2003）一书中，详细探讨了皮桑对于性别与道德伦理之间相互关系的思考和论述。在格兰特看来，对于道德伦理问题的关注在皮桑中晚期的作品中处于核心地位。皮桑个人生活的颠沛流离和国家命运的内忧外患，都促使她在写作中对人类社会的道德状况做出批判性反思。皮桑尝试通过自己的思考和文学创作，为人类社会早日步入伦理道德的良性发展轨道寻觅一种可能性。

玛格丽特·布拉班特（Margaret Brabant）主编的《政治，性别与文类：克里斯蒂娜·德·皮桑的政治思想》（*Politic, Gender, and Genre: The Politic Thought of Christine de Pizan*，1992）是一部以皮桑的政论性作品为研究对象的论文集，共收入了14篇相关论文。研究者们将对皮桑政治思想的考察和对皮桑文学写作手法的分析结合在了一起，探讨皮桑如何以一种充满了诗意的方式来表达自己的政治诉求。这部论文集对中世纪政治文类的某些文体特质亦予以关注，通过比较研究来揭示中世纪晚期女性政治写作的独特风格。研究者们在分析皮桑的政治思想时，不仅关注皮桑对前人的继承，同时还揭示了新兴的意大利人文主义思潮对皮桑政治主张的影响。皮桑政治思想的丰富性和多元性使得她创作的一系列政论性作品能够在中世纪晚期和文艺复兴初期的西欧宫廷中得到广泛阅读。

邦妮·A. 伯克（Bonnie A. Birk）在专著《克里斯蒂娜·德·皮桑与圣经的智慧：一种女性主义神学的观点》（*Christine De Pizan and Biblical Wisdom: A Feminist-Theological Point of View*，2006）中，运用女性主义神学理论，对皮桑的代表作进行分析和解读。伯克认为，皮桑在写作时灵活运用了《圣经》中的神学资源，尤其是人格化的上帝圣智（Wisdom/Sophia/Sapientia）形象。[1]皮桑结合历代神学家对于这个神学命题的思考，将这一内涵丰富的女性形象融入自己的作品当中。在皮桑探讨性别问题的作品里，圣智象征了女性内在的神性、智慧、慈爱和坚定的信仰。在论述社会政治问题的作品中，皮桑将圣智视为上帝的公义、伦理道德以及理性思维的化身。在皮桑的笔下，化身为不同人物形象的圣智成为

---

[1] Bonnie A. Birk, *Christine De Pizan and Biblical Wisdom: A Feminist-Theological Point of View*, Milwaukee: Marquette University Press, 2005, p.13.

她针砭时弊并且寄托美好理想的有力工具。

在西方学术界，研究中世纪晚期女性作家的论文大部分发表于20世纪70年代之后。笔者搜集到的近百篇相关研究论文，可以按主题分为以下几类：

1. 书评和作家介绍。这一类型的研究包括对单部作品和多部作品的介绍性论文，以及对某一位女作家创作生涯的较为系统的梳理和评述。

2. 从宗教学的角度对中世纪晚期的女性神秘主义写作进行研究。这一研究范式关注女性神秘主义者在欧洲中世纪晚期的信仰转型过程中扮演的活跃角色。

3. 从人文主义的视角对中世纪晚期的女性世俗写作进行分析和解读。这一研究范式关注古典文化传统和意大利人文主义思潮对女性写作的渗透和影响。

4. 综合运用多种当代文学、文化批判理论来研究和阐释中世纪晚期的女性文本，例如女性主义文学理论、性别研究理论、精神分析理论、文化记忆理论、传记研究理论和互文理论等。

5. 从相互影响和对话关系的角度来对中世纪晚期的女性写作进行研究。这一研究范式将女作家放置在西欧中世纪的思想谱系当中加以研究，尤为关注女作家和具有代表性的男性学者之间的对话与互动。

第三节　选题范围和意义

在西欧中世纪漫长的发展演进历程中，女性作家层出不穷。虽然因为种种信仰、教育、文化与社会地位方面的歧视和不平等，女性写作未能进入中世纪文学的主流当中。但是，中世纪的女作家们从未放弃与主流文化之间的对话。边缘人的身份给予了她们一个反思主流文化的绝佳位置，她们的作品里不乏对主流文化的质疑和批判。在中世纪的早期和中期，女作家主要来自修道院和宫廷，因为只有出身贵族的修女和宫廷中的贵妇才有可能接受系统的拉丁语教育。这种状况使得这一时期女性写作的题材和内容相对比较单一。在中世纪还存在着一种合作写作的模式，即由女性口述之后再由具有书写能力的男性（一般为受女性信赖的男性亲属或教士）将之记录抄写下来。这种写作模式的产生是因为许多中下层女性往往不具备拉丁语乃至俗语的书写能力，所以在创作过程中需要男性的协助。合作写作的模式一方面使得那些不具有书写能力的女性能够将她们的思想与情感诉诸文字并且得以保存下来；但是另一方面，这又使得她们的作品蒙受有意篡改的危险，因为男性书写者极有可能从保守思想的立场出发将女性的某些激进言论删除或者缓和化。①

在经历了12世纪文艺复兴之后，中世纪晚期的西欧社会进入了一个充满裂变的转型期。这一时期的文化转型首先表现为教会和教阶制度的盛极而衰。普通平信徒中间孕育出大量的新兴宗教运动，他们借助神秘主义思想挑战教会权威，要求将信仰归还给大众，人们通过重构人神关系来思考人的价值和意义。其次，大学的建立产生了一个有别于教士的世俗知识分子阶层，他们开始尝试在教会的藩篱之外考察人的思想与行为，在尘世生活的社会关系中确立人的身份与地位。再次，中世纪晚期世俗学者对古典文化的发掘和吸收，推动了人文主义思想在西欧的兴起和传播。由此可见，中世纪晚期的文化转型对以教会为核心的传统思想价值体系而言，无疑是一种巨大的挑战和冲击。无论是质疑教会特权和教阶制度的新神秘主义思想（New Mysticism），还是主张重估个体价值与意义的人文主义思潮，都对中世纪晚期的女性作家产生了深刻的影响，西欧的女性写作由此揭开了新的篇章。

中世纪晚期新神秘主义运动的崛起，促使一批来自社会中下层的女性开始直接使用俗语进行神秘主义写作。发端于莱茵河流域以及低地国家的贝居因修会（Beguine）是中世纪晚期女性俗语神秘主义写作最重要的参与者。来自贝居因修会的梅希蒂尔德、海德薇希和玛格丽特·波蕾特直接用本民族的俗语进行写作，向广大平信徒传递她们对于人神关系的思考和感悟。此外，她们还在自己的作品里大胆批判了教会的腐败堕落、教士阶层的愚钝骄横以及某些官方神学教义的荒谬可笑，表达了新兴市民阶层在宗教信仰领域的激进诉求。在14、15世纪之交，法国女作家克里斯蒂娜·德·皮桑登上历史舞台。作为活跃在宫廷中的世俗女作家，皮桑接受了意大利人文主义思潮的洗礼，她总是聚焦于社会伦理关系，从人与社会的视角进行思考和写作。在皮桑的作品中，无论是驳斥导致两性关系失衡的厌女思想，还是批判引发国家政治危机的昏庸统治者，伦理道德的维度始终是她分析问题的切入点之一。皮桑的态度和立场反映了在15世纪初叶的西欧思

---

① Rosalynn Voaden, *God's Words, Women's Voice: The Discernment of Spirits in the Writing of Late-Medieval Women Visionaries*, Rochester: York Medieval Press, 1999, pp.111-112.

想界，世俗知识分子对源自古典文化传统的政治学思想和伦理道德观念的接受。不同于中世纪晚期其他女作家对基督教神秘主义传统的继承和发扬，皮桑在人文主义思潮的推动下，尝试通过文学创作来对人的社会身份和社群关系进行思考与探索。

以贝居因女作家为代表的神秘主义写作和以皮桑为代表的世俗知识分子写作，共同构成了西欧中世纪晚期女性写作的两大主要流派。虽然贝居因女作家的神秘主义写作和皮桑的世俗写作之间存在着文体、风格、内容上的明显差异，但是二者在精神内核上却不乏深层次的共通性。无论是贝居因女作家还是皮桑，她们都是中世纪父权制社会里备受压抑、排斥的边缘人。所以，女作家们选择通过文学创作来表达自己的宗教理念、政治诉求、伦理观念和性别意识，从而使得女性的声音能够进入社会公共空间。中世纪晚期女性写作所具有的多元价值属性和内在的意识形态批判功能，使得我们可以通过对女作家及其作品的研究，来分析和探讨女性对中世纪晚期西欧社会生活的反思和介入式批判。

在中世纪晚期这样一个动荡不安的历史转型期里，女作家们尝试通过写作从不同的层面去探讨个体价值和人类社会生活的意义。后世读者可以通过对贝居因女性神秘主义写作的解读，来考察中世纪晚期基督教神学思想和信仰范式发生的转型，以及导致这种变革的深层次社会因素，进而在此基础上来探讨女作家如何通过重新定义人与神之间的关系，来肯定人类世俗生活的意义与价值。对皮桑笔下探讨性别伦理关系和社会政治议题的作品进行分析，可以揭示出中世纪晚期的人文主义思潮对世俗知识分子阶层所产生的深远影响。这种新兴思潮不仅对中世纪的一系列社会保守观念产生了强有力的冲击，而且在此基础上推动和引导了这一历史转型期中人的身份与价值的重构。贝居因修女的神秘主义写作和皮桑笔下探讨社会问题的世俗写作，向我们揭示了西欧中世纪晚期变革中的基督教信仰和人文主义思想在精神诉求上的相通之处。即个体意识的觉醒使得人们不再安于一成不变的生活，他们不仅反抗教会施加的精神束缚，而且渴望在积极的世俗生活中为自己建构出具有内在稳定性的社会身份。

第一章

西欧中世纪晚期女性写作的历史背景和文化概况

中世纪一词无论是拉丁语中的Medium aevum，还是英文中的Middle Ages，其含义都是"中间的时代"。这个词的含义和人们对于中世纪的历史定位直接相关。在传统观念中，中世纪是欧洲文化的两座高峰——古典时代与意大利文艺复兴——之间的一个过渡性的中间阶段。当15世纪的意大利人文主义者比昂多（Flavio Biondo）在《罗马衰亡以来的千年史》中，将西罗马帝国灭亡之后近千年的历史时期首次称之为"中世纪"时，就已经赋予了这个词一种明显的贬义，将其视为人类历史上两大文化高峰之间的低谷。[①]文艺复兴（Renaissance）一词的原意是再生，而再生的前提是陈腐、衰朽生命的死亡。在意大利人文主义者建构出的宏大叙事中，中世纪是一个黑暗而又死气沉沉的时代，是文艺复兴的曙光使得文明与理性再度回归欧洲大陆。

意大利文艺复兴运动给欧洲带来了两个多世纪的文化繁荣

---

① 田薇：《信仰与理性：中世纪基督教文化的兴衰》，保定：河北大学出版社，2001年，第3页。

和全面发展，18世纪的启蒙运动再度高扬人类的理性精神，提倡对科学、民主、自由的追求。激进的启蒙哲学家们将中世纪斥责为野蛮、愚昧、专制和未开化的黑暗时代。这种贬抑中世纪而崇尚文艺复兴的思想观念，在很长一段时间内主导了人们对中世纪文明的判断和态度。但是自20世纪以来，越来越多的学者开始思考欧洲中世纪在人类文明发展历程中的价值和意义，他们质疑传统观念对中世纪的解读与定义。美国著名历史学家霍莱斯特在其代表作《欧洲中世纪简史》中开宗明义地指出：

> 一个世纪以前，几乎人人都在为中世纪忧伤扼腕。公元500年至1500年，被看成是人类进步征途中一个漫长而毫无目标的迂回时代——穷困、迷信、黯淡的一千年，将罗马帝国黄金时代和意大利文艺复兴新黄金时代分隔开来。……当今的历史学家再也不会相信这种勒普·凡·温克尔式的理论了。经年累代的研究业已表明，中世纪社会仍在变化发展，而且变化甚大，乃至1300年的欧洲已大大不同于公元600年的欧洲了。历史学家们现在认识到中世纪欧洲具有巨大的创造力。①

笔者认为要正确地理解和探讨中世纪晚期的女性写作，首先应当对西欧中世纪晚期的社会生活和文化状况有一个准确的定位。笔者将在以下的论述中，从世俗文化的发展壮大和宗教信仰领域的变革这两个方面，来勾勒出13至15世纪西欧社会思想领域和文化领域的大致轮廓。

第一节　城市的复兴与社会文化的繁荣

从11世纪晚期开始，西欧城镇的商业活动开始繁荣兴旺。在随后的一个世纪里，经济的持续增长为中世纪晚期城市的复苏和市民阶层的崛起奠定了基础。美国历史学家汤普逊在《中世纪社会经济史》中指出："近代城市是中世纪城市的后裔，也许在中世纪文明中对于人类没有什么比城市具有更大的社会意义了。"②除了经济价值，中世纪的城市还具有深刻的宗教文化意义。城市将经济

---

① 霍莱斯特：《欧洲中世纪简史》，陶松寿译，北京：商务印书馆，1988年，第2页。
② 汤普逊：《中世纪经济社会史》下册，耿淡如译，北京：商务印书馆，1997年，第429页。

功能、市民自由与合作组织三者结合在一起，成为中世纪基督教社会生活理想的完美体现者。这些在商贸往来中获利的城镇，不仅使得生活于其中的市民阶层在教士和贵族之外取得了自己的社会地位，而且还推动了世俗教育的兴起。自12世纪开始的大规模教育普及运动，使得地方学校、教堂学校和大学等教育机构如雨后春笋般地在西欧各地的城市中涌现出来。在中世纪晚期，教育普及运动的成果惠及西欧诸国，使得各地人口中的文化普及率显著增长。基础教育为适龄的男孩甚至包括一部分女孩，提供了极为实用的能够让他们掌握阅读、书写和计算的教育。这些接受了初级教育的孩子们日后将成为商人、工匠、书记员而非神职人员。阅读能力的普及使得一般大众能够在教会之外接触到知识，并且通过朗读与他人一道分享知识，从而将文字和知识的力量播撒到识字者以外的更为广泛的人群中去。

除了基础教育的普及，中世纪晚期文化领域的另外一个重要事件便是大学的创建，这标志了欧洲文化教育近代化的启动。除了在13世纪之前就已经创建了大学的意大利、法国和英国，自13世纪至15世纪，西班牙、葡萄牙、德国、波西米亚、低地国家、北欧的丹麦和瑞典以及中欧的匈牙利和波兰都相继建立了属于本国的大学。[①]在中世纪晚期的欧洲，大学替代修道院成为神学、哲学、法学、人文学科以及自然科学的研究中心和知识的集散地。大学的崛起使得知识分子阶层作为一个全新的社会力量在中世纪晚期登上了欧洲的历史舞台。法国学者勒戈夫在《中世纪的知识分子》中指出：

> 在西方国家，中世纪的知识分子随着城市而诞生。在城市同工业（说得谦逊一点是手工业）共同走向繁荣的背景下，知识分子作为一种专业人员出现了，他在实现了劳动分工的城市里安家落户。……一个以写作或者教学，更确切地说是同时以写作和教学为职业的人，一个以教授与学者的身份进行专业活动的人，简言之，知识分子这样的人，只能够在城市出现。[②]

知识分子阶层的诞生激活了欧洲的知识领域，为欧洲社会带来了思想和文

---

① 海斯汀·拉斯达尔：《中世纪的欧洲大学——博雅教育的兴起》，邓磊译，重庆：重庆大学出版社，2011年，第278—279页。

② 雅克·勒戈夫：《中世纪的知识分子》，张弘译，北京：商务印书馆，2002年，第4页。

化的全面复苏。虽然这一时期的大学和知识分子阶层还和教会有着千丝万缕的联系，但是这并没有阻隔来自教会的神学传统和源自市民阶层的世俗精神在大学中发生激烈的碰撞和交融。世俗知识分子阶层对古典文化传统的深入研究和热情推广，促使人文主义思想在14、15世纪的欧洲蔓延普及。

在中世纪晚期的西欧社会，教育的普及和兴盛同样惠及女性，使得一部分出身市民阶层和中下层贵族的女性能够在修道院之外接受教育，从而掌握了进行文学创作所必需的读写技能。人文主义思想的传播使得一部分男性知识分子开始改变对女性的态度，转而支持女性接受教育。[①]在这样一种文化氛围里，西欧中世纪晚期的女性作家们开始广泛涉及各个文类的写作，使得女性的声音进入转型期的社会公共空间当中。

中世纪晚期社会文化的繁荣不仅体现在教育领域，还表现为文学创作领域中俗语文学的兴盛。中世纪文学观念里所谓的俗语（vernacular）是与教会所使用的拉丁语（西部教会）和希腊语（东部教会）相对而言的。就欧洲各民族语言自身的发展历程而言，在中世纪之前这些俗语就已经存在。教会在中世纪早期提倡教士们使用俗语进行布道，所以各民族的俗语很快接受了拉丁语的经验，从民间的日常生活语言脱胎为规范的文学表达形式。[②]值得指出的是，在但丁所处的时代，虽然俗语文学写作已经成为欧洲文学的主流，但是俗语始终没有被真正确立为正统的文学语言。所以，当但丁在《论俗语》中给予俗语以极高的评价时，仍旧能够在欧洲思想界产生那样大的震动和影响。

当代西方研究者认为，中世纪晚期的俗语文学具有丰富的文化内涵和性别意味，其中还隐含了平信徒对教会权威的挑战。《俗语精神》一书的编者指出，教士以俗语和拉丁语之间的二元对立来捍卫自己的等级特权：

> 在这个时代，性别问题不可避免地与语言问题交织在一起。将俗语和女性在消极的意义上联系在一起——"母亲的语言"——经常引起一种对俗语和女性/女性化的读者与言说者的斥责，将其视为社会与精神失衡的根源。教会权威意识到俗语相较于拉丁语在语言学层面的低劣，反映了未接受神学

---

① Sarah Gwyneth Ross, *The Birth of Feminism: Woman as Intellect in Renaissance Italy and England*, Cambridge: Harvard University Press, 2009, pp.5-6.

② 杨慧林、黄晋凯：《欧洲中世纪文学史》，南京：译林出版社，2001年，第68—69页。

教育的平信徒，尤其是女性在灵性和学识上的劣势地位。这样一种联系为使用拉丁语的教士阶层维护他们在宗教领域中对知识的垄断，以及他们在政治领域享有的特权式的权威提供一个方便的逻辑。①

这种由语言层面延伸至性别和社会身份层面的等级制度，使得西欧中世纪晚期的女作家们将俗语写作视为一种反抗思想领域的束缚与压抑的精神武器。女性用俗语进行文学创作既是一种无奈——普通女性很难通过世俗教育获得拉丁语的读写能力，同时也是一种有意识的选择。俗语一方面让她们的作品获得更为广泛的受众群体，另一方面使得她们能够以最生动活泼的方式来表达自己的思考和理念。以梅希蒂尔德、海德薇希、玛格丽特·波蕾特为代表的女性俗语神秘主义作家，是西欧各民族中最早尝试以本民族的俗语进行文学创作的杰出代表。通过俗语神秘主义写作，贝居因女作家们让一度被教会权威边缘化的平信徒得以进入信仰领域的中心。

在中世纪晚期的政治和军事领域，骑士制度开始趋于没落，但是在这一时期的欧洲宫廷文化中，骑士文学却占据了一个重要地位。无论是骑士传奇还是骑士抒情诗，其中一个重要的共通主题就是骑士与宫廷贵妇之间的典雅爱情（Courtly Love）。荷兰学者约翰·赫伊津哈在《中世纪的秋天》中这样写道：

> 宫廷生活里对女人的爱被理想化了，它不必要求爱情的满足，但这种爱产生于肉欲之爱。在宫廷之爱（Minne）里，爱情成为审美完美和伦理完美都可以开花结果的场所。根据宫廷之爱的说法，高尚的爱人由于爱情而成为道德高尚的纯洁的人。……一切基督教美德和社会美德、生活形式的整体结构都进入了宫廷之爱的总体框架之中。②

中世纪宫廷文学中盛行的骑士爱情主题对当时的社会文化氛围具有一定的推动和促进作用的。通过这些描写典雅爱情的文学作品，女性和爱情在一定程度上遏制了男性暴烈的性情，将宫廷生活引向文雅和优美。就如同威尔·杜兰所言：

---

① Renate Blumenfeld, Duncan Robertson, and Nancy Bradley Warren, eds., *The Vernacular Spirit: Essays on Medieval Religious Literature*, New York: Palgrave MacMillan, 2002, pp.1-2.

② 约翰·赫伊津哈：《中世纪的秋天》，何道宽译，广州：花城出版社，2017年，第125—126页。

"在封建社会里，女人和诗人赢得了胜利。"[①]生活在城镇中的市民阶层通过阅读俗语传奇作品，接受了这种发端于贵族宫廷当中的爱情理想。当典雅爱情进入市民阶层的文化生活之后，它本身所蕴含的宗教情怀便与世俗宗教运动和新神秘主义思潮结合，形成了一种盛行于女性神秘主义写作当中的典雅爱情式的神秘主义（La mystique courtoise）风格。[②]这种新的写作范式突破了保守的修道院神秘主义写作模式，体现了市民阶层的审美趣味对宗教写作的影响。

在中世纪晚期，一部分世俗知识分子开始在自己的作品里，对表现贵族阶层价值取向的典雅爱情进行反讽和戏拟。让·德·莫恩（Jean de Meun）续写的《玫瑰传奇》（The Romance of the Rose）便是这种写作模式的重要代表。莫恩的续写彻底改变了纪尧姆·德·洛里斯（Guillaume de Lorris）在《玫瑰传奇》第一部分中所展现出的纤细、柔美、梦幻的宫廷审美趣味，而代之以对现实生活的犀利讽刺和批判。莫恩广泛深入地表达了市民阶层在政治、经济、婚恋和宗教信仰领域中的价值取向与诉求。但是，莫恩在《玫瑰传奇》第二部中表现出的对于女性的歧视和诋毁，在一个世纪之后引起了克里斯蒂娜·德·皮桑的强烈不满。皮桑于1401年挑起了批判莫恩的玫瑰论战（rose debate），并且在自己的一系列作品里驳斥了中世纪思想和文学领域中泛滥的厌女言论。皮桑的思考和写作揭开了欧洲女性争取两性平等的社会运动的序幕。

第二节 中世纪晚期宗教信仰领域的变革

一、教会权威的盛极而衰

公元313年6月，君士坦丁与李锡尼共同签署了《米兰敕令》，结束了罗马帝国对基督徒的迫害。公元380年，皇帝狄奥多西一世下令禁止基督教之外的其他教派的活动，要求全国民众都要"遵守圣徒彼得所交与罗马人的信仰"，从此基督教成为罗马帝国境内唯一的合法宗教。公元391—392年，狄奥多西皇帝连续下

[①] 威尔·杜兰：《世界文明史·信仰的时代》，幼狮文化公司译，北京：华夏出版社，2010年，第599页。

[②] Barbara Newman, *From Virile Woman to Woman Christ: Studies in Medieval Religion and Literature*, Philadelphia: University of Pennsylvania Press, 1995, p.141.

令关闭帝国境内的一切异教神庙,基督教由此正式成为罗马帝国的国教。在此后的一千多年里,欧洲的社会生活笼罩在基督教的信仰和文化氛围当中。在这个意义上,后人将欧洲中世纪称为信仰的时代。

公元410年,西哥特人攻占了罗马城并对其进行了长达3天的洗劫。在此之后,日耳曼其他部落多次在罗马城内轮番劫掠,这种频繁的、毁灭性的战争使得西欧社会不仅在经济上,而且还在文化上濒临全面崩溃。公元5世纪至10世纪的西欧大地由于战乱和瘟疫而人口锐减,古典文化几乎丧失殆尽。在这一片文明的荒漠中,零星散布的修道院为西方文明保存着最后的火种,并且成为中世纪早期最具有教化力量的机构。在6、7世纪之交,格列高里一世教皇(公元590—604年在位)利用他在政治和外交上的影响力,使得罗马教会一方面摆脱了东罗马帝国的影响,另一方面独立于日耳曼人的统治,成为一个能够在政治领域享有独立地位的宗教机构。格列高里一世不仅使得教会获得了独立,同时他也致力于扩张教皇的权威。他主张教皇是圣彼得的续任者,故而也是整个教会毫无争议的统治者。格列高里一世为罗马教会在此后的几个世纪里逐步登上欧洲政治历史舞台,与世俗君主分庭抗礼、争权夺势奠定了基础。

在9世纪之后,教会逐步获得了信仰领域无可争辩的权威,但是教士阶层的腐败和自满情绪却为教会带来了一系列的负面影响和不稳定因素。格列高里七世教皇(公元1073—1085年在位)在11世纪末期主导了一场对后世影响深远的改革,力图使教会摆脱世俗生活的影响和干扰。格列高里的教会改革主要针对3个方面:买卖圣职、教士的婚姻、教会与世俗权力之争。格列高里改革一方面是为了维护教会自身的纯洁性,另一方面则涉及了中世纪政治领域的一个重要议题——教会与世俗权力谁来统一和治理欧洲。格列高里认为,将欧洲从政治分裂、动乱和战争中解救出来的唯一出路就是世俗政府放弃一部分权力,承认教会为他们的封建宗主,让教会成为世界或者至少是全欧洲的"基督教共和国"(Christian Republic)的神圣领导者。[1]虽然格列高里七世教皇在与亨利四世的政治斗争中失败,并于1085年死于流放,但是他所倡导的教会改革在西欧已成定局。格列高里改革首先规范了教皇选举制度,坚定地排除了一切来自世俗的影

---

[1] 威尔·杜兰:《世界文明史·信仰的时代》,幼狮文化公司译,北京:华夏出版社,2010年,第568页。

响,教皇职位从此不受世俗权力干扰。其次,禁欲主义被正式纳入教会法规。如果说在此之前教会鼓励贞洁的生活的话,那么在教会改革之后,禁欲和独身变成了修道人士必须遵守的教规。再次,教皇开始逐步控制教会体系的各个阶层,这为教皇在13世纪最终成为凌驾于一切权力之上的西欧最高统治者扫平了道路。[①]

英诺森三世(公元1198—1216年在位)于1198年登上教皇的宝座,并且最终实现了历代教皇孜孜以求的目标——教皇成为西欧宗教和世俗领域的最高统治者。1215年,英诺森三世在罗马的拉特兰大教堂主持召开了第四次拉特兰大公会议,这是继尼西亚大公会议以来,西欧中世纪最为重要、规模最大的一次宗教会议。在这次会议中,教皇不仅进一步巩固了他在宗教事务以及世俗事务当中的至高权威,而且还对教会内部的纪律、圣礼与忏悔制度、镇压异端运动等问题做出了一系列规定。

当教会在13世纪初叶攀上权力的巅峰之时,教会和教皇都在日益世俗化。在中世纪晚期,教皇变得更像世俗君主而非一位宗教领袖了。教会和教士阶层的世俗化倾向以及由此而导致的腐化堕落,使得教会在普通信徒心中的地位日益下降。中世纪晚期此起彼伏的异端运动足以证明教会在信仰领域的权威和神圣性都开始走向式微。除了通过异端运动这一极端方式来质疑、挑战教会的权威,一部分信徒尝试在教会容许的范围之内改革信仰的方式,他们就是发端于13世纪的托钵修会。方济各修会、多米尼克修会、奥古斯丁修会以及加尔默罗修会被称为中世纪晚期的四大托钵修会,其中以方济各修会和多米尼克修会的影响最为深广。

无论是方济各修会还是多米尼克修会,一个共同的核心理念就是他们都拒绝了传统修道院里的隐修生活,选择直接走进大千世界。此外,他们也拒绝了拥有集体财富的传统修道院制度,试图过一种清贫简朴的生活。这些托钵修会的创始人和追随者之所以如此强调守贫之道,是因为13世纪的修道院乃至整个教会都沉溺于物质享受当中。圣方济各本人为自己创建的修会制定了近乎苛刻的守贫戒律,他以这种方式间接表达了他对传统修道制度的不满。一方面由于圣方济各本人的高尚德行和他对教会权威的谦卑顺从,另一方面由于教会需要对抗同样主张激进的清贫主义的韦尔多派和清洁派异端,所以英诺森三世教皇在1215年的第四

[①] 朱迪斯·M.本内特、C.沃伦·霍利斯特:《欧洲中世纪史》,杨宁、李韵译,上海:上海社会科学院出版社,2007年,第219—220页。

次拉特兰大公会议上承认方济各修会为合法的修道组织。除了推崇谦卑与贫穷，这两大修会还有一个共同点就是对传教的热情。圣方济各与圣多米尼克都将布道和传播福音视为自己和整个修会的重要职责。多米尼克修会的修士们将宣道者作为自己最主要的身份，他们在接受了全面的神学培训之后就远赴欧洲各地传道，尤其是向偏远地区的异教徒们宣讲上帝的福音。

方济各修会与多米尼克修会之所以能够在中世纪晚期的信仰领域扮演如此重要的角色，是因为他们将虔诚的信仰通过多样化的组织形式与普通平信徒的日常生活紧密联系在一起。无论是方济各修会还是多米尼克修会都设有"第二会"和"第三会"的组织形式。"第二会"是指在修会领导之下的女修道院，"第三会"是指以平信徒为主体的不脱离世俗生活的修道组织，其参与者在世俗生活中同样追求基督徒的完美生活。对于中世纪晚期的女性而言，两大托钵修会都对她们的灵修生活产生了一种推动作用。1212年，18岁的贵族女子阿西西的圣嘉勒（St. Clare of Assisi, 1194—1253）在与圣方济各会晤之后，被他的高洁理想所感动，进而试图创建一个由女性组成的方济各第二修会。圣嘉勒在离家出走后，遵从安贫、守贞、服从这3大戒律，她最终成功创建了贫穷的嘉勒修会（Poor Clare）。圣嘉勒为她的姐妹们制定的修道章程，成为中世纪晚期唯一获得教会官方认可的由女性自己制定的修道会规。① 多米尼克修会亦与中世纪晚期的女性修道团体关系密切。在13、14世纪的德意志地区，许多多米尼克会修士成为当地女性修道者们的灵修导师，并且参与指导她们的灵修生活。赫尔夫塔修道院是中世纪晚期最杰出的女性学术团体之一，它与多米尼克修会保持了良好的灵性伙伴关系，这一点在梅希蒂尔德笔下的《神性的流溢之光》中得到了充分的反映。

加入第二修会的女性们无法像男性修士那样奔赴远方传道，也不能以行乞的方式来践行守贫的激进理念，她们只能在修道院的高墙之内通过静思默想的方式来进行修行。但是两大修会所倡导的有别于教会传统的修道理念，通过深入民间的传道方式唤起了众多普通女性的宗教热情。中世纪晚期女性平信徒对宗教活动的热忱和积极参与，为这一时期西欧女性神秘主义写作的兴盛提供了必要的宗教体验与丰富的思想资源。

---

① Elizabeth Alvilda Petroff, *Body and Soul: Essays on Medieval Women and Mysticism*, New York: Oxford University Press, 1994, pp.66-67.

二、异端思想与世俗宗教运动

作为一个信仰的时代，欧洲中世纪的宗教生活与世俗生活密不可分地交织在一起，大众的宗教意识和道德伦理意识同样不可分割，所以民众对于社会变革的要求往往借宗教运动的方式表现出来。这也就是为何在中世纪晚期这一社会转型期当中，西欧的宗教异端思想和民间宗教运动会如此兴盛的原因。值得指出的是，由于这一时期整个社会对于宗教的普遍狂热，正统教义和异端思想之间往往只有一线之隔。那些异端并非反对基督教信仰，相反，他们对于信仰的态度可能较之一般信徒乃至教士更为狂热和投入。此起彼伏的异端思想表达了城镇中的平信徒们对于教士、修道院以及教阶制度的质疑和不满，他们试图在教会规定的范围之外寻觅一条通向真理与救赎的新道路。

中世纪晚期异端运动的另一个显著特征就是异端思想和城市生活以及市民阶层之间的关联性。曾经在中世纪的德意志地区广为流传的政治谚语"城市的空气使人自由"向后世的研究者表明了，城市在中世纪晚期思想与信仰领域的变革中扮演了重要角色。[①]生活在城镇当中的市民阶层是一群享有特权地位的人，他们大多从事商贸活动。经济活动所要求的在迁徙、经商等方面的自由，引发了市民阶层对于政治自由的渴求。比利时学者亨利·皮雷纳认为，在中世纪市民阶层的想法中自由是一种属于这个阶层的专利品，同时亦是他们阶级力量的源泉。[②]在中世纪晚期，城市的自由和经济上的活力吸引了越来越多的人迁居到城市中生活。这种人口流动打破了封建社会的封闭性，对中世纪传统的生产、生活方式造成了巨大破坏。市民阶层追求个体自由的生活方式使得人们的自我意识日益增强。但是，保守的教会却还没有做好管理和引导这样一个充满活力并且有着较高文化水平的市民阶层的准备。所以在这一时期，市民阶层与教会所主张的信仰模式和宗教法权之间的分歧日益扩大。民众往往将教会视为侵扰他们的生活和政治经济利益的压迫者，而非信仰与精神生活的引导者。这也是为什么那些发端于城镇随后席卷乡村的异端运动，往往都具有反教权主义（Anti-clericalism）思想倾向的社会原因。

兴起于12世纪末并且在13世纪初叶发展壮大的清洁派也被称之为卡特里派

---

① 王亚平：《基督教的神秘主义》，北京：东方出版社，2001年，第143页。
② 亨利·皮雷纳：《中世纪的城市》，陈国樑译，北京：商务印书馆，2007年，第134页。

（Cathars）或者阿尔比派（Albigensians），它是西欧中世纪中晚期最具有代表性的异端宗教运动之一。清洁派的基本教义主要有两个方面：其一，它主张回归到基督教创立之初的教义和信仰方式，这代表了民众对教会的财富、权力和腐败堕落的不满与抗议；其二，它受到了法国南部地区的阿里乌派的影响，而且接受了摩尼教和波斯的琐罗亚斯德教的教义，所以主张一种二元论的神学观点。清洁派认为存在着两个上帝，善良的掌管精神宇宙，邪恶的控制物质世界。从这种二元论的教义出发，清洁派的信徒主张舍弃一切物质性的东西，诸如财富、婚姻、食物等，他们试图以此来逃脱物质的囚笼，从而使得灵魂复归尽善尽美的精神世界。在这个极端厌弃物质世界的教派当中，仅有一小部分信徒践行此种严苛的教义和戒律，他们被追随者们称之为"完人"（perfect ones）。这种教义使得信徒激烈反对一切私有财产，而且严厉批评教会的贪婪和腐败。他们认为基督生前一文不名，但是号称基督理念继承者的教士们却养尊处优、腰缠万贯，简直是昔日法利赛人的再生。清洁派信徒还强烈反对和谴责教会发动的十字军东征运动，视其鼓动者为残暴的刽子手。对于教会贩卖赎罪券的行为，他们更是极力嘲讽。

在13世纪初叶的法国南部地区，清洁派形成了自己的教会组织和神学体系，甚至建立起了属于自己的修道院，拥有众多来自社会各个阶层的信徒。清洁派对于教士与教会权威的毫不留情的攻击，使得教会视其为心头大患。在1209年，英诺森三世教皇发动了旨在彻底剿灭清洁派的阿尔比十字军（Albigensian Crusade），这场杀人无数、血流遍地的残酷战争最终以教会的胜利而告终。在此之后，教会为了彻底肃清一切潜在的威胁，保证教会权威的独一性，格列高里九世教皇于1230年任命了主管异端审判事物的异端审判官（inquisitor），中世纪的教会由此设立了它最为黑暗恐怖的异端审判所。

除了清洁派，中世纪中晚期另一个影响深远的异端运动是由法国南部的一个富商创立的韦尔多教派（Waldensian）。来自法国南部城市里昂的富商彼得·韦尔多（Peter Waldo）于1173年安顿好妻女之后，当众散尽家财发誓追随教会创立之初使徒们的生活方式。此后，他以行乞为生并云游四方，传道布教。在反对私有财产、教会腐败和贩卖赎罪券的问题上，韦尔多派与清洁派有很大的相似之处。不同于清洁派因为主张二元对立的教义而受到教会的谴责和迫害，韦尔多派触怒教会权威之处在于他们对教会传道特权的侵犯。早在1170年，韦尔多就和一些世俗学者携手将拉丁语《圣经》翻译为法国南部方言。在创立了自己的教派之后，他和追随者们一起用俗语向大众宣讲《圣经》。在他们的布道行为遭到里昂大主教的训斥之后，韦尔多于1179年前往罗马试图寻求教皇的批准，但是他的教派最终并未得到教会的认可。韦尔多派于1184年被教会裁定为异端，韦尔多本人于1217年死于波西米亚。

清洁派和韦尔多派堪称西欧中世纪中晚期两个最具有代表性的异端运动，他们共同表达了生活在城镇中的平信徒对于教会权威以及教士所鼓吹的信仰方式的质疑与反抗。在这一时期，异端运动和托钵修会共同推崇的基督守贫的思想以及效仿使徒的生活方式不仅仅是一种宗教信仰领域的理念，同时还包含了一种伦理道德层面的诉求。①在清洁派和韦尔多派看来，物质财富将人类灵魂束缚在尘世，而占据了大量财富的教会和教士不可能引导人们走向真正的信仰和救赎。所以，他们彻底弃绝财富的信念在本质上是对教会权威的一种抗议和挑战。守贫的理念不仅指向放弃个人私有财产，更为重要的是借此来放弃个人意欲以求达到与基督的合一。在异端运动所追求的与神合一中没有教会的位置，这是对教会赖以生存的中介特权和教阶制度的致命一击。此外，异端运动对翻译《圣经》和自由布道的追求，表达了民众对教会垄断《圣经》阐释权的不满与反抗。自由翻译《圣经》和布道意味着广大平信徒可以依据自己的理解来阐释《圣经》中的上帝之言，每一个人都能够凭借自己的信仰和理性来直面上帝的圣言，而无须教会在其中扮演中介角色。在这个意义上，无论是效仿基督与使徒的清贫生活，还是要求翻译《圣经》并且自由布道，异端运动所践行的宗教理念在本质上都溢出了单纯的信仰领域，而指向中世纪晚期人的个体意识的觉醒和对于束缚个体精神的宗教法权的抗辩。

三、新神秘主义思潮的兴盛

在基督教创立之初，神秘主义便与教理神学（dogmatic theology）形成了如影随形的关系，它们在本质上是彼此关联的。基督教神学的一些基本教义，例如三位一体、道成肉身等本身就是神秘主义教义的教理化表达。正如安德鲁·洛思所言："神秘神学提供了直接领悟上帝的语境，这个上帝既借着基督以启示了自己又通过圣灵栖居在我们里面；而教理神学则试图把这种领会用客观准确的词语

---

① 王亚平：《基督教的神秘主义》，北京：东方出版社，2001年，第177页。

具体表达出来。这种表达反过来又进而激发了人们对以基督教之特有方式启示了自己的这位上帝有一种神秘主义的理解。"①

教会早期的神学家德尔图良（Tertullian）曾经以"雅典和耶路撒冷有什么关系"来否认哲学、理性与基督教信仰之间的关联。他认为上帝是超越万物的终极存在，任何试图以理性的方式来认知或者达至上帝的方式都是不可行的，甚至是一种渎神行为。在随后的几个世纪里，这种信仰凌驾于理性之上的神秘主义思维模式得到了进一步强化。中世纪的许多知名神学家，例如彼得·达米安、宾根的希尔德加德、克莱沃的圣贝尔纳都认为理性思考与人们对于上帝的认知以及人类灵魂的救赎并无必然联系。但是，中世纪又不断地有神学家尝试将理性与信仰联系在一起，让哲学为神学服务。11世纪的坎特伯雷大主教安瑟伦提出"信仰寻求理解"的观点，他认为理性虽然在信仰之下，但是它也可以反过来解释信仰。他在代表作《上帝何以化身为人》中，对一系列基督教的基本教义做出了严格的逻辑解释。安瑟伦所倡导的这种将理性思维方式运用到对基督教信仰的维护和论证中去的思辨模式，为以理性和逻辑为基础的经院哲学能够在中世纪晚期成为教会的官方神学奠定了基础。

当代学者普遍认为中世纪晚期的神秘主义思潮是一种与经院哲学相平行的，同时存在着一定差异性的神学思想。对于基督教神秘主义者而言，神秘主义体验最重要的两个基本特征分别是：对上帝临在的直接感知以及灵魂在这种神秘体验中达成与上帝的合一。被教会授予神秘神学博士（Mystical Doctor）这一称号的16世纪西班牙女性神秘主义者阿维拉的圣特蕾莎（St. Teresa of Avila），在其自传（Life）中生动揭示出了神秘主义体验的这两个基本特征。她说道："当我以曾经提及的方式描绘基督的形象时，有时甚至在阅读之时，我经常意外地体验到一种对于上帝临在的感知，然而我无法确定究竟是他在我之中，还是我已经完全被他吞没。这种体验并非是一个幻象：我坚信这应当被称之为神秘的神学。"②

在进入13世纪之后，基督教神秘主义在继承传统的基础上受到时代风潮的影

---

① 安德鲁·洛思：《神学的灵泉——基督教神秘主义传统的起源》，孙毅、游冠辉译，北京：中国致公出版社，2001年，第1—2页。

② Bernard McGinn, *The Foundation of Mysticism: Presence of God*, New York: The Crossroad Publication Company, 1991, p.xiii.

响，呈现出了一些新的特质。当代西方研究者将其称为西欧中世纪晚期的新神秘主义（New Mysticism）。这一领域的资深学者伯纳德·麦金认为："公元1200年标志了西方基督教神秘主义发展历程中的一个重要转折点。新宗教信仰模式的出现，尤其是托钵修会和贝居因修会的兴起，新的神秘主义的表达方式，以及女性在神秘主义运动中意外获得的更具有权威性的角色，这一切都指向这个重要转折的到来。"① 相较于传统的基督教神秘主义，新神秘主义在修行方式、女性的宗教角色、神秘主义写作的语言和范式上都存在着较大的创新。在中世纪教会的传统观念中，神秘主义和隐修主义是紧密相连的。在公元5、6世纪之交，本尼迪克修会创建的修道院制度成为西欧中世纪隐修主义的开端。与此同时，源自拜占庭希腊教父的"隐修—神秘主义"思想也在西欧传播开来。在中世纪基督教的修会制度和教阶制度当中，都不乏神秘主义的因素，一些虔诚的隐修主义者往往也是狂热的神秘主义者。12世纪西多修会（Cistercian）的领导者，伟大的神秘主义者克莱沃的圣贝尔纳（St. Bernard of Clairvaux）就是一个绝佳的例证。圣贝尔纳和他领导的修会都向往一种与世隔绝的隐修生活，但是教会对世俗生活的深度介入，使得中世纪晚期的神秘主义不再局限于修道院的高墙之内，而是日益与人们的世俗生活相结合。就如同15世纪杰出的神秘主义者埃克哈特大师所强调的那样，"上帝毋庸置疑的能够在任何地方被任何人寻觅到"②。这种新的神秘主义观念使得在修道院之外的平信徒同样可以在尘世的日常生活当中体验到上帝的临在。

教会所推崇的神秘主义和隐修主义的融合，使得在中世纪晚期之前，杰出的基督教神秘主义者基本上都是男性修道士。即使在12世纪出现了宾根的希尔德加德这样具有深远影响力的女性神秘主义者，女性依旧在中世纪早期和盛期的神秘主义传统中扮演边缘人的角色。这一方面因为教会的神学传统中所包含的厌女思想，导致了女性的思考和话语被压抑；另一方面，以拉丁语为载体的神秘主义写作对于无法接受系统神学教育和语言训练的女性而言是一个难以逾越的障碍。但是，中世纪晚期西欧文化领域的繁荣以及基础教育的推广和普及，使得一部分出身市民阶层和中下层贵族家庭的女性能够在修道院之外获得良好的教育。她们不

---

① Bernard McGinn, *The Flowering of Mysticism: Men and Women in the New Mysticism*: 1200—1350, New York: The Crossroad Publication Company, 1998, p.ix.

② Ibid., p.14.

仅掌握了俗语的读写技能，还有一些天资聪颖的女性甚至能够使用拉丁语进行阅读和书写。女性受教育程度的提升为女性涉足神秘主义写作奠定了基础，这使得女性能够直接言说个人的宗教体验。她们借助俗语神秘主义写作来对人类社会生活中的信仰、政治、经济以及性别问题做出自己的回应。

新神秘主义运动的成就之一就是促成了俗语神秘主义写作的兴起，这也是中世纪晚期欧洲思想界最重要的文化特征之一。俗语神秘主义写作被认为是与修道院神学、经院哲学鼎足而立的中世纪晚期三大神学流派之一。① 在这一时期，托钵修会对俗语传道工作的重视，异端运动私自翻译《圣经》的行为，以及他们违抗教会禁令的自由布道，都在不同程度上推动了俗语神秘主义写作的繁荣。俗语神秘主义写作不仅使得女性能够大量参与到宗教运动中来，而且还赋予了传统的神秘主义写作以新的内容和形式。

在爱中体验上帝，进而与至高的上帝达成无区分的圆满合一，乃是所有中世纪基督教神秘主义者们孜孜以求的目标。在13世纪以前的修道院神秘主义写作中，接受过系统神学教育的教士往往借用《雅歌》的修辞模式来表达经由爱欲达成的人神合一。12世纪杰出的神学家克莱沃的圣贝尔纳在他以《雅歌》为主题的86篇布道中，反复强调沟通人神之间的力量唯有爱，而婚恋之爱是其最高表现形式，爱是人神合一关系的最佳表达。② 在13世纪之后，俗语神秘主义写作的兴盛为基督教神秘主义传统带来了新的话语模式。在女性神秘主义者的笔下，源自俗语传奇作品的典雅爱情替代了雅歌模式。渴慕上帝的灵魂不再是被动等待爱人到来的新娘，而成为英勇无畏的爱的骑士，跨越万水千山去追寻那远方的爱人。在俗语神秘主义写作中，变换的不仅仅是外在的修辞模式，世俗精神和市民阶层的价值取向伴随着俗语一起渗入神秘主义写作当中。

中世纪晚期的新神秘主义思潮在修行方式和语言载体上为女性的广泛进入提供了便利，发端于低地国家的贝居因修会是新神秘主义运动中最主要的女性参与者。来自这一修会的3位女性作家——梅希蒂尔德、海德薇希、玛格丽特·波蕾

---

① Bernard McGinn, "Introduction: Meister Eckhart and the Beguine in the Context of Vernacular Theology", in *Meister Eckhart and Beguine Mystics: Hadewijch of Brabant, Mechthild of Magdeburg, and Marguerite Porete*, Bernard McGinn ed., New York: The Continuum Publishing Company, 1994, p.6.

② Bernard McGinn, "Love, Knowledge, and Mystical Union in Western Christianity: Twelfth to Sixteenth Centuries", in *Church History*, Vol 56, No.1, 1987, p.9.

特，被当代研究者视为中世纪晚期最具有代表性的女性神秘主义作家。在她们的笔下，神秘主义写作被赋予了新的时代内涵，成为映射中世纪晚期这个躁动不安的社会转型期的文本之镜。中世纪晚期的女性神秘主义写作还被当代研究者视为西方女性自我意识觉醒的重要标志之一。法国学者露丝·伊利加雷在她的代表作《他者女人的内视镜》(*Speculum of the Other Woman*)中，以专门的章节来探讨女性意识和神秘主义写作之间的关系。她将女性笔下的神秘主义作品称为"燃烧的镜子"(burning glass)，认为女性可以借助它来烧毁社会习俗和礼教加诸在女性身上的束缚。这面"燃烧的镜子"使得女性真实的他者性超越了象征语言再现系统的范围。伊利加雷将其视为一个场域，"这是西方历史中女性可以如此公开言说和行动的唯一场所。"[①]正是有赖于这些杰出女性的作品，才使得后世的读者能够聆听到响彻荒原的女性之声。

[①] Luce Irigaray, *Speculum of the Other Woman*, Gillian C. Gill trans., Ithaca, N.Y.: Cornell University Press, 1985, p.191.

第二章

贝居因运动：女性之城的盛与衰

发端于西欧低地国家的贝居因运动是中世纪晚期最重要的女性宗教运动。在这一时期的西欧诸国，随着社会经济的复苏和城市化进程的加速，市民阶层的女性在社会生活中开始扮演日益活跃的角色。在城镇里，女性的活跃不仅表现在她们广泛进入社会经济生活当中，还表现为女性在这一时期的社会宗教生活里开始成为一个日渐受到关注的群体。早在基督教创立之初，就不乏女性信徒的积极参与，在福音书和《罗马书》中都可以看到女性门徒虔诚而又热情的身影。在中世纪，隐修主义的盛行使得渴望投身于宗教生活的女性只能走进修道院的高墙之内，在缄默与顺从中度过她们的一生。她们无法像早期的女性门徒那样和男性同伴一道为自己的信仰而奔走，甚至成为教会的领袖。中世纪的教会对于女性修道现象持一种复杂而又矛盾的态度。教会的领袖与神学家们一方面给予修道的贞女以极高的评价，称她们为基督的新娘；另一方面，教士又常常援引包含厌女言论的《圣经》文本和教父神学家的言论，限制女性在教会中的地位和修女的人数。

第二章　贝居因运动：女性之城的盛与衰

兴起于13世纪初叶的贝居因运动，在一定程度上改变了女性在宗教生活中被边缘化的态势，使得女性的身影再度活跃于西欧社会的宗教舞台之上。自13世纪至15世纪，贝居因修会经历了兴起、发展、繁荣和衰微的历程。西欧城镇女性对贝居因修会的青睐和热衷，源于这一女性修道组织相对温和灵活的会规，它主张女性过一种超越尘世但又不离弃尘世的混合型灵修生活。贝居因运动的兴盛一方面反映了市民阶层的女性对传统修道院隐修制度的不满和否定，另一方面体现了被教会权威边缘化的平信徒渴望在教会之外表达信仰和虔诚的渴望。贝居因修会在14世纪遭到了教会的残酷镇压，这体现了追求信仰途径多元化的世俗宗教运动与维护宗教特权和教阶制度的教会之间存在着难以调和的矛盾与冲突。15世纪之后，贝居因运动走向了衰微和沉寂。但是那些一度活跃在历史舞台之上的热情、虔诚而又意志坚定的女性们，以自己对信仰的深刻理解和义无反顾的践行，为即将到来的16世纪欧洲宗教改革运动奏响了序曲。

第一节　贝居因运动的兴起与历史背景

贝居因修会被当代历史学家称之为"中世纪修道史上唯一一次由女性发起，并且以女性为参与主体的宗教运动。"[1]贝居因修会的参与者大多是来自城镇的中下层女性，她们主要属于市民阶层，但是其中也不乏出身中下层贵族的女性。贝居因修会的参与者遍布比利时、德国的莱茵河流域和法国的大小城镇。这些满怀宗教热情的虔诚女性试图在被教士掌控的修道院之外，为自己和其他平信徒寻觅一条新的救赎之路。有一部分研究者认为，贝居因（Beguine）这一名称来自于一位被称为"口吃者"兰伯特·勒·贝吉（Lambert le Bégue）的神父，或者源自杰汉斯·李·贝吉斯（Jehans li Beuins），他们都来自列日地区。[2]前者于1184年在默兹河畔修建了一栋房屋，专供那些未能进入修道院的女性居住，让她们以自给自足的方式共同生活在一起。还有一部分学者指出，贝居因一词从词

---

[1] Walter Simons, *Cities of Ladies: Beguine Communities in the Medieval Low Countries*, 1200—1565, Philadelphia: University of Pennsylvania Press, 2001, p.143.

[2] Saskia Murk-Jansen, *Bride in Desert: The Spirituality of the Beguines*, London: Longman and Todd Ltd., 1998, p.26.

源学来看,是源自拉丁语"仁慈"(benignitate),或是"陷入宗教狂热中的女性"(quasi bono igne ignitae)。①

中世纪的第一个贝居因组织究竟产生于何时是一个难以考证的问题。一般而言,当代西方研究者将1215年作为贝居因运动诞生的时间。在这一年,曾经担任瓦尼的玛丽(Marie d'Oiginies)的忏悔神父,随后又升任为大主教的雅克·德·维特利(Jacque de Vitry)为他所推崇的贝居因信徒去争取教皇英诺森三世的认可。维特利最终在1216年得到了新继位的教皇霍诺利乌斯三世对贝居因修会的赞许。教皇以口头承诺的方式认可了贝居因修会的修行模式,"不仅仅是列日教区还包括法国和帝国的修道女们可以居于一处,相互教导,以激励彼此向善。"②教皇的许可为贝居因修会的发展壮大提供了安全保证,在此后的近一百年间,贝居因修会得到了极大发展。随着大量女性的加入,西欧各国的贝居因修会共同构成了中世纪晚期声势浩大的女性宗教运动。在这一过程中还产生了一批男性追随者,他们被称之为贝格哈德(Beghard)。在低地国家、德国的莱茵河流域以及法国北部地区,建立起了数以百计的贝居因会所(Beguinage /Beguine house)。在每一个贝居因会所中,修女少则数十人,多则上千人。③

作为中世纪晚期最重要的女性修道运动,贝居因修会的兴起与这一时期的宗教信仰范式以及教会的一系列改革举措直接相关。在基督教的道德体系当中,女性的贞洁被赋予了极高的评价。圣保罗在《哥林多书》中的一系列言论,表明他将贞洁视为一种凌驾于婚姻之上的状态,而且他提倡男女两性都应当保持这种纯洁的状态。一些早期的教父神学家们也普遍认同这种观念,哲罗姆、安布罗修斯、奥古斯丁等人在谈论女性的信仰和德行时,都大力鼓吹女性贞洁与美德的联系。早期教会学者对于贞洁,尤其是女性贞洁的推崇,深刻影响了中世纪主流观念对女性价值的定义。12世纪著名的神学家阿伯拉尔认为,象征贞洁的百合与象征殉道的玫瑰是女性圣徒获得的双重冠冕,他将贞洁视为女性神圣性的第一要

---

① Saskia Murk-Jansen, *Bride in Desert: The Spirituality of the Beguines*, London: Longman and Todd Ltd., 1998, p.26.

② Walter Simons, *Cities of Ladies: Beguine Communities in the Medieval Low Countries*, 1200—1565, Philadelphia: University of Pennsylvania Press, 2001, p.48.

③ Ibid., pp.56-59.

义。①教会和神学家对于女性贞洁不遗余力的大力推崇，使得中世纪的女性往往将贞洁视作信仰虔诚的标志，进而狂热地投身于隐修生活当中。

在中世纪早期，教会对女性加入隐修生活持一种肯定和欢迎的态度。大量的双重修道院（double house）②的建立，表明了教会对女性修道的支持与认可。在中世纪的早期和盛期，能够进入修道院的女性大多出身贵族阶层，她们中的一部分人通过担任女修道院院长而获得了很大的权力。10世纪的甘德榭修道院的女院长，被萨克森国王奥托一世授予拥有独立法庭、私人军队、铸币权以及在帝国议会中拥有一席之地的殊荣。③正是因为这一时期的修道院主要面向贵族女性，所以能够进入其中的修女往往都具备了两个条件：其一是拥有贵族血统，其二是有一定的经济能力。贵族少女在披上修女的面纱时，她们的家庭需要为她们缴纳一大笔入院捐赠（entry gift）。总体而言，修道院对出身低微的市民女性持一种排斥的态度。当有人指责宾根的希尔德加德领导的修道院只接受贵族女性而拒绝平民女性时，她为自己辩护道，等级制度是由上帝拟定的，不应当被打破。④

11世纪的格列高里教会改革对一度兴盛的女性修道运动产生了直接冲击。这场教会内部的改革不仅强化了教皇的集权和教阶制度，而且还对女修道院做出了一系列的限制，导致女修道院所占的比例急遽下降。教会改革完成之后，女修道院院长受到严格的监控，她们的权限也受到削减，一旦她们越过权限，就会引起教会的强烈反对。在中世纪晚期，西欧女性一方面被各种宗教团体，尤其是那些标榜守贫、谦卑的托钵修会激发出强烈的宗教热情；另一方面社会给予女性的宗教空间却在日益缩减。一度在12世纪大量接纳女性修道者的西多修会（Cistercians）和普雷蒙特雷修会（Premonstratensians），都在13世纪之后开始缩减乃至于关闭他们所领导的女修道院。中世纪晚期的两大托钵修会——方济各

---

① Barbara Newman, *From Virile Woman to Woman Christ: Studies in Medieval Religion and Literature*, Philadelphia: University of Pennsylvania Press, 1995, p.28.

② 这种类型的修道院同时接纳修士和修女，男性和女性修道者们遵守同样的院规，在相同的时间祈祷、劳作、用餐、休息，但是居室是分离的。

③ Katharina M. Wilson, "The Saxon Canoness: Hrotsvit of Gandersheim", in *Medieval Women Writers*, Katharina M. Wilson ed., Athens: The University of Georgia Press, 1984, p.31.

④ Emilie Zum Brunn and Georgette Epiney-Burgard, *Women Mystics in Medieval Europe*, Sheila Hughes trans., St. Paul: Paragon House, 1989, p.6.

修会和多米尼克修会，同样对女性的修道行为持否定态度，反对女性修道者依附于其他们。修道院和托钵修会对于女性修道活动的共同限制和排斥，使得中世纪晚期的女性不得不在教会之外为自己开辟新的宗教生活空间。此外，城市化进程的加速和商品经济的复苏，使得来自市民阶层的女性开始代替贵族女性在中世纪晚期的信仰领域中扮演活跃的角色。[①] 她们不再满足于传统的女性修行模式，也不愿意被禁闭在修道院的高墙之内，而是渴望投身于尘世生活，通过辛勤劳作与服务他人来践行基督和使徒们的宗教理想。可以说正是这些出身卑微的虔诚女性对于信仰的执着追求，促成了贝居因修会的建立。

贝居因修会在中世纪晚期的兴起不仅与当时的宗教制度有着密切联系，同时还受到了这一时期的社会生活和文化氛围的影响。贝居因运动的发源地是位于尼德兰南部的低地国家，那里是欧洲城市复兴的起点之一。随着手工业和商贸的兴盛，这一地区在12、13世纪成为西欧制造业和贸易的中心。城市的发展和商业的繁荣，为城镇提供了大量工作机会，而且吸引了一大批农村剩余人口进入城市。女性在中世纪晚期的城市中虽然很难获得参与行政管理的机会，但是她们却可以广泛涉足经济活动，并且能够拥有一定的社会地位。历史学家苏拉密斯·萨哈在《第四等级——中世纪欧洲妇女史》中写道：

> 妇女在城市经济中发挥了重要作用。不谈及妇女的活动就无法描绘中世纪城市的生产活动和商业活动。她们在生产中的作用（也有人认为是新兴的城市文化伦理的一个方面）极为明显，在手工业行会和小商贩行会中赢得了一席之地。……妇女倘若履行市民的经济义务，她的地位要高于那些由于无力在城市中拥有财产，不能参加行会或者负担不起市民资格费的男性城市居民。[②]

城镇中的女性能够通过参与经济活动来达到自给自足，这使得她们不再像传统修女那样必须依赖他人来提供避世的修道生活所需要的物质支持。贝居因修女

---

① Caroline Walker Bynum, *Fragmentation and Redemption: Essays on Gender and Human Body in Medieval Religion*, New York: Zone Books, 1992, p.58.
② 苏拉密斯·萨哈：《第四等级——中世纪欧洲妇女史》，林英译，广州：广东人民出版社，2003年，第193页。

大多以纺织、帮佣、看护病人和开办学校来获得经济收入。城市经济的繁荣为贝居因修女在传统隐修制度之外，实践自己的宗教理念提供了经济保障。最早的贝居因修会出现在低地国家，随后它又蔓延至法国、意大利和德国的莱茵河流域，它们都是中世纪晚期西欧城市化程度最高的地区。除了中世纪晚期城镇和市场经济的复苏繁荣，贝居因修会得以兴盛的另一个重要社会原因是当时的人口和婚姻状况。由于战争和瘟疫的影响，西欧中世纪晚期的女性人口总数超过了男性，而且女性的寿命也长于男性，这种人口构成状况导致了一部分女性难以找到合适的配偶。对于那些无法走进婚姻的中下层市民女性而言，贝居因修会无疑是能够为她们提供人身保护和经济保障的理想去处。

除了经济和人口因素，中世纪晚期的社会文化氛围也对贝居因运动产生了不容小觑的影响。在这一时期的城镇里，贝居因修会往往是女性教育最主要的提供者。一部分市民阶层的女童在贝居因修会开办的学校里接受教育，由此获得了基本的读写能力。她们中的一部分会在成年之后选择加入贝居因修会，这使得贝居因修女往往具有较高的文化水平。贝居因修会中的佼佼者能够自如地运用俗语乃至拉丁语进行阅读和写作。在13世纪，盛行于贵族宫廷当中的典雅爱情通过俗语文学作品为市民阶层所熟悉。这些充满了理想色彩的浪漫传奇故事，对生活在城镇中的贝居因修女产生了不可忽视的影响。贝居因修女在写作时，常常将她们所秉持的神学观念与俗语文学中的典雅爱情结合在一起。在她们的笔下，真正的典雅爱情只存在于上帝和纯洁的灵魂之间。浪漫传奇中英勇骑士为了心上人而不辞赴汤蹈火的行为，被贝居因女作家阐释为自由的灵魂在尘世间对至高上帝的不懈追寻。在她们看来，传统的修女对于自身的禁闭实质上是对彼岸神圣爱人的禁锢，而自由的贝居因修女则将圣爱从修道院的高墙内解放出来。①由此可见，女性受教育程度的提升和俗语文学在市民阶层中的广泛传播，都对贝居因运动的发展起到了推动和促进的作用。这些接受了良好教育的贝居因修女借助俗语写作来向大众传播贝居因修会的宗教理念。她们的作品为自己和修会赢得了巨大的声望，而且使得贝居因运动成为13世纪蔚为大观的女性宗教运动。

---

① Saskia Murk-Jansen, *Bride in Desert: The Spirituality of the Beguines*, London: Longman and Todd Ltd., 1998, pp.47-50.

第二节　贝居因运动的修行模式

贝居因运动在兴起之初，既受到一些宗教人士的推崇和尊敬，同时也受到了来自各个方面的质疑和指责。无论是赞许还是怀疑，都与贝居因修会所选择的独特修行方式息息相关。来自方济各修会的陶奈的吉尔伯特（Gilbert of Tournai）在1274年表达了他对于贝居因修女的身份和修行方式的困惑，他说道："有这样一群女性，我不知道应当如何来确认她们的身份，究竟是一般的世俗女性呢？抑或是修女？因为她们的生活方式既不属于世俗生活又并未完全脱离尘世。"[1]贝居因修会所奉行的是一种既在尘世当中又超脱于尘世的准宗教（quasi-religious）性质的修道模式。[2]这既为贝居因修会的快速崛起奠定了基础，同时又为14世纪之后贝居因运动的式微埋下了伏笔。这种准宗教性质的修道模式一方面给予其女性参与者更多的自由空间，但是另一方面也让她们更容易陷入异端的指控当中。

贝居因修会作为一个准宗教性质的修道组织，它的组织制度相较于传统的修会而言显得更为世俗化。在一般情况下，一名女性如果想要加入修道院成为修女的话，除了要符合血统要求，她还必须向修道院缴纳一笔不菲的入院捐赠。女性在加入修道院时，还需要举行相应的宗教仪式并且公开宣誓。相较于正式发愿的修女，贝居因修女的入会方式要简单得多。贝居因修会游走于僧俗之间的修道方式，使得其女性参与者无须像正式修女那样在公开场合宣誓遵守安贫、守贞、顺从的三重誓愿。即便有一些女性参与者选择发这三重誓愿，也往往被视为一种私人性质的誓愿，不具备永久性的约束力。正是因为贝居因修女所发誓愿的非永久性和私人性，所以她们的修道者身份往往是暂时性的，她们可以随时退出贝居因修会加入其他修道组织或者再度回到世俗生活当中。在加入贝居因修会后，女性通过特殊的服饰来表明自己的身份。她们的服饰力求简单朴素，颜色往往选择低调的灰色。一根棕灰色的代表悔过的绳带加上灰色披肩布和面纱，成为她们修道身份的标志。

贝居因修会的居住方式也体现出了它的准宗教性质。以贝居因运动最为兴

---

[1] Carol Neel, "The Origins of the Beguines", in *Signs*, Vol.14, No.2 (Winter, 1989), p.323.
[2] Caroline Walker Bynum, *Fragmentation and Redemption: Essays on Gender and Human Body in Medieval Religion*, New York: Zone Books, 1992, p.59.

盛的低地国家为例，贝居因社区主要有两种类型：修道所型（Convent）和庭院型（Court）。① 修道所型的贝居因社区规模较小，人数一般在几十人左右，由一位女性主管来管理日常生活和修行事宜。这一类型的贝居因社区一般没有自己独立的礼拜场所，修女们往往在当地教区的教堂参加宗教活动，并且服从于教区神父的领导。庭院型的贝居因社区规模较大，它由一系列的建筑构成一个封闭的院落。其中有独立的教堂、供修会成员居住的房舍、救济院，甚至还包括酿造厂、食品作坊、小型农场等。有一些较大规模的贝居因社区发展成了独立的教区，而且拥有专属的教区神父。作为一个女性修道组织，贝居因修会和外界世俗生活保持着一定的距离。但是，贝居因修会自给自足的生活模式，使得贝居因社区与城镇生活存在着千丝万缕的关系。贝居因修会不像传统修道院那样有意识地逃离城镇中的世俗生活，而是积极地融入其中，所以大部分贝居因社区都处于城镇的中心地带。在这个意义上，当代西方研究者称贝居因社区为"城中城"（towns within towns）②，或者将其命名为"女性之城"（cites of ladies）③。

贝居因修会的准宗教属性不仅体现在它的组织制度和居住方式上，而且还体现在贝居因修女所奉行的修道模式当中。贝居因修会将追求灵魂救赎的宗教生活与不逃避世俗责任的积极的行动生活完美地结合在了一起。笔者认为可以从以下三个方面来考察贝居因修会独树一帜的修行理念。

首先，贝居因修会将温和的守贫原则与对社会经济生活的深度介入结合在一起，给无法进入修道院的女性提供了一种更为宽松自由的修道生活。在中世纪晚期的城镇中，手工业的发展和商贸活动的繁荣，使得社会财富急遽增长，社会经济领域的变革不可避免地触发了人们精神层面的动荡。在中世纪早期，骄傲被视为万恶之首。但是在12世纪之后，人们日益将贪婪视为尘世罪恶的根源，并且将之与金钱和商业行为联系在一起。在宗教信仰领域，英诺森三世教皇使得教会的权威在13世纪到达了顶峰，但是与之相伴随的却是教会和教士阶层的腐化与

---

① Walter Simons, *Cities of Ladies: Beguine Communities in the Medieval Low Countries*, 1200—1565, Philadelphia: University of Pennsylvania Press, 2001, pp.50-51.

② Ellen Kittell and Mary Suydam, *The Texture of Society: Medieval Women in the Southern Low Countries*, New York: Palgrave Macmillan, 2004, p.132.

③ Walter Simons, *Cities of Ladies: Beguine Communities in the Medieval Low Countries*, 1200—1565, Philadelphia: University of Pennsylvania Press, 2001, p.143.

堕落。这一时期的民众深切地感受到了金钱对信仰和世俗生活的侵蚀，所以在中世纪晚期的西欧社会兴起了一股名为效仿使徒生活（Vita Apostolica）的宗教思潮。这一思潮要求信徒去模仿基督和使徒们所倡导的清贫、节俭、劳作的生活模式。①这股效仿使徒生活的宗教思潮对中世纪晚期的各种宗教运动都产生了程度不一的影响。无论是被教会镇压的韦尔多派，还是最终得到教会认可与接纳的两大托钵修会，它们都在兴起之初接受了效仿使徒生活所倡导的守贫理念，并且将其纳入自身的规章制度当中。

贝居因修会同样将效仿使徒生活作为自己修行目标，但同时选择奉行一种相对温和的守贫原则，它允许女性参与者介入社会经济活动并且保留私有财产。贝居因修会之所以采取这种修道原则，是出于现实的考虑。贝居因修女不能像传统修女那样获得来自教会和修道院的资助与荫蔽，她们由于自身的性别而不能像男性修道者那样以行乞为生。所以，她们选择了通过参与社会经济活动来自食其力的生活方式。由于贝居因修会并未完全脱离城镇生活，而且与市民阶层有着密切的经济往来，这使得她们对财富、守贫、信仰之间的关系有着一种相对圆融的看法。贝居因修会不强求其成员放弃个人财产，也不主张过分严苛的苦修。贝居因修会反对将宗教生活和世俗生活完全割裂开来，而是力图践行一种兼顾二者的混合型生活（mixed life）。②

其次，贝居因修会提倡通过服务大众而非遁世隐修来实践效仿使徒生活的修行目标。贝居因修女不像传统修女那样被禁闭在修道院里，她们能够自由行走在尘世生活当中，这种修行模式使得她们可以更广泛地投身于社会慈善活动，以服务大众来表达自己虔诚的宗教情感。一般而言，贝居因修女最主要的社会慈善活动是照顾老人、病人和穷人，在一些大型贝居因社区里还建立了具有慈善性质的医院。有史料表明，在比利时的城镇中，例如列日、卢万、布鲁日和布鲁塞尔，许多贝居因修女参与了照料病人的慈善活动。同时代的多米尼克修士安贝尔·德·罗曼赞扬她们不计报酬的辛勤工作，认为她们好比谚语集中的"品德高

---

① Bernard McGinn, *The Flowering of Mysticism: Men and Women in the New Mysticism:* 1200—1350, New York: The Crossroad Publication Company, 1998, pp.5-6.

② Caroline Walker Bynum, *Fragmentation and Redemption: Essays on Gender and Human Body in Medieval Religion*, New York: Zone Books, 1992, p.69.

尚的女子"①。贝居因修女虔诚、谦恭、慈爱的宗教情怀在当时的社会中获得了普遍的好感和认同,她们的嘉言懿行被广泛地记录保存下来,成了留给后世的珍贵史料。在一份收藏于法国索邦大学图书馆的布道集(1270—1306)中,记录了一位贝居因修女对于自己宗教理念的言说:"我们知道要去爱上帝,去告解,去了解上帝以及七项圣礼,要爱自己的邻人,要知晓区分罪恶与美德,要拥有没有骄傲的谦卑,没有仇恨的慈爱,在痛苦中忍耐,获得对于上帝和圣教会的清楚认知,并且随时准备为了上帝而遭受任何挫折与磨难:这便是贝居因修女。"②

再次,除了照顾贫病,贝居因修会在中世纪晚期的社会里承担的另外一项重要职责便是为城镇中的适龄儿童提供免费的初级教育。中世纪晚期西欧城镇经济的繁荣推动了商贸行为的专业化和复杂化,这就要求从事经济活动的市民阶层必须具备一定的计算、阅读和书写技能。但是对于一些贫困家庭而言,父母很难为自己的孩子尤其是女孩提供价值不菲的正规教育。在贝居因修会兴盛的地区,那些以服务他人为修行目标的女性毫不犹豫地承担起了为贫困儿童提供免费教育的社会职责。一般而言,贝居因修会创办的学校主要针对女童和少女。成年女性在加入修会之后,也可以进入学校接受教育。虽然大部分的贝居因学校只招收女学生,但是在德国莱茵地区的一些贝居因修会,选择一视同仁地向适龄的女童和男童提供教育。

在贝居因学校所提供的教育当中,最重要的一项内容便是针对女性的宗教道德训诫。13世纪著名的女性神秘主义者拿撒勒的比阿特丽斯(Beatrijs of Nazareth)幼年时曾在当地的一所贝居因学校接受教育,其父希望"她能够在德行上取得更大的进展"③。贝居因学校还为前来求学的儿童们提供俗语读写教育、音乐课程和圣经课程。有史料表明,在一些贝居因学校里,那些资质出众的女教师们甚至能够为学生开设拉丁语和神学课程。贝居因修女的高尚品德和出众学识,使得贝居因学校在中世纪晚期的西欧社会里得到了极高的赞誉。一份14世

---

① 苏拉密斯·萨哈:《第四等级——中世纪欧洲妇女史》,林英译,广州:广东人民出版社,2003年,第56—57页。

② Tanya Stabler Miller, "What's in a Name? Clerical Representation of Parisian Beguines (1200—1328)", in *Journal of Medieval History*, Vol 33, Issue1, (Mar, 2007), pp.77-78.

③ Walter Simons, *Cities of Ladies: Beguine Communities in the Medieval Low Countries*, 1200—1565, Philadelphia: University of Pennsylvania Press, 2001, p.82.

纪的相关文献是这样描述当时的人们对贝居因学校的信赖和赞扬的:"她们令人尊敬的行为举止以及丰富的学识使得当地许多有名望、有地位的人都将他们的女儿送到贝居因学校接受教育和指导。他们希望女儿在接受了贝居因学校的教育之后,无论今后处于人生的哪一个阶段,无论是选择宗教生活抑或是世俗的婚姻生活,她们都要比别人更为出众。"①

在笔者看来,贝居因修女对世俗经济活动的积极参与,以及她们对诸如照料贫病、提供义务教育这样的社会职责的勇敢承担,都体现了贝居因修会与传统修道组织在修行模式上的差异。贝居因修女既不像传统修女那样,将避世隐修当作逃离世俗生活的手段;也不像某些异端运动和托钵修会那样,通过彻底弃绝财富来寻求个体灵魂的解脱和救赎。她们对效仿使徒生活这一宗教思潮有着自己的独立见解。在她们看来,真正的修行并不意味着彻底离弃人类的尘世生活。相反,她们试图以自身超脱于尘世而又不离弃尘世的修行之道,为中世纪晚期的普通民众开辟一条新的信仰与救赎之路。

第三节 贝居因写作与新神秘主义思潮

贝居因修会准宗教性质的修行模式一度为她们赢得了来自僧俗两界的赞誉,但是也使得她们的身份一直徘徊于正统和异端之间的边缘地带。在贝居因运动兴起之初,教会之所以许可这种有异于传统的修行方式,是出于对抗异端运动的需要。中世纪晚期的异端运动反对教会的贪腐和堕落,参与者们常常以极端的守贞、守贫来标榜自身在信仰上的纯洁与激进。针对异端运动咄咄逼人的声势,教会不得不认可一批奉行效仿使徒生活理念的新修会,借此来遏制那些声势浩大的异端运动。正是出于这一目的,教会最终承认了方济各修会和多米尼克修会的合法地位。对于游走在僧俗边缘地带而且以女性为主体的贝居因修会,教会却一直心存芥蒂,从未将其正式纳入合法的修道体系当中。在1215年召开的第四次拉特兰大公会议上,教会明令禁止再创建任何新的修会组织,至此贝居因修会的边缘性被再度凸显。

---

① George Ferzoco and Carolyn Muessig, *Medieval Monastic Education*, London and New York: Leicester University Press, 2000, p.155.

贝居因修会的边缘性还体现在它所主张的介于正统和异端之间的神学理念当中。在中世纪的西欧社会，女性被要求时刻保持缄默和顺从。无论是教会神学家还是世俗知识分子，他们都不断地援引《圣经》中的教义与古代典籍里的言论来压抑女性言说的欲望。在宗教信仰领域，女性任何公开的言说都会被教会视为潜在的异端，从而招致严厉的斥责。由于性别歧视，中世纪的女性很难有机会接受正规的神学训练，所以她们又往往被宗教权威贬抑为愚者或者歇斯底里者。[1]虽然中世纪的女性难以获得与男性学者相抗衡的学识和权威，但是在基督教神秘主义这一领域中，她们为自己争取到了极为宝贵的话语权。就如同伊利加雷所指出的那样，中世纪的神秘主义写作是西方历史上女性得以公开言说的唯一场合。这种充斥着抗辩性的女性神秘主义话语是中世纪思想文化领域权力博弈的结果，是一种女性用来反抗男性权威的异质话语（heteroglossia）。[2]中世纪早期的女性神秘主义写作大多出自修女之手，她们的作品往往是在男性教士的帮助和监督之下完成。这种两性间的合作写作模式一方面保护女性免遭异端的控诉，另一方面却不可避免地导致了一部分女性话语遭到遮蔽和篡改。在中世纪晚期，随着女性受教育水平的提升和女性宗教运动的兴起，一部分女性开始摆脱男性权威的控制，让神秘主义写作成为她们进行独立思考的载体。她们借助这样一种看似出世实则入世的写作模式，让女性的声音冲破性别的囚笼，通过神秘主义写作积极参与中世纪晚期西欧思想领域的话语交锋。

神秘主义在基督教创立之初就与教理神学一道共存于基督教的神学思想体系当中。在13世纪之后，西欧进入了一个神秘主义思想繁荣昌盛的历史年代。这一时期的神秘主义思潮在写作模式、主要参与者和神学诉求上都与传统的修道院神秘主义之间存在着诸多差异，故而被后世研究者称为中世纪晚期的新神秘主义思潮。这种新神秘主义思潮和以市民阶层的女性为参与主体的贝居因运动之间存在着千丝万缕的联系。一方面，接受了良好教育的贝居因修女通过俗语神秘主义

---

[1] Jo Ann Mcnamara, "The Rhetoric of Orthodoxy: Clerical Authority and Female Innovation in the Struggle with Heresy", in *Maps of Flesh and Light: The Religious Experience of Medieval Women Mystics*, Ulrike Wiethaus ed., New York: Syracuse University Press, 1993, pp.9-10.

[2] Laurie A. Finke, "Mystical Bodies and the Dialogics of Vision", in *Maps of Flesh and Light: The Religious Experience of Medieval Women Mystics*, Ulrike Wiethaus ed., New York: Syracuse University Press, 1993, p.29.

写作，使得贝居因修会成为新神秘主义思潮中极具影响力的代表者。另一方面，借助新神秘主义思潮对教会权威的质疑和批判，以及神秘主义者对人神合一关系的追寻，贝居因修女试图将信仰从虚伪的外在形式中解放出来，将上帝归还给大众。①

新神秘主义思潮对贝居因女性神秘主义写作主要有如下三个方面的影响。首先，新神秘主义思潮倡导的俗语写作为贝居因修女开辟了新的言说空间。在漫长的中世纪，女性神秘主义写作是基督教神秘主义传统当中极具特色的一个组成部分。12世纪的修女宾根的希尔德加德以其一系列影响深远的拉丁语神秘主义作品而受到教会与世俗民众的普遍尊崇。以拉丁语为载体的修道院神秘主义传统，将没有接受过正规神学教育的平信徒排除在神秘主义写作之外。教士通过贬低世俗生活里通行的俗语，来维护信仰领域中的等级制度。来自贝居因修会的女作家们——梅希蒂尔德、海德薇希以及玛格丽特·波蕾特，却有意识地用俗语来进行神秘主义写作。她们成了中世纪晚期最早一批使用本民族的俗语来进行创作的作家。俗语神秘主义写作在中世纪晚期成了能够与修道院神学和经院哲学分庭抗礼的三大神学流派之一。当代研究者指出，贝居因女性神秘主义写作是正统神学与市民阶层主张的新兴思想之间的缓冲地带。它既表达了平信徒对僵化的宗教体制的不满，同时又为传统的神学思想注入了新的生机。②对于贝居因女作家们而言，俗语神秘主义写作不仅能够反抗信仰领域中的等级制度，而且还是她们用来进行性别权力博弈的工具。学者简·钱斯认为在中世纪晚期，"当女性写作时，她们建构出了一种属于自己的声音，而非反射出她们被铭刻于其中的父权制文化。"③

其次，新神秘主义思潮对人神之间合一关系的向往与追寻，赋予了贝居因女性神秘主义写作以强烈的批判性与反抗性。伯纳德·麦金认为："'神秘合一'（unio mystica）的观念在基督教神秘主义的发展历程中以及对于其内涵的神学反思中，都具有核心性的意义。从12世纪到16世纪，西方教会各主要流派的神秘

---

① Saskia Murk-Jansen, *Bride in Desert: The Spirituality of the Beguines*, London: Longman and Todd Ltd., 1998, p.113.

② Andres Janelle Dickens, *The Female Mystic: Great Women Thinkers of the Middle Ages*, New York: I. B. Tauris, 2009, p.4.

③ Jance Chance, *The Literary Subversions of Medieval Women*, New York: Palgrave Macmillan, 2007, p.8.

主义作者们都偏好于用与神合一的表达方式来表述他们信仰和实践的目标。然而，他们所理解的合一的途径与方式各不相同且错综复杂。"[1]在12世纪，以克莱沃的圣贝尔纳和圣提埃里的威廉为代表的修道院神秘主义者在描述人神合一关系时，往往借用中世纪释经学传统对《雅歌》的评注，以人神婚恋之爱来表达灵魂对上帝的渴慕与追寻。13世纪的新神秘主义突破了教会对人神合一关系的界定和阐释，将市民阶层中盛行的文化因子引入神秘主义写作当中。新神秘主义对人神合一关系的描述，为贝居因女作家的写作提供了一个极好的素材。在梅希蒂尔德、海德薇希和玛格丽特·波蕾特的笔下，人神合一关系被她们赋予了不同的思想内涵。梅希蒂尔德将上帝与卑微虔诚的贝居因修女之间充满爱意的私人关系，视为人类灵魂终将获得救赎的确证。海德薇希将人神之间充满激情的爱欲关系视作一种无与伦比的转换性力量，人类与上帝之间的鸿沟将由此消弭，进而最终转变为上帝与上帝之间的关系。玛格丽特·波蕾特放弃了传统女性神秘主义写作所热衷的爱欲式修辞话语，她在写作中借鉴了由伪狄奥尼修斯（Pseudo Dionysius）开创的否定的神学。波蕾特描述了灵魂通过彻底的自我湮灭（annihilation）来恢复到受造之初的无（Nothing）的状态，进而与上帝达成无中介、无差异的合一。在贝居因女作家的笔下，人神关系中没有教会的立足之处，因为一个已经堕落腐朽的教会不足以承担起灵魂与上帝之间的中介使命。贝居因女作家们认为，人类灵魂在受造之时被上帝赋予了高贵的天性，这使得灵魂能够凭借坚定热忱的信仰来直面上帝，在爱与合一中救赎自身。借助"神秘合一"这个在基督教神秘主义传统中长盛不衰的主题，她们用神秘主义话语表达了信仰领域边缘人的心声——平信徒对教会中介特权的不满，以及他们试图在教会之外探寻新的信仰之路的渴求。

再次，新神秘主义思潮与效仿使徒生活观念的结合，使得贝居因修女在她们的作品里表现出对传道主题的强烈兴趣。新神秘主义思潮以追求人神合一来反对教会宣扬的宗教特权。效仿使徒生活的观念不仅宣扬守贞、安贫的生活模式，它还要求信奉者们去践行使徒传道的精神。在中世纪晚期，无论是被裁定为异端的韦尔多派，还是被教会接纳的两大托钵修会，他们在兴起之初都不同程度地参

---

[1] Bernard McGinn, "Love, Knowledge, and Mystical Union in Western Christianity: Twelfth to Sixteenth Centuries", in *Church History*, Vol 56, No.1, 1987, p.7.

与了面向大众的俗语传道。在教会看来,未经许可的个人传道在本质上是对教会权威的直接挑战,所以一切私自传道行为,都将受到教会的严厉处罚。但是,贝居因女作家们同时受到了新神秘主义和效仿使徒生活这两大社会思潮的影响,这使得她们的作品具有一种明显的传道风格。她们对传道主题的热衷,使得当代研究者将梅希蒂尔德、海德薇希、玛格丽特·波蕾特和方济各修会的福里奇诺的安吉拉(Angel of Foligno, 1248—1309),一道称为13世纪的四位女性福音传道者(four female evangelists)。①

中世纪晚期的新神秘主义思潮对贝居因女作家的写作产生了一系列的复杂影响。她们借助新神秘主义的俗语写作模式,来向广大平信徒宣扬贝居因修会的神学理念。在她们的作品里,对于信仰、救赎与灵魂真谛的探寻,往往伴随着对传统修道制度和教会权威的批判。贝居因女作家笔下充斥着叛逆精神的写作,一方面为她们赢得了一大批同样对教会心怀不满的支持者;但是另一方面,这种抗辩性写作为她们自身乃至整个贝居因修会招来了灭顶之灾,成了14世纪贝居因修会被教会机构残酷镇压的导火索。

第四节 贝居因运动的衰微

1310年6月1日,《单纯灵魂之镜》的作者玛格丽特·波蕾特在经历了巴黎宗教审判所18个月的囚禁和审讯之后,以异端罪名在巴黎的河滩广场(Place de Grève)被处以火刑。这一事件被研究者视为贝居因修会在14世纪盛极而衰的转折点。波蕾特的悲惨遭遇对于中世纪晚期的贝居因修女而言,并非个案和特例。海德薇希就曾在自己的作品里提及一位被多米尼克修会的宗教审判官处决的贝居因修女。除了因为挑战教会权威而被处以极刑的波蕾特,即便是在写作风格上相对传统温和的梅希蒂尔德和海德薇希,她们同样在有生之年遭到了来自教会方面的排斥与迫害。梅希蒂尔德在晚年加入赫尔夫塔修道院以寻求庇护,海德薇希在被贝居因修会放逐后,陷入了流离失所、不知所终的境地。

教会在1310年处决了胆敢公然挑战其权威的波蕾特之后,又在1311—1312

---

① Bernard McGinn, *The Flowering of Mysticism: Men and Women in the New Mysticism:* 1200—1350, New York: The Crossroad Publication Company, 1998, p.141.

年召开的维也纳宗教会议上向整个贝居因修会发出了警告和压制的敕令,从此教会拉开了针对贝居因修会的历时近百年的宗教大迫害的序幕。在维也纳宗教会议上,教皇克莱芒五世发布了两条谴责贝居因修会的敕令,分别是"关于某一特定女性团体"(Cum de quibusdam mulieribus)和"致民众"(Ad nostrum)。第一条敕令声称贝居因修会违反了第四次拉特兰大公会议所宣布的不再创建任何新的修道组织的决议,所以贝居因修会在本质上是不合法的宗教组织。这条敕令还特别谴责了贝居因修会的神学理论,将其称为疯癫和谵妄。在第二条敕令里,教会将贝居因修女在神秘主义写作中所表达的,灵魂可以在此生抵达圆满境界并且摆脱一切罪孽,以及这些完美的灵魂无须服从任何教会法规的激进观念作为批判的标靶。①在此之后,教会开始着手实施了一系列针对贝居因修会的迫害与镇压行动。1320年,教皇约翰二十二世发布敕令,要求低地国家的主教们调查贝居因修女的行为。1332年,西里西亚地区贝居因修会的所有女性参与者都受到了来自教会方面的迫害。1405—1411年,巴塞尔城的贝居因修女遭到大面积的屠杀。对于从维也纳宗教会议(1311—1312年)到康斯坦茨大公会议(1414—1418年)期间这种大规模迫害贝居因修女的现象,学者基可弗(Kieckhefer)形象地称之为镇压贝居因修会的"百年战争"②。

贝居因修会在本质上并非一个欲与教会分庭抗礼的异端组织,它之所以会遭到教会的谴责和迫害,是与其独特的准宗教修行模式和激进的神学思想直接相关的。贝居因修女游走于僧俗之间的生活方式,使得她们既不像正规的修女那样被关闭在修道院里,也不像一般的世俗女性那样屈从于父亲和丈夫的管辖,而是相对自由地生活在一个女性集体当中。她们这种既非修女亦非俗人的边缘性身份,模糊混淆了中世纪社会里一度泾渭分明的僧俗之间、男女之间的界限。在教会权威看来,贝居因修女既不接受修道院和教士的严格监控,又试图凭借其准宗教的身份来逃避世俗女性的尘世义务,这无疑是对教阶制度和父权制社会的挑战与干扰。此外,贝居因修女的俗语神秘主义写作也成为导致她们遭受迫害的罪名之一。以梅希蒂尔德、海德薇希和玛格丽特·波蕾特为代表的贝居因女性神秘主义

---

① Marguerite Porete, *The Mirror of Simple Souls*, Ellen L. Babinsky trans., Mahwah: Paulist Press, 1993, p.11.

② 李建军:《试析中世纪晚期的伯格音运动》,《史学理论研究》2007年第3期。

写作既有遵循传统的一面，同时又不乏对教会权威的突破和颠覆。当这种充满了抗辩性的写作和游离于官方正统之外的修行模式结合在一起时，贝居因运动成了中世纪晚期打破宗教禁锢、要求信仰自由的宗教改革先驱。

  在以梅希蒂尔德、海德薇希、玛格丽特·波蕾特为代表的贝居因女作家的笔下，贝居因运动所倡导的神学思想得到了集中的体现和展示。她们在作品里不仅表达了被教会排斥、贬抑的边缘人对自己的信仰与身份的言说，还进一步将思考延伸到社会生活的多个领域当中。在中世纪晚期，贝居因女性神秘主义写作突破了欧洲各国之间的语言屏障，得到了广泛的传播和阅读。她们的写作不仅引发了同时代的人们对信仰、自由、理性等问题的探讨，而且还对后世的神学思想产生了深刻影响。埃克哈特大师的神学著作中就不乏源自贝居因神秘主义者的观点和论述。贝居因女作家们对教会主张的教阶制度和中介特权的批判以及她们对宗教信仰自由的渴望与追寻，通过各种直接、间接的方式对16世纪的宗教改革运动起到了潜在的促进和推动作用。[①]在15世纪之后，贝居因运动虽然因为教会的迫害与镇压而衰微了，但是那些积极热忱的女性参与者们却在欧洲中世纪晚期的思想和文学领域留下了浓墨重彩的一笔。

---

  ① Caroline Walker Bynum, *Fragmentation and Redemption: Essays on Gender and Human Body in Medieval Religion*, New York: Zone Books, 1992, pp.77-78.

第三章

梅希蒂尔德：边缘人的言说与自我建构

在贝居因修会的女作家群体中，梅希蒂尔德是早期代表性人物。她在作品里表达了贝居因修会独特的修行理念，以及她试图为信仰领域的边缘人争取话语权和中心地位的强烈意愿。14世纪伟大的弗莱芒神秘主义大师吕斯布鲁克在他的著作《澄明之书》（The Little Book of Clarification）中指出，在爱中静观上帝者将以通过中介、无须中介以及无差别的方式来达成与上帝的合一。① 这三种与上帝合一的路径，都不同程度地存在于中世纪晚期的神秘主义思想当中。在贝居因女性神秘主义者的作品里，她们尝试从不同的角度对人神合一关系进行解读和阐释。

在梅希蒂尔德的笔下，灵魂与上帝的神秘合一仰仗的不是外在的中介——教会、教士、事工以及圣礼，而是一种存在于灵魂之内的，依托于爱和信仰的灵性中介。梅希蒂尔德通过重述圣

---

① John Ruusbroec, *John Ruusbroec: The Spiritual Espousals and Other Works*, James A. Wiseman, O.S.B. trans., Mahwah: Paulist Press, 1985, p.252.

餐仪式和重构救赎之链,将以人神中介自居的教会放逐于上帝的救赎计划之外,使得被边缘化的平信徒能够进入基督教信仰的核心地带。以这种方式,梅希蒂尔德为身为边缘人的贝居因修女和其他平信徒争取到了得之不易的话语权,同时她也为自己建构出了难以撼动的作者身份与权威。梅希蒂尔德在她的作品里,将贝居因修会激进的神学理念与充满了梦幻色彩的幻象文学写作结合在一起,使得她的读者可以通过鲜明生动的人物形象和优美简洁的言辞,来感受贝居因女性神秘主义者慈爱宽广的胸怀。

第一节 梅希蒂尔德的生平与创作

马格德堡的梅希蒂尔德(Mechthild of Magdeburg,1208—1282/94)[①]是一位生活在德意志地区的贝居因修女,她的代表作《流溢的神性之光》(*The Flowing Light of Godhead*)是现存最早的德语神秘主义作品。这部作品最初由中古低地德语写成,但是在流传的过程中散佚,现存的中世纪版本是拉丁语译本和中古高地德语译本。《流溢的神性之光》在梅希蒂尔德生前备受争议,其中所包含的对于教会堕落的批评和对于贝居因神学理念的言说,为她招致了方方面面的流言蜚语和宗教迫害。但是在梅希蒂尔德身后,这部作品的价值和意义在流传过程中逐步得到了广泛认可与推崇。一些西方研究者认为,但丁笔下《神曲·炼狱篇》中,在地上乐园引领但丁在勒特河中涤除罪孽的美丽圣女玛苔尔达(Matelda)就是梅希蒂尔德的化身。[②]但丁以这种诗意的方式向这位杰出的女性神秘主义者致敬。

梅希蒂尔德的生平经历对于当代研究者而言是模糊而又陌生的。除了《流溢的神性之光》中夹杂的自传性内容和后世译者对原作者的一些简要评价,几乎没有任何直接记载梅希蒂尔德生平的史料流传至今。对于梅希蒂尔德的出身、成长经历和精神发展历程,研究者们只能通过对《流溢的神性之光》的阅读和分析来

---

① 关于梅希蒂尔德的生卒年现存多种说法,当代研究者们基本都认为她出生于13世纪初叶,卒于13世纪80年代之后。

② Emilie Zum Brum and Georgette Epiney-Burgard, *Women Mystics in Medieval Europe*, Sheila Hughes trans., St. Paul: Paragon House, 1989, p.40.

获取。西方学者通过几十年的研究，对梅希蒂尔德的生平达成了一些基本共识。他们认为梅希蒂尔德出生于13世纪初叶的一个贵族家庭，但是具体的出生地点迄今为止仍然无法确定。梅希蒂尔德的贵族家世并非有史料直接佐证，而是研究者们由《流溢的神性之光》中极具宫廷典雅爱情特质的写作风格推测而出的。梅希蒂尔德在《流溢的神性之光》的第4卷中声称自己在12岁时接受了上帝的恩典，从而获得了大量的幻象体验。这些来自彼岸的奇异恩典唤起了她心中对于信仰的渴求与追寻，并成了她日后选择灵修生活并且加入贝居因修会的直接原因。在1230年左右，刚刚年过20岁的梅希蒂尔德告别家人和故乡，为了践行自己的信仰来到易北河畔的马格德堡。在这个地处边界的小城中，梅希蒂尔德正式加入贝居因修会，由此开始了她长达50余年的漫长灵修生活。在1250年左右，梅希蒂尔德在她的忏悔牧师哈雷的海因里希（Heinrich of Halle）的劝导之下开始了《流溢的神性之光》的写作。梅希蒂尔德于1270年脱离了贝居因修会，随后加入了奉行西多会教规的赫尔夫塔（Helfta）修道院。

在13、14世纪，赫尔夫塔修道院以其深厚的女性神秘主义写作传统而闻名，这些出自女性之手的作品大部分都得到了保存并且流传了下来。[1] 赫尔夫塔修道院里的修女大多来自图林根和萨克森地区富裕的贵族之家，她们中的一部分具有很高的神学和文学修养。赫尔夫塔的格特鲁德（Gertrude of Helfta 1265—1302）创作的《上帝仁慈之爱的信使》（*The Herald of God's Loving-Kindness*），哈克伯恩的梅希蒂尔德（Mechthild of Hackeborn，1240/41—1298）写作的《奇异恩典之书》（*Book of Special Grace*），都是在中世纪晚期影响深远的女性神秘主义作品。在晚年加入赫尔夫塔修道院之后，身体衰弱并且日渐丧失视力的梅希蒂尔德获得了修女们悉心的照料。她在那些学识卓著的姐妹们的帮助下，最终完成了《流溢的神性之光》的写作和编纂工作。在1282年之后，梅希蒂尔德病逝于赫尔夫塔修道院。

《流溢的神性之光》是一部7卷本的作品。梅希蒂尔德在1250年左右应忏悔牧师海因里希的要求开始动笔写作，直至1282年左右才最终完成这部作品，总共历时32年。1250—1259年间，梅希蒂尔德完成了这部作品的前5卷。1260—1270

---

[1] Caroline Walker Bynum, *Jesus as Mother: Studies in the Spirituality of the High Middle Ages*, Berkeley and Los Angeles: University of California Press, 1982, p.176.

年间完成了作品的第6卷。在1270年加入赫尔夫塔修道院之后，她又花费了近12年的时间完成了第7卷和全书的编纂工作。隶属于多米尼克修会的海因里希参与了这部作品前6卷的编纂。在他逝世之后，赫尔夫塔修道院的修女们和梅希蒂尔德一起最终完成了全书的写作和编纂工作。第7卷中的小标题明显有异于前6卷中的小标题，这表明《流溢的神性之光》经历了不同的编纂阶段。但是当代研究者们依旧无法确定《流溢的神性之光》里的章节划分以及每一个小节的标题，究竟是出自梅希蒂尔德之手抑或是由后世的翻译者添加完成的。[①]

　　在梅希蒂尔德亡故后不久，对这部杰出的俗语神秘主义作品的翻译工作就开始了。梅希蒂尔德在写作时采用的是中古低地德语，但是这个原始底本已经散佚在历史之中。最迟在1298年之前，哈雷的几位多米尼克会修士将《流溢的神性之光》的前6卷翻译为拉丁语，但是不知出于何种原因，第7卷的内容被译者忽略了。这个出自教士之手的拉丁语译本（*Lux Divinitatis*）对梅希蒂尔德的原作进行了大幅度修改，译者彻底改变了原本的章节安排，取而代之的是以不同的主题来划分作品的内容。此外，拉丁语译者还站在教会的立场上对《流溢的神性之光》进行了大幅度删节，他们删除了那些批判教会和教士的内容以及洋溢着典雅爱情气息的段落。在这个意义上，拉丁语译本更接近于一种改写而非忠实于原著的翻译。在14世纪上半叶，巴塞尔的一位修士诺德林根的海因里希（Heinrich of Nördlingen）将《流溢的神性之光》由中古低地德语翻译为盛行于德国南部地区的中古高地德语。由海因里希完成的这个译本是现存的唯一忠实于原著的全译本，它于1861年在瑞士一所本尼迪克修道院的图书馆中被人发现，由此成了所有现代语言译本的共同底本。

第二节　边缘人的书写

　　在中世纪晚期，贝居因修会的参与者们受到官方教会的排斥，成了宗教领域的边缘人。那些信仰虔诚、才华横溢的女性神秘主义者不满于被边缘化的处境，她们通过自己笔下充溢着灵性光彩的杰作来为自己和其他平信徒争取不可剥夺

[①] Frank J. Tobin, *Mechthild von Magdeburg: A Medieval Mystic in Modern Eyes*, Columbia: Camden House, Inc., 1995, pp. 3-4.

的话语权。梅希蒂尔德堪称这些女作家中的佼佼者。《流溢的神性之光》由7个相对独立的部分构成，彼此之间在内容上并没有直接的联系，对于多个神学问题的探讨并没有形成一个系统性的整体，而是略显零散地存在于不同的章节当中。除了内容层面的松散，《流溢的神性之光》还显示出一种文类混杂的风格。这部作品包含了散文、诗歌、自传、幻象文学、书信、寓言、忏悔录和祈祷词。对于《流溢的神性之光》在内容上的零散和形式上极度混杂，当代研究者对此提出了各自不同的看法。伊丽莎白·A.安德森认为，作品里形式与文类的混杂对应于作者梅希蒂尔德试图在文本中扮演的多重角色：灵视者（Visionaries）、预言家、教师、批评者、爱人、顾问和人神之间的中介（mediator）。[1] 伯纳德·麦金则认为文本形式上的特点与梅希蒂尔德潜在的写作意图相关，她试图用这种方式赋予《流溢的神性之光》以准圣经（quasi-scriptural）的地位。[2]

《流溢的神性之光》是否是一部将繁杂斑驳的内容以随意的方式拼接在一起而草草完成的作品呢？笔者认为这样的判断是不准确的。任何对《流溢的神性之光》的解读和分析，都不应当脱离作品成书时的文化背景。在中世纪，文体之间的差异和距离并不像后世那样泾渭分明。对于俗语神秘主义写作而言，多种文体的交融是一种普遍现象。这部作品虽然各个章节之间的联系相对松散，但是却存在着一个相对稳定的核心内容，那就是梅希蒂尔德对信仰领域里边缘与中心的反思，以及她对于合格的作者身份与权威的渴求。从作品的第1卷到第7卷，梅希蒂尔德在每一卷里都涉及了对自己作者身份的论述，她在这个问题上所表现出的极度焦虑是与其身份密切相关的。作为一个游走于僧俗之间并且长期被教会边缘化的贝居因修女，梅希蒂尔德所能够获得的言说空间极其有限，而且她还需要时刻面临外界的诋毁和迫害。正是在这个意义上，梅希蒂尔德对于作者身份与权威的焦虑、困惑、追寻和确立，成为《流溢的神性之光》的核心主题之一。在她的笔下，《流溢的神性之光》既表达了女性神秘主义者对信仰的理解与追寻，同时也隐含了为边缘人争取宗教话语权的写作目的。

在《流溢的神性之光》中，梅希蒂尔德对贝居因修女由于边缘人的身份而导

---

[1] Elizabeth A. Andersen, *The Voice of Mechthild of Magdeburg*, New York: Peter Lang, 2000, p.96.

[2] Bernard McGinn, *The Flowering of Mysticism: Men and Women in the New Mysticism*: 1200—1350, New York: The Crossroad Publication Company, 1998, p.225.

致的困境有着清晰的表达。对于梅希蒂尔德而言,身份的边缘性有着多重含义。首先,她是一位在传统教义理论中背负着罪孽的女性。中世纪基督教的教义认为女性天生就应当顺从、缄默,所以女性的言说空间同时受到教会机构与世俗社会的严密监控。其次,她不是获得了教会正式认可的修道院修女,而是一位介于僧俗之间的贝居因修女。贝居因修会在中世纪从未得到教会的完全承认,其参与者奉行的准宗教式的修道生活,一直被教会视作扰乱社会既定秩序的不安定因素。再次,梅希蒂尔德早年离开故乡,只身一人来到易北河畔的马格德堡参加贝居因修会,这个城市不仅在地理位置上是德意志地区和斯拉夫人的边界,同时也是基督教信仰的边界。梅希蒂尔德晚年加入赫尔夫塔修道院,并且在这里最终完成了《流溢的神性之光》的写作与编纂工作。但是,她的俗语神秘主义写作与赫尔夫塔修道院传统的拉丁语神学写作之间产生了明显的反差,再度凸显了她作为边缘人的身份。

边缘人的处境使得梅希蒂尔德在写作的过程中,深刻地体会到了作者身份的焦虑。她多次在《流溢的神性之光》里提及她在写作过程中受到的来自教会与一般民众的威胁与迫害。在第2卷的第26小节中,梅希蒂尔德向上帝倾诉她因为写作而遭受到的恐吓:"我因为写作这本书而遭受到威胁。他们说:'如果一不小心这本书就会被焚毁。'……我向我的爱人屈膝下跪并哭诉道:'我如此悲伤都是因为您的荣耀。……因为正是您要求我写作这本书的。'"[①]面对外界形形色色的阻力,梅希蒂尔德从未放弃《流溢的神性之光》的写作和编纂工作,而且这种为边缘人争取话语权的写作历程伴随了她的一生。梅希蒂尔德试图通过自己的抗辩性写作,让那些被放逐、被消音的边缘人重新回到中心位置,使得他们能够自由地去言说被教会权威贬抑的宗教体验和神学思辨。

第三节 俗语写作的文化建构意味

对于中世纪的作家而言,写作语言的选择并不仅仅只是一个文学问题,它往往涉及复杂的社会权力关系。在中世纪的西欧社会,拉丁语是唯一得到教会

---

① Mechthild of Magdeburg, *The Flowing Light of the Godhead*, Frank Tobin trans., Mahwah: Paulist Press, 1998, p.96.

官方机构认可的学术语言，教士们借助这样一种语言优势把持了信仰领域的话语权。那些未能掌握拉丁语的平信徒以及选择准宗教生活方式的修道者们，被教会权威有意识地边缘化了。在中世纪晚期，平信徒中间兴起的世俗宗教运动以及与之相伴随的俗语神秘主义写作，共同反映了宗教信仰领域的边缘人与官方教会之间争夺话语权的权力博弈。俗语神秘主义写作运用和普通民众生活息息相关的俗语来探讨人神关系以及一系列终极问题，这不仅体现了一种语言和修辞领域中的革新，而且这种新的写作风格还与中世纪晚期的宗教改革思想之间存在着密切联系。学者苏珊娜·柯贝拉认为对于俗语神秘主义写作而言，语言本身就是关键因素之一，因为新颖的神学思想需要通过俗语中隐喻性的表现手法来加以传达。[1] 另一位学者尼古拉斯·沃森指出，在13、14世纪的宗教文本当中，俗语的广泛使用与这一时期的人们对基督的观念之间存在着关联性。基督在尘世化身为一个贫穷谦卑的木匠之子，他的这一自我谦卑的选择激励了为数众多的写作者们，促使他们选择用卑微的母语来言说和讨论深刻的神学问题。[2]

在笔者看来，梅希蒂尔德用俗语而不是更具有权威性的拉丁语来进行写作，应当被视为一种有意识的选择。虽然梅希蒂尔德在《流溢的神性之光》中表达了因为不熟悉拉丁语而导致她无法用拉丁语进行写作的遗憾，"现在我的德语导致了我的无能为力，因为我不懂拉丁语"[3]，但是这并非促使她选择俗语写作的必然原因。在《流溢的神性之光》中，梅希蒂尔德大量引用了前人以及同时代的拉丁语神学作品。拉丁语《圣经》以互文的方式大量存在于这部作品当中，《雅歌》《诗篇》《福音书》在她的笔下以各种直接或间接的方式反复出现。《流溢的神性之光》与大量拉丁语作品形成的多层次的互文关系，足以证明梅希蒂尔德并非完全不懂拉丁语。相反，她应当能够自如地阅读拉丁语文献，甚至有可能具备初级的拉丁语写作能力。

在13世纪之前，女性创作的神秘主义作品大多是用拉丁语写作的。这些女作家并非人人都精通拉丁语，而是她们选择以和男性教士进行合作写作的方式，来

---

[1] Sara S. Poor, *Mechthild of Magdeburg and Her Book: Gender and Making of Textual Authority*, Philadelphia: Pennsylvania State University Press, 2004, p.18.

[2] Ibid.

[3] Mechthild of Magdeburg, *The Flowing Light of the Godhead*, Frank Tobin trans., Mahwah: Paulist Press, 1998, p.72.

完成符合教会标准的拉丁语神学作品。在13世纪之后，平信徒中间盛行的世俗宗教运动质疑并动摇了教会在信仰领域的等级特权。在思想和写作领域参与了这种等级权力建构的拉丁语，其正统地位同样开始在松动。梅希蒂尔德作为一名准宗教性质的贝居因修女，边缘人的身份以及游走于僧俗之间的修道模式，使得她的神学理念与官方正统教义之间存在着一定差异。此外，贝居因神秘主义写作最主要的受众是那些既不懂拉丁语同时也没有接受过正规神学教育的平信徒，所以俗语而非拉丁语才是最合适的语言载体。

如何让《流溢的神性之光》这部在内容、语言、形式上都呈现出边缘性的作品获得信仰领域的合法性，成为梅希蒂尔德在写作时需要优先考虑的问题。在中世纪绵延千年的发展历程中，作为基督教原典的《圣经》自始至终都享有超然的权威和地位。效仿《圣经》并且在此基础上分享《圣经》的地位与权威，是中世纪文学创作领域中一条得到普遍认可的法则。在13世纪之前，神秘主义者往往用拉丁语来进行写作，这一选择隐含了他们试图通过语言层面的模仿来分享《圣经》权威的潜在意图。但是对于梅希蒂尔德而言，放弃拉丁语写作并不代表她舍弃了对《圣经》权威的渴求。相反，在看似远离《圣经》风格的俗语写作当中，梅希蒂尔德通过灵活运用多种文学手法为《流溢的神性之光》建构出了俗语圣经（vernacular Bible）的地位。[①]梅希蒂尔德对《圣经》的模仿超越了传统神秘主义写作在语言层面的效仿，她使得自己的作品在来源、内容、写作意图和价值指向上均与《圣经》保持一致。通过这种方式，梅希蒂尔德不仅赋予《流溢的神性之光》以宗教领域的合法性，而且她还试图让这部充溢着边缘性的俗语神秘主义写作能够获得基督教信仰领域中的核心地位。

在中世纪的宗教观念里，《圣经》的一切内容都源自于彼岸的神圣启示。虽然《圣经》的文本出自凡人作者之手，但是其内容却是上帝神圣意志的直接反映，所以《圣经》文本的权威性不容任何质疑。中世纪的教会将《圣经》里记载的那些先知和使徒视为传递上帝神圣之言的尘世中介。正是因为他们在接受和传递启示的过程中扮演了重要角色，所以他们被视为上帝神圣救赎计划中关键的一环。教会把主教和教士宣称为使徒的继承者，是因为他们的布道将上帝的恩典播

---

① Bernard McGinn, *The Flowering of Mysticism: Men and Women in the New Mysticism*: 1200—1350, New York: The Crossroad Publication Company, 1998, p.223.

撒到了信徒的心灵当中。被教会所掌控的布道与阐释《圣经》的权力是一种公开启示或官方启示（public or official revelation），与之相对应的是一种存在于教会之外的私人启示（private revelation）①。在中世纪信仰领域中广泛存在的私人启示并非指这种启示是仅仅针对某一个特定个体的，而是指它不是直接来自于官方教会。我们不应当将这种私人启示狭义地理解为一种要求更新基督教信仰范式的诉求，相反，公开启示与私人启示在本质上存在着内在的相通之处。在《圣经》中，无论是先知还是使徒，他们从上帝那里得到的指令或目睹的奇异幻象，在本质上就是一个又一个的私人启示，只不过这些来自个体的启示被教会官方化了。在中世纪晚期的俗语神秘主义写作中，对于私人启示的关注和强调，成为那些被教会边缘化的平信徒为自己的作品争取话语权的有力手段。在贝居因女性神秘主义者的笔下，这一点表现得尤为突出。

梅希蒂尔德在《流溢的神性之光》中，以大量的篇幅来展示她与圣三一之间超自然的接触，以及她在神秘莫测的幻象中获得的来自彼岸的神圣启示。以这种方式，她将《流溢的神性之光》塑造为上帝通过梅希蒂尔德授予全人类的私人启示。她试图在这个层面上为自己的作品赢得如同《圣经》一般的地位与权威。在开篇伊始，梅希蒂尔德借上帝之口以一种自信的口吻向她的读者传达《流溢的神性之光》的写作意图和它的神圣源头：

> 我特此将这本书作为信使传递给所有的信徒，包括义人和恶徒；如果柱子倒塌，建筑物就将不复存在。这本书专注于称颂我并且以值得褒奖的方式来揭示我的奥秘。所有想要理解这本书的人都应当阅读九遍。
>
> ……
>
> "啊，尊敬的上帝，是何人创造了这本书？"
>
> "我以我的无能为力创造了它，因为我无法抑制我的这项赠予。"
>
> "那么，主啊，这本书的题名又将是什么，仅仅是为了展示您的荣耀？"
>
> "它将被称为源自我的神性的流溢之光，涌入那摆脱了一切虚伪与矫饰

---

① Elizabeth A. Andersen, *The Voice of Mechthild of Magdeburg*, New York: Peter Lang, 2000, p.22.

的心灵当中。"①

上帝与梅希蒂尔德之间关于《流溢的神性之光》的创作意图和题名缘由的交谈，被作者有意识地放置在作品的开篇之处，有如一篇简洁精炼的序言。借上帝之口，梅希蒂尔德将自己的作品定位为面向全人类的神圣之书，并且将它比作支撑信仰圣殿的支柱。梅希蒂尔德借鉴了私人启示的写作范式，将作品的源头延伸至上帝的神性之光，并将其视为上帝自身都无法阻拦的慷慨赠予。这一段看似简短的序言，奠定了整部作品的基调，即《流溢的神性之光》是上帝借梅希蒂尔德之手传达给全人类的启示之书和信仰之书。就如同伯纳德·麦金所言："这部作品将自己展示为一部新的俗语《圣经》，意图引发公开的阅读和讨论，不仅仅是在贝居因修女和其他'上帝之友'的中间展开，而是面向所有的基督徒"②。以这种方式，梅希蒂尔德为自己在教会正统之外的写作行为赋予了合法性与神圣性。

梅希蒂尔德凭借对《圣经》传统的继承和效仿，将自己的作品引入人类救赎史的中心。《流溢的神性之光》与《圣经》的互文关系主要表现为对于《圣经》文本的各种直接、间接引用，例如对《雅歌》（152处）、《诗篇》（149处）和《福音书》（309处）的引用。③除此之外，梅希蒂尔德还以互文的方式将一些源自《圣经》的意象和写作模式引入《流溢的神性之光》当中，她以此来抗拒自己的作者身份被边缘化的处境。

在《流溢的神性之光》的每一卷当中，梅希蒂尔德都反复重申自己写作的终极动因是上帝的启示。为了给自己的写作和作者身份正名，梅希蒂尔德借用了中世纪晚期神秘主义写作中盛行的召唤写作（call to write）的模式。学者沃登认为在中世纪的女性神秘主义写作中，召唤写作主要有3种模式：上帝直接命令灵视者（visionaries）写下她获得的启示；灵视者的写作是直接由上帝唤起并促成

---

① Mechthild of Magdeburg, *The Flowing Light of the Godhead*, Frank Tobin trans., Mahwah: Paulist Press, 1998, p.39.

② Bernard McGinn, *The Flowering of Mysticism: Men and Women in the New Mysticism*: 1200—1350, New York: The Crossroad Publication Company, 1998, p.223.

③ Elizabeth A. Andersen, *The Voice of Mechthild of Magdeburg*, New York: Peter Lang, 2000, p.150.

的；灵视者的写作得到了上帝的认可，并在他的要求下传播、出版。① 在《流溢的神性之光》中，上帝召唤梅希蒂尔德进行写作的幻象多次出现，这种和写作相关的幻象体验源自梅希蒂尔德对于自己作者身份的焦虑。可以说在梅希蒂尔德的笔下，以召唤写作为核心内容的幻象已经成为她用来为自己的写作进行辩护的工具。上帝的神圣启示成为梅希蒂尔德用来建构作者身份与权威的一种手段。在第2卷中，梅希蒂尔德向上帝倾诉外界对于她写作的排斥，以及作品有可能被焚毁的危险。随后上帝在幻象中现身，向梅希蒂尔德做出了保护她与作品的承诺。上帝右手持《流溢的神性之光》，对梅希蒂尔德说道：

> 我亲爱的孩子，你无须为这件事过度烦恼忧虑。
> 无人能够焚毁真理。
> 如果有人能够从我手中将这本书夺走，
> 他必然要强过于我。
> 这本书有三个部分，
> 所有的内容都在描述我。
> ……
> 这些字句象征了我非凡奇妙的神性。
> 它奔涌不息地，
> 从我神圣的口中流入你的灵魂。
> 这些字句的含义皆标示着我跃动的灵，
> 并且通过它们抵达光辉永恒的真理。
> 现在，来看看所有的这些词句——
> 它们是如此令人惊羡地颂扬了我的奥秘！
> 所以你无须再对自己产生任何疑虑！②

在这个以召唤写作为核心内容的幻象当中，梅希蒂尔德将中世纪最具有代

---

① Rosalynn Voaden, "God's Almighty Hand: Women Co-Writing the Book", in *Women, the Book and the Godly*, Lesley Smith and Jane H.M.Taylor eds., Cambridge: D.S.Brewer, 1995, p.57.

② Mechthild of Magdeburg, *The Flowing Light of the Godhead*, Frank Tobin trans., Mahwah: Paulist Press, 1998, pp. 96-97.

表性的宗教意象纳入其中，借此来为自己的作品与作者身份建构合法性。首先，手持书本的上帝形象在中世纪的圣像画中是一个经常出现的题材，但是圣像画中的上帝往往是手持《圣经》。在梅希蒂尔德的幻象当中，《流溢的神性之光》替代了传统圣像画中的《圣经》，因为它和《圣经》一样都源自上帝深不可测的神性。它的功能亦和《圣经》相仿，旨在向所有人揭示上帝的奥秘和永恒的真理。其次，在教会宣称的教义和释经学当中，《圣经》虽然是人类作者写作的，但其本质是上帝之言，是上帝的逻各斯赐予全人类的启示的真理。梅希蒂尔德在幻象中借上帝之口称《流溢的神性之光》乃是上帝的话语，是引导人类抵达终极真理的向导，从而使得这部作品能够分享《圣经》的地位与权威。再次，虽然《圣经》的终极作者被认为是彼岸的上帝，但是人类写作者依然获得了后世极高的赞誉，他们被推崇为先知和圣徒。《流溢的神性之光》被梅希蒂尔德赋予了俗语《圣经》的地位，她作为写作者自然也能够分享到《圣经》作者们所拥有的神圣光环。

对于梅希蒂尔德而言，贝居因修女的准宗教身份以及运用俗语来进行神秘主义写作的方式，都是引发作者身份焦虑的直接诱因。在以召唤写作为核心的幻象中，上帝的一番言辞固然为《流溢的神性之光》赋予了合法性，但是梅希蒂尔德由于身份的边缘性而导致的焦虑并没有得到完全的消解。就这一话题，她和上帝之间展开了另一场交谈：

> 啊，上帝，如果我是一个学识渊博的男性教士，
> 如果您将这独一无二的伟大奇迹施展在他的身上，
> 您将因此而收获永恒的荣耀。
> 但是人们怎么会相信，
> 您将黄金之屋建造于污浊的沼泽之上，
> 并且和您的母亲、一切受造物以及您在天国的宫廷一道居住于此？
> 主啊，尘世的智慧无法在其中寻觅到您。①

在梅希蒂尔德的倾诉中，她将导致焦虑的一系列因素和盘托出：没有接受过

---

① Mechthild of Magdeburg, *The Flowing Light of the Godhead*, Frank Tobin trans., Mahwah: Paulist Press, 1998, p.97.

正规的神学教育、游离于僧俗之间的准宗教身份以及受到教会歧视的俗语写作。这些因素共同导致了她身份的边缘性,而且使得她时刻感受到来自外界的阻力。随后,上帝的一番话为梅希蒂尔德驱散了焦虑的阴霾:"人们会发现那些熟谙典籍的教授在我眼中实际上是一个愚者……而那些无知者之口,将在圣灵的协助下,教导博学善辩之人。"①上帝的这一番言辞很自然地让读者回忆起《马太福音》(11:25)与《路加福音》(10:21)。在福音书中,耶稣认为上帝的奥秘向儿童而非世俗意义上的聪明通达之人显现。此外,这一番话还将梅希蒂尔德归入"无知的智者"(learned ignorance)和"圣洁的愚者"(holy simplicity)的这一行列当中。②在中世纪的圣徒行传里,这类获得圣灵的恩典并向民众传递启示的圣者得到了人们的普遍尊崇。以这种方式,梅希蒂尔德借助《圣经》的教义和圣徒行传的传统,有力地回击了那些贬抑她的作品与作者身份的外部力量。

经由以上的分析,笔者认为梅希蒂尔德出于对作品受众的考虑,选择了使用被教会边缘化的俗语来进行写作,但是她并没有安于被排斥和被边缘化的处境。相反,在《流溢的神性之光》中,她通过各种方式来化解这种源自官方正统的压力。在梅希蒂尔德的笔下,俗语写作不仅被赋予了反抗教会权威的意味,它同时还具有文化建构意味。灵活运用中世纪盛行的幻象写作来为自己的作品与作者身份建构合法性,是梅希蒂尔德作品中的一个鲜明特征。通过在幻象中再现召唤写作的场景,梅希蒂尔德使得《流溢的神性之光》与《圣经》产生了多层次的互文关系,使其成为传达上帝神圣启示的信仰之书和救赎之书。此外,她还借上帝之口宣告了俗语写作的神圣性与女性作者身份的权威性。以这种方式,表达城镇平信徒宗教诉求的《流溢的神性之光》获得了俗语《圣经》的光辉地位。

第四节 从边缘到中心

1215年召开的第四次拉特兰大公会议,进一步强化了教会和教士阶层在宗教信仰领域当中无可争议的核心地位。这次宗教会议还尤为关注圣礼在信徒日常生

---

① Mechthild of Magdeburg, *The Flowing Light of the Godhead*, Frank Tobin trans., Mahwah: Paulist Press, 1998, p.97.

② Elizabeth A. Andersen, *The Voice of Mechthild of Magdeburg*, New York: Peter Lang, 2000, p.113.

活中所扮演的角色，教会试图通过对圣礼的强调来强化对平信徒阶层的控制和管辖。但是教会在中世纪晚期的腐化以及教士阶层戒律的松弛，导致了平信徒对教会中介特权的质疑。那些原本具有深厚宗教思想内涵的圣礼被日益庸俗化，乃至于沦落为教会谋取经济利益的工具。在这种时代背景之下，贝居因女作家开始在自己的作品里大胆反思和批判教会对宗教圣礼的垄断，以及传统教义对信仰领域中边缘与中心的划分。梅希蒂尔德在她的作品里，取消了教会宣扬的外在中介，将人类灵魂的救赎与内在的灵性中介联系在一起。通过这种方式，她成功颠覆了信仰领域当中边缘与中心的二元等级制度，并且尝试为中世纪晚期的民众开辟新的救赎之路。

一、对圣餐仪式的颠覆性重述

在中世纪，教会往往对女性的言说与写作持负面态度，教士援引使徒和教父神学家的言论，要求女性在社会公共空间保持缄默与顺从。厌女思想视女性的躯体为肮脏卑污之物，称其为"恶魔的门户"（devil's gateway）[①]，以此来攻击女性的人格和尊严，进而在此基础上否定女性言说的权力。学者布尔指出，在中世纪的文化观念里，女性的身体干扰了写作中女性作者权威的建构。[②]但是在《流溢的神性之光》中，梅希蒂尔德选择将女性的躯体置于基督教信仰和圣礼的核心位置，以此来反抗教会对女性边缘人的贬抑。

教会在1215年的第4次拉特兰大公会议上正式确立了圣餐变体论（transubstantiation），圣餐仪式由此成为中世纪晚期最为重要的圣礼之一。这一时期形成的"圣餐象征秩序"（Eucharistic Symbolic Order），成为信徒们感知上帝临在的重要途径。[③]教会对圣餐仪式的强调影响了中世纪晚期女性神秘主义者的宗教生活与写作。对圣餐和禁食的关注成为许多女性神秘主义者信仰与虔敬的核心内容，而且也在她们的作品里被置于中心地位。但是，教会对圣餐的强调与教士对

[①] Howard R. Bloch, *Medieval Misogyny and the Invention of Western Romantic Love*, Chicago: University of Chicago Press, 1991, p.40.

[②] Sara S. Poor, *Mechthild of Magdeburg and Her Book: Gender and Making of Textual Authority*, Philadelphia: Pennsylvania State University Press, 2004, p.59.

[③] Bernard McGinn, *The Flowering of Mysticism: Men and Women in the New Mysticism*: 1200—1350, New York: The Crossroad Publication Company, 1998, p.11.

圣礼仪式的垄断，使得圣餐成为他们用来控制平信徒和压制异端的手段之一。①在《流溢的神性之光》的第2卷中，梅希蒂尔德以幻象写作的手法再现了圣餐仪式，但是她所表达的不再是对教会和教士权威的顺从，而是作为边缘人的贝居因修女对教阶制度的大胆抗辩与颠覆。

在这个关于圣餐仪式的幻象中，梅希蒂尔德用第三人称的写作手法，叙述了作为贫苦少女的自己被上帝以灵魂出窍的方式带往天国，在圣母和圣徒的簇拥之下领取圣餐的神秘体验。在这一节的开篇，梅希蒂尔德借这个无依无靠的贫苦少女之口揭示了教会对普通信徒的边缘化和歧视，并对教会权威提出了质疑。少女这样说道："对于一个人而言拥有良好的意愿是多么的有用啊，哪怕她没有完成足够的善功。这是我主对一个不能去参加弥撒仪式的可怜的少女所揭示的道理，她因为不够优秀而无法去望弥撒。"②在被上帝带到天国后，少女目睹了一系列彰显上帝荣光和圣徒德行的异象，随后施洗者约翰带着雪白的羔羊进入圣殿，准备为她举行弥撒仪式。这时少女却为自己寒酸的衣装而倍感窘迫，"天国的伟大宫廷将这个教堂装点得如此尽善尽美，这个可怜的少女几乎找不到可供她逗留之所。"③少女的窘迫和焦虑代表了平信徒在面对宗教权力时的惶恐与不安。但是梅希蒂尔德并未像其他人那样因为自身的卑微而妄自菲薄，相反，她通过对圣餐仪式的颠覆性再现，来表达自己对官方立场的不满和抗议。

正当少女为寒酸的衣着而羞愧难安之时，她的身上发生了惊人的转变。褴褛的衣衫被深红色的斗篷所替代，明艳的深红色象征着少女心中对于上帝以及一切德行的热爱。斗篷上点缀着金线刺绣的诗句："我愿意为爱而死。"以及少女的头上还被戴上了黄金的冠冕，上面镌刻着这样的诗句："他的双眼映在我的眼中，他的心融入我的心中，他的灵魂永不停歇地环绕着我的灵魂。"④在中世纪的教会传统中，教士在主持圣礼仪式时，他们的服饰上往往点缀着摘自《圣经》的章句。在梅希蒂尔德笔下的圣餐幻象中，她通过斗篷上的诗句清楚地表达了为自己

---

① Amy Hollywood, *Soul as Virgin Wife: Mechthild of Magdeburg, Marguerite Porete and Meister Eckhart*, Notre Dame: University of Notre Dame Press, 2001, p.51.

② Mechthild of Magdebur, *The Flowing Light of the Godhead*, Frank Tobin trans., Mahwah: Paulist Press, 1998, p.72.

③ Ibid., p.73.

④ Ibid., p.74.

的作品赋权的写作意图。少女斗篷上的诗句不是来自《圣经》或者其他获得了教会认可的神学经典，而是援引自《流溢的神性之光》这部俗语神秘主义作品。通过这种公然的自我引用，梅希蒂尔德彰显了自己笔下文字的巨大力量。她颠覆了传统女性神秘主义写作中盛行的自我残虐的模式，代之以自我荣耀的意象。一度被教会贬低的女性躯体借由女性作者神圣的书写而被提升，甚至跻身于圣徒的行列当中。

圣母让少女来到她的身边，与殉教圣徒圣凯瑟琳与圣茜茜莉亚比肩。在中世纪晚期盛行的圣徒行传中，圣凯瑟琳与圣茜茜莉亚都以口才著称，她们以智慧和雄辩战胜了诸多异端，出色地完成了护教使命。圣女们对基督教教义的宣讲和辩护与梅希蒂尔德的写作有着内在的相通之处。梅希蒂尔德将这两位圣女作为她在圣餐幻象中的镜像人物，以她们在信仰体系中的神圣地位来为自己的写作和作品赋予合法性。不仅如此，梅希蒂尔德还通过圣母对于她的嘉许，让她在天国圣徒的序列当中超越这两位圣女的情节，来进一步构筑她在信仰体系中的核心地位。

在接下来的叙述中，梅希蒂尔德以一种完全颠覆圣餐礼仪和教义的方式，来表达作为边缘人的贝居因修女对圣礼的理解和阐释。在圣殿的中心，施洗者约翰为少女举行圣餐仪式，但是他手中的圣体不是无酵饼而是纯白的羔羊。"我看到的不再是圣体，而是被钉在红色十字架上的滴血的羔羊。"①随后少女向圣母祈祷："亲爱的圣母，请让你神圣光辉的圣子纡尊降贵赐圣体于我，尽管我贫穷卑微。"②圣母与基督应允少女所求之后，施洗者约翰便将带着红色伤口的洁白的羔羊放入少女的口中。就在少女领取圣餐的同时，另一场圣餐仪式也在她的灵魂当中同步举行。"这时无瑕的羔羊舍弃自己的外形进入少女的灵魂当中，并开始用他甜蜜的嘴吮吸她的心脏。"③在这个幻象中，梅希蒂尔德对圣餐仪式的描述明显违背了第4次拉特兰大公会议所确立的圣餐变体论，即基督的血肉将通过圣餐仪式转化为酒与饼，在圣礼仪式中不得出现真实的血与肉。这种圣餐理论与这一时期盛行的教会之外无救恩的思想是相一致的，都旨在强调教会在信仰、圣礼、救

---

① Mechthild of Magdebur, *The Flowing Light of the Godhead*, Frank Tobin trans., Mahwah: Paulist Press, p.75.

② Ibid.

③ Ibid.

赎当中的中介属性。①梅希蒂尔德笔下的圣餐仪式摒弃了教士的中介特权，为她举行圣礼的不是教士而是施洗者约翰，圣餐也不是无酵饼和葡萄酒，而是作为基督化身的羔羊。梅希蒂尔德最为激进之处在于她对发生在少女灵魂中的圣餐仪式的描述。在这次内在的、灵性的圣餐仪式当中，羔羊舔舐吮吸着化身为"圣体"的少女的心灵，这象征着上帝与灵魂舍弃了一切外在中介，转而直接地拥有彼此。通过少女心灵哺育羔羊的这一场景，梅希蒂尔德还使得自己的形象与圣母重合，让自己的灵魂成为上帝的圣殿，以此来获得基督教信仰体系当中无可争议的核心地位。

二、重构救赎之链

贝居因修女因其准宗教的修道模式而遭到教会的排斥，所以她们成了基督教等级之链和救赎之链中地位尴尬的边缘人。梅希蒂尔德在《流溢的神性之光》里有意识地深入探讨了人类灵魂的堕落与救赎问题。她试图打破教会的中介特权，使得被教会贬抑的边缘人能够进入人类灵魂救赎史这一宏大叙事的核心当中。在这部作品里，梅希蒂尔德不仅探讨如何引导灵魂走向彼岸上帝的怀抱，同时她也关注那些因为自身的罪过而在炼狱中赎罪的不幸亡灵。在基督教创立之初并没有炼狱这一概念，对于炼狱的论述起源于后使徒时期。在12世纪，宾根的希尔德加德与法兰西的玛丽分别在自己的作品里对炼狱以及炼狱救赎做出了生动的描述。②这些作品表明炼狱观念在这一时期已经深入人心并且获得普遍接受。1274年召开的第2次里昂大公会议将炼狱定义为天国与地狱之间的中间地带。在此之后，炼狱作为一个新的宗教概念正式出现在中世纪的神学话语体系当中，它与天国、地狱一道构成了死亡之后的三重世界。③

教会出于对其中介特权的强调和维护，将炼狱救赎纳入教会的圣礼当中。教会主张人类的原罪由基督在十字架上的殉道偿还了，但是在尘世生活中犯下的

---

① Sara S. Poor, *Mechthild of Magdeburg and Her Book: Gender and Making of Textual Authority*, Philadelphia: Pennsylvania State University Press, 2004, pp.73-75.

② Barbara Newman, *From Virile Woman to Woman Christ: Studies in Medieval Religion and Literature*, Philadelphia: University of Pennsylvania Press, 1995, p.111.

③ Caroline Walker Bynum, *The Resurrection of the Body in Western Christian, 200—1336*, New York: Columbia University Press, 1995, pp.280-282.

罪孽应当由金钱与弥撒来清偿。教会将原本属于精神领域的信仰和虔敬行为世俗化，使得对灵魂的救赎被等同于商业行为中的赎买。这一时期的人们盛行在生前或者遗嘱中将财产捐献给教会，或者由亲人为亡者举办弥撒。人们试图以这种方式来洗刷自己的罪孽，缩短在炼狱中净罪的期限，使得灵魂能够早日步入天国。但是这种世俗化的赎买观念在本质上歪曲了炼狱救赎的本意和价值，将原本属于信仰领域的精神活动等同于赤裸裸的交易行为，而且还在一定程度上加剧了中世纪晚期教会的腐化和堕落。

在教会将炼狱救赎观念世俗化的同时，在中世纪晚期的平信徒中间发展出了炼狱虔敬（purgatory piety）的观点。他们认为生者可以通过自己虔诚的祷告以及其他虔敬行为减免亡灵在炼狱中所遭受的刑罚，加快其升入天国的步伐。随着这一观念在西欧的广泛传播，中世纪晚期大量的女性神秘主义写作都涉及了这一题材。女性以自己的慈悲之爱来拯救炼狱中的亡灵，被人们视为女性宗教生活的核心主题。贝居因修会将为滞留在炼狱中的亡灵祈祷，助其早日解脱飞升，视为贝居因修女日常生活和修行的重要内容之一。

教会的世俗化倾向使得善功成为衡量信徒虔诚与否的重要标准之一，但是贝居因修会所持的理念与之背道而驰。贝居因修女认为虔诚的信仰与良好的意愿，远远胜过于建立在金钱基础之上的善功。梅希蒂尔德在《流溢的神性之光》中，以相当的篇幅表达了自己对炼狱救赎教义的态度。在她看来，生者对亡者的拯救完全依赖于生者灵魂当中的慈悲与虔诚，这种强大的情感力量甚至能够超越上帝公义的审判，成为强有力的救赎工具。梅希蒂尔德笔下的炼狱救赎完全是自发的，非功利性的，它不依赖于外在的事工和圣礼，也不是人类与上帝之间的交易行为。在这部作品里，梅希蒂尔德一方面讽刺和批判了教会所主张的炼狱赎买理论；另一方面她指出，拥有虔诚的爱与信仰的平信徒而非徒有虚名的教士，才是人类灵魂救赎计划中的核心角色。

在《流溢的神性之光》第2卷中，梅希蒂尔德用了一节的篇幅来描述她与上帝之间的交谈，并借此来表达她对于炼狱救赎的态度。在一次幻象体验中，上帝让梅希蒂尔德降临到炼狱，去观看人类灵魂在炼狱净罪时的惨况。灵魂的悲鸣打动了梅希蒂尔德的慈悲之心，"她的精神被如此强烈地触动，以至于她将整个炼狱拥入怀中。她不断地安抚着他们并深情地为他们祈求宽恕。"①上帝自云端向梅希蒂尔德喊话:"现在就停下!不要将痛楚施加在你自己身上!你做的事对你而言太过于严酷。"②梅希蒂尔德的回答是:"亲爱的主啊!释放他们当中的一些人吧!"③当上帝问她希望释放多少灵魂时,她回答道:"主啊!仰赖您的慈悲,在我可以为他们清偿的范围内多多益善。"④上帝随即在梅希蒂尔德的恳求下释放了一千个炼狱中的亡灵。当她看到那些被释放的亡灵或者满身血污,或者形同焦炭时,又问上帝如何才能让他们恢复纯洁,尽快升入天国。上帝说道:"你可以用从你的双眼中涌出的爱的泪水来为他们洗浴。"上帝的话音刚落,立即出现了一个巨大的湖泊,这些亡灵沐浴在爱的清泉之中,光耀如同旭日。随后上帝自云端降临,为那些完成净化的亡灵一一戴上爱的冠冕,他说道:"你们应当永远戴着这个冠冕,这样我的王国中的所有人都将知道,你们是被爱的泪水提前9年从炼狱中解放出来。"⑤

  通过这段关于炼狱救赎的叙述,梅希蒂尔德在《流溢的神性之光》中再度挑战了教会的中介特权以及教士在人类灵魂救赎中的核心地位,她还借此来阐述了一系列有异于官方教义的神学理念。在她的笔下,拯救炼狱中净罪亡灵的不是教士而是一个虔诚的贝居因修女。炼狱救赎凭借的不是善功与圣礼,而是源自内心深处的慈悲与怜悯。在与上帝的关系中,梅希蒂尔德摒弃了外在的中介,让灵魂与上帝面对面的直接沟通。此外,凭借爱的泪水打动至高的上帝并净化亡灵罪孽的情节,表明了梅希蒂尔德将人类的爱与情感置于上帝的审判和惩罚之上的观点。这一情节彰显了人类情感力量的可贵和强大,并且传达了贝居因修会对于人性与救赎所持的乐观主义态度。在梅希蒂尔德看来,处于人类灵魂救赎计划中心位置的并非教会与教士,而是充溢着圣爱与信仰的灵魂。人类灵魂与上帝之间是直面彼此的交流模式,无须任何外在机构与个人充当中介。在她笔下的炼狱救赎图景中,宣称教会之外无救恩的教会,恰恰成了身份尴尬的局外人。长期以来被

---

① Mechthild of Magdeburg, *The Flowing Light of the Godhead*, Frank Tobin trans., Mahwah: Paulist Press, 1998, p.77.

② Ibid.

③ Ibid.

④ Ibid.

⑤ Ibid., p.78.

教会贬抑和边缘化的贝居因修女,则一跃成了救赎与虔敬的核心因素。

　　对于《流溢的神性之光》的分析与解读可以使我们清楚地看到,在神秘主义运动风起云涌的中世纪晚期,被教会权威压制和边缘化的贝居因修女如何通过神秘主义写作来表达平信徒阶层对教会特权的不满和抗议。梅希蒂尔德试图通过写作来为平信徒争取宗教信仰领域的话语权,并且尝试在此基础上为自己建构具有内在神圣性的作者身份。在她的笔下,被教会边缘化的俗语写作获得了"准圣经"的神圣地位,游离于宗教生活边缘的贝居因修女成了向全体信徒传递上帝神圣启示的信使。在圣餐幻象中,被排斥于圣礼之外的穷苦少女凭借虔诚忠贞的信仰,使得自己纯净无瑕的灵魂成为上帝的圣殿。梅希蒂尔德还以对炼狱救赎的重述,驳斥了教会宣扬的"赎买"理论,为平信徒争取到了救赎之链中的核心地位。借助《流溢的神性之光》里这些极具颠覆性的内容,梅希蒂尔德改写了由教会所确立的信仰领域中边缘与中心的二元关系。她代表西欧的新兴市民阶层发出了要求挣脱教权的束缚,渴望自由地表达宗教情感的呼声。

第四章

海德薇希：在爱中与神相遇

在西欧中世纪晚期的神秘主义语境中，以爱来达至人神之间的神秘合一是一个得到普遍接受的观念。这一时期的神秘主义者大多认为上帝的神圣本质不能被理性的、论证式的思想所掌握，唯有爱是通向上帝的神圣道路。因为上帝的本质就是爱并且将爱的形式赐予世人，所以人类灵魂可以凭借激越的信仰之爱来获得对于上帝的灵性之知。海德薇希在她的作品中深刻而又全面地表现了人类灵魂与上帝之间如何通过摒弃一切外在与内在的中介，进而抵达圆满的神秘合一。海德薇希对于人神之间神秘合一的理解，与公元451年召开的卡尔西顿大公会议对耶稣基督神人二性的定义有着内在的相通之处。卡尔西顿大公会议将基督的神人二性定义为：不混、不变、不分、不离。海德薇希借鉴了这种神学观念，在她的笔下，人和神在神秘之爱中的相遇与合一同样遵循这一原则。当人与神体验神秘之爱时，他们的本质不会彼此消解（不混）。人类始终是上帝的受造物，上帝依旧是至高无上的超然的存在（不变）。在导向合一的神秘之爱中，人类灵魂与上帝超越一切有形、无形的中介,达成一种水乳交融般的合一关系(不分)。无论是在尘世抑或在天国,神秘之爱的纽带使得灵魂与上帝永不分离(不离)。

海德薇希在作品里借鉴了典雅爱情的修辞手法,她一再强调人神之间的互动关系,以及这种神秘合一之爱对人类灵魂产生的巨大提升作用。海德薇希将神秘之爱从弃世与隐修中解放出来,使得它能够符合贝居因修会所主张的不离弃尘世生活的混合型修行理念。海德薇希的作品中洋溢着诗性的光华,她将传统的女性神秘主义写作与俗语文学中的典雅爱情相结合,使得原本被用来承载神学理念的幻象写作成了人神之间缠绵悱恻的恋歌。海德薇希以这种方式使得贝居因神秘主义写作挣脱了传统的桎梏。她借助源自世俗文学的修辞手法,来表达贝居因修女对神秘之爱的深刻顿悟,并在此基础上促进了神秘主义写作与世俗文学之间的沟通和交融。

第一节 海德薇希的生平与创作

西欧社会在中世纪晚期步入了信仰范式的转型期,此起彼伏的异端教派动摇了教会的布道特权,新神秘主义则强调人们可以在日常生活当中感知上帝的临在。这一时期的俗语神秘主义写作代表了一种与经院哲学和修道院神学分庭抗礼的社会思潮,女性是这种写作模式的重要参与者。女性创作的俗语神秘主义作品成为官方正统教义与异端思想之间的缓冲地带,它一方面为传统保守的神学体系带来了新的生机,另一方面又传达了新兴市民阶层的信仰理念与宗教诉求。如何去爱上帝以及如何在爱中认识上帝,乃至于在爱中实现与上帝的神秘合一,是女性神秘主义者思考与写作的重要内容之一。

在13世纪的低地国家,贝居因修女是女性神秘主义写作最活跃的参与者。来自布拉班特的贝居因修女海德薇希(Hadewijch of Brabant)被当代研究者视为爱欲式神秘主义写作的杰出代表。[1]在继承基督教神秘主义传统的基础之上,海德薇希将爱欲话语作为一种强有力的修辞手法,借此来表达自己对于信仰、救赎和人神关系的激进理念。在海德薇希的作品里,我们可以听见中世纪晚期信仰领

---

[1] Barbara Newman, *God and Goddesses: Vision, Poetry, and Belief in the Middle Ages*, Philadelphia: University of Pennsylvania Press, 2005, p.171.

域当中不同声音之间的对话：教士阶层的权威话语和源自神圣恩典的女性平信徒的抗辩话语；经院哲学的论证式话语与灵视者充满想象力的言辞；心灵深处智性沉思中的上帝与在迷狂的（女性）身体中显现出的上帝。[1]在海德薇希笔下的多声部对话中，最为核心的主题就是人类当以何种方式来认识上帝并最终与上帝合一。作为一个生活在低地国家城镇中的贝居因修女，海德薇希给出的答案是上帝的本质就是爱，作为受造物的人类唯有凭借心中虔诚激越的信仰之爱才能够真正地认识上帝的本质，并以此为基础来与上帝达成无中介的合一。对于人神之爱的思考与探索是海德薇希笔下诗歌、书信和幻象作品中共通的主题。她在诗歌中以细腻真挚的笔触去倾诉灵魂对上帝的爱与眷恋。作为一群年轻贝居因修女的灵修导师，她在书信里以言简意赅的方式敦促那些孩子们在信仰之爱中提升、荡涤自己的灵魂。在充满了象征意味的幻象写作中，她借助一系列蕴含深邃寓意的奇异幻象来表现灵魂如何以爱为阶梯走向上帝。

海德薇希是中世纪最早用中古荷兰语进行写作的作家之一，她对自己母语的表现能力满怀信心。在指导灵修生活的书信中，她自豪地说道："荷兰语的词汇足以表达世间万物。"[2]海德薇希不仅熟练地掌握了荷兰语，在她的作品中频繁出现的典雅爱情的意象以及被她广泛借用的行吟诗人的技巧，无不证明了她对法语文学的熟悉。此外，海德薇希在作品中还大量引用了《圣经》的篇章和知名神学家的论述，这表明她具备一定的拉丁语读写能力。正是由于海德薇希广泛涉猎了俗语文学和拉丁语神学写作，她才能够开创一个全新的文类。海德薇希被当代研究者视为中世纪第一个创作神秘主义爱情诗歌（mystical love lyric）的作家。[3]

海德薇希的作品在13、14世纪一度广泛流传，影响了一批后世的神秘主义者，例如吕斯布鲁克（Ruusbroec）和埃克哈特大师（Meister Eckhart）。在16世纪之后，海德薇希和她的作品一度在历史的长河中销声匿迹。直至1838年，三位中世纪研究专家J. F.威廉姆斯（J. F. Willems）、F. J.蒙恩（F. J. Mone）和F.A.斯

---

[1] Paul Mommaers and Elisabeth Dutton, *Hadewijch: Writer-Beguine-Love Mystic*, Leuven: Peeters Publisher, 2004, p.vi.

[2] Hadewijch, *The Complete Works*, Mother Columba Hart, O.S.B. trans., Mahwah: Paulist Press, 1980, p.112.

[3] Paul Mommaers and Elisabeth Dutton, *Hadewijch: Writer-Beguine-Love Mystic*, Leuven: Peeters Publisher, 2004, p.1.

奈利特（F. A. Snellaert）在位于布鲁塞尔的皇家图书馆中再度发现了海德薇希的作品。在1875年和1895年，海德薇希的诗歌和散文作品分别得到了出版。乔瑟夫·范·米罗（Josef Van Mierlo）在1908年至1952年间，将海德薇希的全部作品陆续整理出版。海德薇希的全集于1980年被翻译为英语并在美国出版。

　　海德薇希再度回到读者和中世纪研究者的视域中已逾百年，但是当代学者对这位杰出女作家的生平几乎是一无所知。海德薇希的生卒年和她的人生经历没有任何直接的史料可以考证，唯一的资料来源是海德薇希在信件和幻象作品中透露出的关于她人生历程的只言片语。依据对海德薇希作品的分析和解读，当代研究者普遍认为海德薇希是一位生活在13世纪中期的贝居因修女，有可能生活在布拉班特或安特卫普。海德薇希在作品中透露出的她对于多种语言和拉丁语神学传统的掌握，表明她早年接受了良好的教育。在她笔下反复出现的典雅爱情和骑士生活的内容，使得一部分学者认为她有可能来自一个贵族家庭。海德薇希书信里的大部分内容是针对女性修道者的灵修建议，但是其中也包含了一些海德薇希对自己生活的感悟。通过对这些信件的整理，后世读者能够对她的人生历程有一些大致的了解。在这些信件中，海德薇希常常称她的收信人为孩子，她的口吻类似于循循善诱的师长。她用大量的篇幅来教导那些年轻的贝居因修女，指导她们投身于虔诚的灵修生活和对世俗大众的无私奉献。在这个意义上，当代研究者大多认为海德薇希有可能是一个贝居因修会的管理者，同时还承担着灵修导师的职责。

　　海德薇希的一生并非风平浪静，从她的信件和具有自传意味的幻象作品中，读者可以窥视到她那饱经忧患的一生。海德薇希激进的神学理念引发了一些同伴的不满和嫉妒，最终她被所在的修会放逐。在给她亲爱的姐妹萨拉、爱玛与玛格丽特的信中，海德薇希表达了对她们的思念和牵挂以及被放逐的悲痛。除了孤身一人的凄凉和艰辛，海德薇希还不得不面对教会权威的恐吓与威胁。她宣扬的神学思想以及遭到放逐之后流离失所的生活状态都使得她时刻面临被控诉和监禁的危险。[①]一些学者认为海德薇希在被驱逐后，也许是在麻风病院或医院中以照顾贫病为生，她白天照料病人，夜晚则在墙角下歇息。虽然以无辜之身遭到恶意的排斥与放逐，但是海德薇希依旧以满腔的爱与慈悲来献身于服务社会。

---

① Hadewijch, *The Complete Works*, Mother Columba Hart, O.S.B. trans., Mahwah: Paulist Press, 1980, p.4.

海德薇希所秉持的以服务大众来践行基督理想的生活方式，与她在作品中一再宣扬的通过效仿基督谦卑的人性进而抵达基督的神性的神学理念是本质相通的。以这种方式，海德薇希将爱从传统神秘主义写作的狭小语境中解放出来，让它汇入社会生活的洪流当中，从而赋予神秘主义之爱以积极的现实意义。在海德薇希笔下，爱是上帝的本质同时也是建构人神关系的核心要素，人类唯有通过爱才能够消弭人神之间的鸿沟，将人性提升到神性的高度。人与神在爱中的相遇不仅指向信仰和彼岸的救赎，同时也反映了中世纪晚期西欧市民阶层信仰范式的转型。即效仿基督不在于避世和苦修，而应当服从于信仰之爱的引领，在积极的尘世生活中感知上帝、走向上帝并最终实现与上帝的合一。

第二节 在爱中认识上帝并与上帝合一

在漫长的中世纪，教会对女性的歧视使得她们无法像男性那样接受正规的学术训练。1290年，巴黎大学的知名神学家根特的亨利（Henry of Ghent）提出一个问题："女性是否可以成为神学博士？"随即他给出了自己的答案："女性不能正式成为神学博士，因为她们无法获得博士身份的四项公开标志（专注、成效、权威、影响）。但是众所周知，她们可以凭借由于神圣的恩典和热忱的仁爱之心而获得的精湛学说来教导他人。"[①]亨利的这一番言论代表了当时主流观念对于女性在神学领域的言说与写作的态度。即女性无法像男性学者那样进行思辨性的书写，她们的作者权威不是源自自身的学识，而是来自彼岸的恩典。虽然这一番言论中不乏贬低女性的厌女思想，但是却在一定程度上认可了女性进行神秘主义写作的合法性。这种认为女性是上帝神圣意志的传声筒的观点，激发了中世纪晚期的西欧女性参与神秘主义写作的热忱和激情。13世纪中叶，一位德国诗人雷根斯堡的兰普瑞特（Lamprecht of Regensburg）在自己的作品中惊叹女性在神秘主义领域中所取得的成就和地位。他写道"在我们的时代，'知识'在布拉班特和巴伐利亚的女性们中间涌现出来。我主上帝，是怎样一种知识竟使

---

① Elizabeth A. Dreyer, *Passionate Spirituality: Hildegard of Bingen and Hadewijch of Brabant*, Mahwah: Paulist Press, 2005, p.12.

得一位老年妇女所知晓的胜过于一位博学的男人？"①这种知识不是来自哲理论辩式的经院哲学，而是依托于灵性体验的神秘主义之知。在当时的男性学者眼中，女性因其天性而较之男性更容易获得上帝的恩宠，所以能够在神秘的人神之爱中探寻上帝的奥秘。这种论调使得女性神秘主义写作大多立足于女性自身的宗教情感体验，借助灵视与迷狂来感知上帝的临在，在爱与激情当中去思考和言说。

在12世纪之前的拉丁西欧（Latin West），合一并不是一个用来描述直接感知上帝在场的基本范畴。②12世纪杰出的神秘主义者克莱沃的圣贝尔纳在其代表作《论爱上帝》（*De Diligendo Deo*）中，深入细致地探讨了人神之爱的四个发展阶段，他认为在神秘之爱中的与神合一就是这一灵性升华之旅的终点。圣贝尔纳影响深远的著述，使得中世纪晚期的神秘主义者往往将神秘之爱作为灵修生活的主要内容之一。源自《雅歌》释经学的爱欲话语也在这一时期进入神秘主义写作当中。海德薇希在作品里完美地将基督教神秘主义传统中的爱欲话语和新的时代精神结合在了一起。就如同芭芭拉·纽曼所指出的那样："典雅爱情式的神秘主义（La mystique courtoise）是13世纪的贝居因修女的一项独创，而绝非是新瓶装旧酒"③。海德薇希还将这一时期世俗文化中风行的典雅爱情与平信徒所信奉的效仿使徒生活的宗教理念交织融合在一起。借助这种方式，海德薇希打破了教会权威对作为边缘人的女性和平信徒的贬抑，在人神之爱的恋歌中表达了一位贝居因修女对爱与信仰的理解。

海德薇希的神学思想主要有三个源头：以伪狄奥尼修斯为代表的否定的神学（negative theology）、以《雅歌》释经学传统为基础的婚礼神秘主义（bridal mysticism）和以克莱沃的圣贝尔纳为代表的爱欲式神秘主义（love mysticism）。除了这三大神学传统，圣奥古斯丁、圣蒂埃里的威廉、圣维克多的理查德等知名神学家也对海德薇希的思考与写作产生了一定影响。海德薇希对

---

① Barbara Newman, *From Virile Woman to Woman Christ: Studies in Medieval Religion and Literature*, Philadelphia: University of Pennsylvania Press, 1995, p.137.

② Bernard McGinn, "Love, Knowledge, and Mystical Union in Western Christianity: Twelfth to Sixteenth Centuries", in *Church History*, Vol 56, No.1, 1987, p.8.

③ Barbara Newman, *From Virile Woman to Woman Christ: Studies in Medieval Religion and Literature*, Philadelphia: University of Pennsylvania Press, 1995, p.137.

于前人的神秘主义传统既有借鉴与学习，也不乏修正和超越，这使得她的作品呈现出令人耳目一新的特质。人类灵魂如何认识上帝以及灵魂如何与上帝达成合一，是中世纪晚期神秘主义思潮的核心议题，海德薇希尝试通过自己的思考与写作，为迷惘的读者提供一个有别于传统的答案。

一、爱与理性：灵魂寻觅上帝的双眼

对于海德薇希而言，寻觅上帝的道路不是在外部世界中展开，而是始于人类对自我灵魂的深度探寻。这种从灵魂内部探寻与认知上帝的方式可谓是基督教神秘主义中一以贯之的原则。对中世纪神学影响深远的圣奥古斯丁在《忏悔录》中表达了这一理念："我们升腾得越高，我们便越是在内心深处沉思默想，并且涌之于口地颂扬你造化的神工。就这样我们来到了心灵的深处，又越过它抵达那无限丰饶之境。"[①]安德鲁·洛斯在《基督教神秘主义传统的起源》中指出，圣奥古斯丁的这一段论述表达了"这种上升的途径，既是向上的，又是向内的，越过有形的事物而进入灵魂的深处。"[②]在中世纪晚期，这种从灵魂内部寻觅上帝的神秘主义观念得到了进一步强化，而且成为这一时期重要的宗教思潮之一。12世纪的神学家克莱沃的圣贝尔纳在他关于《雅歌》的布道中，开宗明义地强调了这一观点："今天我们要学习的内容是这本关于我们自身体验的书。因此你必须把关注点转向内在意识，每个人都必须注意到自己对我将要讨论的事情的特殊反应。"[③]圣贝尔纳的布道强调人类应当经由自身的体验，进而向内探寻上帝的存在与奥秘，这一观念深刻影响了13世纪的神秘主义思潮。与海德薇希同时代的伟大神秘主义者圣波纳文图拉在自己的作品中多次援引圣贝尔纳的著述，他试图论证对上帝的认识与追寻之路不在外部世界，而在于人类的灵魂当中。他说道："你的沉思应从你自己开始，不要徒劳向外寻觅而忽略了自己。……许多人知道很多，就是不认识他自己；只知道注意他人，却忽视了自己。他们遗忘了他们的内

---

① 奥古斯丁：《英文学术名著：忏悔录》，爱德华译，上海：世界图书出版公司，2011年，第110页。

② Andrew Louth, *The Origins of the Christian Mystical Tradition: From Plato to Denys*, New York: Oxford University Pres, 2007, p.134.

③ John F. Thornton and Susan B. Varenne eds., *Honey and Salt: Selected Spiritual Writings of Saint Bernard of Clairvaux*, New York: Vintage Books, 2007, p.69.

心，只由外在的事物去寻觅上帝，而上帝恰恰在他们心中。"①

神秘主义者所倡导的这种向内转的追寻方式之所以得到广泛认同和接受，一方面与中世纪晚期社会文化转型所带来的个体意识的觉醒直接相关；另一方面，修道院对于团契的强调也在一定程度上通过人与人之间的交互式关系推动了人们对自我的探寻。拜纳姆认为这一时期的修道者"对于团体归属和扮演角色的过程有一种完全自发的兴趣。在12世纪，宗教信仰并没有为了强调人的个性而忽视团体观念。"②此外，中世纪晚期教会自身的腐败堕落导致了平信徒对于教会权威的质疑和不满。他们试图在官方教会之外寻觅信仰与救赎的渴望，也在一定程度上促成了强调个体灵魂经由内在情感与上帝达成无中介的沟通的新神秘主义思潮的勃兴。

公元6世纪前后由伪狄奥尼修斯所创立的用否定的方式来言说上帝的模式，也对中世纪的神秘主义写作产生了深远影响。他在代表作《神秘神学》中提出："我祈祷我们能够来到这远远高于光之上的黑暗！我希望我们能没有视力和知识，以便在不看不知之中，观看和认知那超出一切视觉和知识之上者。"③伪狄奥尼修斯所倡导的这种以否定的形式在无边的黑暗中探寻上帝奥秘的方式，影响了一大批中世纪的神秘主义者。这种强调以非理性的方式来把握和认知高于人类理性能力的至高者的观念，成了中世纪神秘主义思潮的主流观点。圣波纳文图拉在《心向上帝的旅程》中指出："哦，朋友！你如果致力于神秘的静观，请坚定你的旅程，抛弃感官和理性的运作……尽可能的无知，同那超越一切本质和知识者合一。"④

海德薇希在她的神秘主义作品里，一方面继承了传统神秘主义思潮所倡导的向内转的追寻之路；另一方面她又不赞同将对于上帝的认知等同于浸淫在无边黑暗中的非理性的迷狂。她主张将爱欲与理性视为灵魂内在的两种视力，通过它们

---

① 圣·波纳文图拉：《中世纪的心灵之旅：波纳文图拉神哲学著作选》，溥林译，北京：华夏出版社，2003年，第55—56页。

② Caroline Walker Bynum, *Jesus as Mother: Studies in the Spirituality of the High Middle Ages*, Berkeley and Los Angeles: University of California Press, 1982, p.85.

③ （托名）狄奥尼修斯：《神秘神学》，包利民译，北京：三联书店，1998年，第100页。

④ 圣·波纳文图拉：《中世纪的心灵之旅：波纳文图拉神哲学著作选》，溥林译，北京：华夏出版社，2003年，150页。

引领灵魂认识并走向上帝。在写给同伴的灵修指导信件中，海德薇希说道："现在去探知你灵魂最深层的本质——灵魂其所是。灵魂是能被上帝所注视的存在，然而他同样能够看见上帝之存在。"①在海德薇希看来，上帝是人最深层的内在和最本己的核心，所以在自己的灵魂中体验上帝必然导向对上帝最真实、最充分的认知。

当人们完成了对自我的认知之后，他们就可以踏上追寻上帝的旅程。海德薇希明确反对一些神秘主义者所持的"在今生，唯有爱而非知能够达至上帝"②的观念，她反复强调理性与爱的合一才是灵魂走向上帝的唯一路径。海德薇希主张："每一个人都以智慧和审慎来沉思上帝的恩典与仁慈是理所应当的；因为上帝赐予我们拥有理性的美好天赋，它在人们的所有行为和一切事工当中都发挥着指引和启示作用。"③作为一个神秘主义者，海德薇希对于理智的嘉许并不等同于经院哲学家试图通过哲学的方法论来论证上帝的认识路径。相反，爱与理性的结合才是海德薇希所认可的通往上帝的道路："这种视觉的力量拥有两只眼睛：爱与理性。……这二者彼此之间极力相互扶持，理性指导着爱，爱则照亮理性。当理性使自己屈从于爱的意愿，当爱让自己受制于理性的驱使和束缚时，它们就能够一道完成伟大的事业。"④

海德薇希作为神秘主义者，她始终坚持人类的情感力量在人类认知上帝的过程中扮演主要角色。海德薇希区别于其他神秘主义者的地方在于她并没有否定理性的作用。海德薇希笔下的理性在一定程度上是与爱融合之后的更高级别的灵性之知，爱与理性在本质上是相通的，而非两个相互对立的因素。在海德薇希看来，爱与理性是引领人类通过内在的认知走向上帝的不可或缺的双眼。她既反对经院哲学对逻辑思辨的过分倚重，也不认可传统神秘主义者弃绝理性认知并自我放逐于无边暗夜中的迷狂。爱与理性是照亮人类灵魂朝圣之旅的启明星，它们彼

---

① Hadewijch, *The Complete Works*, Mother Columba Hart, O.S.B. trans., Mahwah: Paulist Press, 1980, p.86.

② Bernard McGinn, "Love, Knowledge, and Mystical Union in Western Christianity: Twelfth to Sixteenth Centuries", in *Church History*, Vol 56, No.1, 1987, p.13.

③ Hadewijch, *The Complete Works*, Mother Columba Hart, O.S.B. trans., Mahwah: Paulist Press, 1980, p.77.

④ Ibid., p.86.

此辉映，带领人类走出无知的暗夜，在一片澄明之境中完成对于终极真理的认识与理解。

二、在爱中体验神秘合一

基督教神秘主义在本质上是一种对于上帝临在的直接体验。当代研究者麦金认为基督教中与神秘主义相关的所有理念都反映了上帝在场的不同形式，但是这一在场并非公开或者易于达至的，它往往以隐匿的方式出现，故而神秘主义就是指上帝以一种隐匿的在场的方式成为信徒某种直接经验形式的感知对象。[1]如果说对于上帝临在的直接体验是基督教神秘主义存在的基础，那么追寻个体灵魂与至高上帝的合一就是古往今来一切神秘主义者孜孜以求的终极目标。就如同安德鲁·洛斯所言："神秘主义者不会仅仅满足于认识上帝，他更渴望与上帝合一。'与神合一'有着不同的含义，就其字面意义而言，神秘主义者放弃他的一切感官知觉而完全地抵达神性，直至在这种合一当中体验到爱的圆满无缺。"[2]在《圣经》当中不乏关于人神合一的论述，保罗在《哥林多前书》（6：17）中提出"但与主联合的，便是与主成为一灵。"《约翰一书》中强调上帝就是爱，唯有通过爱，我们方能变得如他所是："神就是爱，住在爱里面的，就是住在神里面，神也住在他里面。"（4：16）[3]《圣经》中这种经由爱与神合一的言论深刻影响了后世神秘主义者对于人神关系的思考与论述。在12世纪的西欧思想界，以克莱沃的圣贝尔纳为代表的西多修会和以理查德为代表的圣维克多学派，通过他们的著述极大地丰富和发展了以爱欲话语来表述人神关系的神秘主义传统。他们都强调人类灵魂唯有借助爱欲与激情方能与上帝达成一灵的合一。

圣贝尔纳关于人与神在爱欲中合一的论述主要集中在《论爱上帝》和他以《雅歌》为主要内容的布道当中。在《论爱上帝》的第8—10章中，圣贝尔纳论述了人神之爱逐步上升的四个阶段，在第15章中，他描述了人神在爱中的神秘合一。圣贝尔纳说道："我的灵魂何时方能与圣爱一道迷醉并且全然地自我遗

---

[1] Bernard McGinn, "Love, Knowledge, and Mystical Union in Western Christianity: Twelfth to Sixteenth Centuries", in *Church History*, Vol. 56, No.1, 1987, p.7.

[2] Andrew Louth, *The Origins of the Christian Mystical Tradition: From Plato to Denys*, New York: Oxford University Press, 2007, p.xiv.

[3] 本书中所有出自《圣经》的引文都来自于《和合本圣经》。

忘？是的，变得如同一个破裂的容器，唯独渴慕上帝，直至与上帝结合，与他成为一灵。"①在关于《雅歌》的布道中，圣贝尔纳改变了传统释经学视《雅歌》为论述基督与教会关系的阐释模式，将关注的重点转向个体灵魂与上帝的私人关系，探讨灵魂与上帝之间的"神秘婚礼"。圣贝尔纳对于人神合一关系的论述既是灵性的，又不乏爱欲的气息："以信仰之手和爱欲的手指以及爱的拥抱来碰触我，你将以心灵之眼来触摸我。"②在圣贝尔纳对人神合一的论述中，爱欲虽然扮演了重要角色，但是他所认同并强调的依旧是基于灵性感知之上的一灵（one spirit）的合一，而非人与神在本体论层面上无中介、无区分的合一。这种以爱欲话语来言说人神关系的模式中在13世纪的神秘主义写作领域占据了主导地位。圣波纳文图拉在《心向上帝的旅程》中指出，情感而非理智才能够使得心灵在超拔与迷狂中与上帝合一。他说道："但是在这超越之中，如果要使它完满，应放弃所有的理性行为而使全部情感之巅转向上帝并上帝化。"③但是，无论是圣贝尔纳还是圣波纳文图拉，他们对于人神合一的理解都是遵循传统的。他们一方面认为人类灵魂可以凭借激越之爱与上帝达成一灵的合一；另一方面他们又坚称这种合一是有区分的合一，它以承认人神之间不可消弭的鸿沟为前提，人性与神性之间依旧泾渭分明。

海德薇希作为贝居因修会的一员，准宗教的修行方式使得她对于人神合一的理解与论述突破了传统神秘主义的框架。她一方面强调人神之间在本体论层面的相通，所以人神合一在本质上是一种无中介乃至无区分的合一；另一方面，海德薇希关注人神合一当中的主体间性，她将社会关系引入神秘主义论述之中，强调二者之间的互动并在此基础上肯定人性的深广与丰富。海德薇希认为人类与上帝之间固然存在着种种差异，但是人类完全可以凭借爱与激情跨越这些横亘于人神之间的阻隔，抵达无区分的神秘合一。在指导年轻的贝居因修女灵修生活的信件里，海德薇希写道："在不可思议的甜蜜中，爱者与被爱者停驻在彼此之中，

---

① John F. Thornton and Susan B. Varenne eds., *Honey and Salt: Selected Spiritual Writings of Saint Bernard of Clairvaux*, New York: Vintage, 2007, pp.32-33.

② Gordon Rudy, *The Mystical Language of Sensation in the Later Middle Ages*, New York: Routledge, 2002, p.57.

③ 圣·波纳文图拉：《中世纪的心灵之旅：波纳文图拉神哲学著作选》，溥林译，北京：华夏出版社，2003年，第150页。

他们以无法将自己与对方区分开来的方式，渗入对方当中。在圆满合一中他们彼此拥有，口在口中，心在心中，身体在身体之中，灵魂在灵魂之中，一种甜蜜的神圣禀性在他们之间流淌。"①在一次发生在圣灵降临节的幻象体验中，海德薇希再次描述了这种在爱的激情中抵达的完满合一："我渴望得到我挚爱之人的全部，并能够完全理解和品尝他。我希望他的人性能够在最大程度上与我的人性共享合一……为此，我希望他能够在一灵之中，以他的神性来满足我的内在渴求。对我而言，他应当毫无保留地展示出他所有的一切。"②海德薇希笔下的人神合一超越了传统神秘主义者所主张的基于人神之间本体论差异的合一关系。在她看来，人神之间的圆满合一使得他们彼此间的差异被爱消弭。海德薇希以惊世骇俗的方式来表达她在这一问题上的激进立场："在上帝与有福的灵魂之间将转变为上帝与上帝的关系（become God with God）。"③

海德薇希所主张的神秘之爱中的合一，在一定程度上模糊了人神之间本体论层面的差异性。但是当她在论及人神合一时，又指出这种合一并未消解人类与上帝各自的主体性："对彼此而言他们是一体的，但是他们又同时保持两个不同的自我。是的，这种差异将永远存在。"④在海德薇希看来，正是这种同质而又分立的差异性为人神之间的主体间性保留了必要的空间，从而使得他们之间能够保持一种交互性的主体关系。海德薇希的这一论述改变了传统观念中人类与上帝的相处模式。在传统的神秘主义者看来，上帝所具有的凌驾于一切受造物之上的本质使得上帝成了一个完全自足的主体。在人神关系中，上帝将爱赐予人类，人类的灵魂在感知恩典后虽然也能够以爱来回馈上帝，但是却无法真正触动至高的上帝。如果人类能够凭借爱欲来满足上帝，那么就无异于承认上帝不是一个完全自足的主体，所以传统的神秘主义拒不承认存在着一种在终极意义上相互取悦、相互满足的人神关系。⑤芭芭拉·纽曼认为，海德薇希将盛行于宫廷文学中的典雅

---

① Hadewijch, *The Complete Works*, Mother Columba Hart, O.S.B. trans., Mahwah: Paulist Press, 1980, p.66.

② Ibid., p.280.

③ Ibid., p.111.

④ Ibid., p.66.

⑤ John Giles Milhaven, *Hadewijch and Her Sisters: Other Ways of Loving and Knowing*, New York: State University of New York Press, 1993, p.28.

爱情作为一种修辞手法引入神秘主义写作当中，使得根植于《雅歌》释经学传统的"新娘形象"转变为"宫廷形象"，灵魂由被动的爱的接受者转变为主动的、积极的爱的追寻者。①在诗歌《爱的骑士》中，海德薇希将灵魂塑造为英勇无畏的骑士，以炽热的爱欲为铠甲，历经千辛万苦追寻上帝的踪迹，"他心甘情愿地承受这种甜蜜的放逐（这条道路通往崇高之爱的国度），最终将寻觅到他的挚爱和家园。"②

除了借用宫廷文学里骑士与贵妇人之间的典雅爱情来比拟神秘之爱中人神的互动关系，海德薇希还从《圣经》中汲取灵感，赋予那些神学意象以新的含义。在《圣经》中，深渊（abyss）被用来形容上帝神性的深邃与宽广。在12世纪，西多修会的神秘主义者将深渊一词引入神秘主义写作当中，使之成为中世纪晚期神秘主义作品里频繁出现的一个意象。海德薇希在论述人神合一以及人神之间的互动关系时常常运用这一概念，借此来生动表达她所主张的神学理念。在一封信件中，海德薇希指出："灵魂是上帝自其深处进入自由的通道，而上帝亦是灵魂进入自由的通道，这意味着他（上帝）最内在的深处，唯有灵魂的深渊方能触及。"③通过用传统中指代上帝的深渊一词来形容人类灵魂的内在力量，海德薇希将人类的本质提升到神性的高度。她认为上帝之爱的超越性使得人类灵魂分享同样的超越性，所以人类与上帝之间互为深渊，并且成为彼此抵达自由的唯一通道。

除了深渊的意象，另一个来自《圣经》的意象——与神角力的雅各，同样被海德薇希用来表达神秘之爱中的人神互动关系，即人与神之间凭借爱来相互征服。海德薇希这样写道："每一个征服者都是雅各，凭借爱的力量，他征服了上帝，这是为了让他自己能够被上帝征服。在征服了上帝之后，他同样被征服了并且得到了上帝的祝福。他将前去帮助那些被征服但是尚未完全征服的人们，以及那些依旧以双脚站立行走而没有跛行的人们，只有完成了这一切之后他们才能够

---

① Barbara Newman, *From Virile Woman to Woman Christ: Studies in Medieval Religion and Literature*, Philadelphia: University of Pennsylvania Press, 1995, pp.144-146.

② Hadewijch, *The Complete Works*, Mother Columba Hart, O.S.B. trans., Mahwah: Paulist Press, 1980, p.149.

③ Ibid., p.86.

变成雅各。"①海德薇希借雅各与上帝角力获胜并由此得到上帝祝福的故事来表达神秘之爱中人神关系的核心——上帝的爱人以炽热之爱来征服上帝是为了在爱中被上帝征服。瘸腿跛行的雅各既是征服者又是被征服者，"如果谁让爱去征服他，他就将完全地征服爱。"②在海德薇希笔下的神秘合一之境当中，灵魂与上帝之间宛如尘世中的爱侣，相互渴求、彼此征服。

第三节　以爱为阶梯的灵性升华之途

一、海德薇希对于传统神秘主义的反思

对于中世纪的基督徒而言，神秘主义的修行之路往往和隐修主义结合在一起。从词源学上看，英语中神秘主义（mysticism）一词源自于拉丁语mysticismus，最早则来自希腊语mysterion，其词根my来自动词"关闭"（myein）。my最初是一个象声词，指喃喃自语时嘴唇微微的上下开合，后来引申为动词"关闭"，特别是指闭上眼睛和嘴唇。在这个意义上，神秘主义意味着闭上肉体的眼睛而以心灵之眼去静观那终极的实在和真理。③在神秘主义者看来，唯有对世俗世界关闭其心灵，灵魂才有可能进入神秘之事物。中世纪的基督教神秘主义代表的是一种引导人类灵魂挣脱尘世的束缚，最终达到与神圣上帝合一的灵修道路。基督教信仰中的隐修主义（monasticism）一词源自希腊语μοναζειν，意指"一个人生活"或者"离群索居"。这种隐修主义在本质上是一种舍弃世俗世界，通过苦行复归上帝的行动。基督教的修道院（monastery）也被称为cloister④，因为修道士在其中以隐修的方式实践神秘主义的理念，这也即是基督教隐修主义和基督教神秘主义往往密不可分的根本原因。⑤

---

① Hadewijch, *The Complete Works*, Mother Columba Hart, O.S.B. trans., Mahwah: Paulist Press, 1980, p.73.

② Ibid., p.89.

③ 溥林：《中世纪的信仰与理解：波纳文图拉神哲学导论》，香港：道风书社，2006年，第79页。

④ Cloister一词源自拉丁语claudere，意为"关闭"（to close）。

⑤ 黄瑞成：《中世纪隐修主义与神秘主义》，赵林、杨熙楠主编《神秘与反思》，桂林：广西师范大学出版社，2008年，第68页。

正是因为自教父时代开始的神秘主义传统在本质上是"隐修—禁欲—神秘"的三位一体,所以避世成为中世纪神秘主义思潮的一个核心因素。13、14世纪是西欧基督教"隐修—神秘主义"的高潮期,这不仅体现在修道院数量的增长上,还表现为那些活跃在修道院之外的修道者们同样高度认可隐修、禁欲、弃世的修行模式。与海德薇希同时代的另一位神秘主义者西多会修女拿撒勒的比阿特丽斯(Beatrijs of Nazareth)在她杰出的神秘主义著作《圣爱的七种方式》(*Seven Manieren van Minne*)中,描述了渴求上帝的灵魂如何通过炽热的信仰之爱经由7个步骤从尘世走向上帝。在比阿特丽斯看来,当灵魂最终与上帝合一之后,她将彻底遗弃世间的一切,灵魂唯一的期盼就是永远栖居于上帝的神性之中。比阿特丽斯这样写道:

  灵魂在上帝的威严中寻觅他,在此找到他之后,灵魂又以全部的心神来静观上帝。……尘世于她而言无异于残忍的放逐、悲惨的监狱以及严酷的刑罚。……故而灵魂热烈地期盼从这种放逐中逃逸并遗弃肉体的躯壳。……这种渴求在灵魂当中是如此的强烈和狂暴,尘世的生活对于灵魂而言是如此的艰难和残忍,她在期盼中承受的痛苦折磨难以诉诸笔端。①

比阿特丽斯所描述的灵魂对于肉身和尘世生活的厌弃,在一定程度上体现了中世纪晚期神秘主义者的普遍观念。对那些禁闭于修道院中的隐修者们而言,神秘之爱所导向的终点是自我解脱,灵魂经由神秘合一永远栖居在上帝的怀抱中,彻底离弃充满痛苦和罪孽的尘世。不同于生活在修道院高墙之内的比阿特丽斯,海德薇希对尘世生活的看法有异于传统的修道院神秘主义者。贝居因修会提倡女性过一种比禁闭修行更有意义的宗教生活,她们不愿意被禁锢在修道院之内,而是渴望接触并投身于尘世生活当中。贝居因修女以祈祷、劳作、救助贫病以及献身于社会教育事业等方式来发扬基督的精神。她们通过将行动的生活与沉思的生活结合在一起,以期实践一种既超越尘世又不离弃尘世的修行理念。②

  效仿使徒生活(vita apostolica)的观念是一个对西欧中世纪晚期的宗教信仰

---

 ① Beatrijs of Nazareth, "There Are Seven Manners of Loving", in *Medieval Women's Visionary Literature*, Elizabeth Alvilda Petroff ed., NewYork: Oxford University Press, 1986, p.205.

 ② Carol Neel, "The Origins of the Beguines", in *Signs*, Vol.14, No.2 (Winter, 1989), p.323.

产生了深远影响的社会思潮，它要求信仰的方式回归到基督教创立之初，并且效仿基督和使徒们守贫、谦卑、传道的生活方式。海德薇希通过自己的写作，将这种来自民间的宗教诉求与神秘主义的修辞手法相结合，表达了她对于人类应当如何在尘世生活中效仿基督与使徒这一问题的深刻洞见。在她看来，人类唯有通过爱基督的人性才能抵达他至高的神性，效仿基督意味着效仿基督的谦卑和乐于奉献的精神。同时这也意味着当灵魂通过神秘合一分享了神性的甜蜜之后，能够毅然以基督为榜样，重返充满苦难的泪之谷，以对于尘世的奉献和救赎来真正地效仿基督并与基督合一。

海德薇希在作品中多次以直接的方式表达出她对传统神秘主义者将人神之爱视为一种自我解脱的工具的否定。她认为人性内在的与神性相通，故而也应当与神性一样深广无边，对于人神合一的不懈追寻不是为了导向在爱欲中的自我沉溺，而是为了以此来提升灵魂的境界，以期更好地回馈大众。在一封指导灵修生活的信中，海德薇希写道："时刻警醒，因此不要让任何事物干扰你的平静。在任何情况下都行良善之举，但是不要去挂念任何利益，或是任何恩典、罪孽、救赎与殉道。……亲切地对待那些需要你的人，献身于照顾病人，慷慨地救济穷人，同时在一切受造物之外保持灵魂的沉思默想。"[1]对于那些仅仅将信仰和灵修作为个人解脱工具的神秘主义者，海德薇希表达了毫不留情的讽刺："现今这成为人们爱自己的方式，人们为了谋求慰藉与安宁，财富和权力，或是为了分享上帝的荣光，而渴望与上帝同在。"[2]以这种犀利的言辞，海德薇希否定了根植于隐修主义的传统神秘主义者所主张的，以个人解脱为终极目标的灵修道路。无论是在平信徒中间风起云涌的效仿使徒生活的宗教运动，还是贝居因修会主张的献身社会与服务大众的修行理念，都使得海德薇希在批判之余更致力于为自己的同伴乃至所有的基督徒寻觅一条能够真正符合基督救世精神的修行道路。在海德薇希的诗歌和信件中虽然都不乏对于灵修生活的探讨，但是她选择在14篇具有内在关联性的幻象作品中，完整地表达了灵魂在爱与信仰的双重引导之下抵达至善之境的灵性上升之旅。

---

[1] Hadewijch, *The Complete Works*, Mother Columba Hart, O.S.B. trans., Mahwah: Paulist Press, 1980, p.49.

[2] Ibid., p.61.

二、灵魂上升之旅的双重路径

每一个时代都有属于自己的神话，尽管这些故事有可能是琐碎的，但是它们却对社会群体和个人的想象力以及思维方式产生了潜在的、持续的影响。在13世纪以降的中世纪晚期，社会神话主要体现在风靡一时的文学作品当中：既存在于表现典雅爱情的俗语作品里，也体现在大众喜闻乐见的圣徒行传中。①典雅爱情专注于表现情人对远方爱人义无反顾的追寻，圣徒行传则对圣徒们通过谦卑、克己、禁欲、苦行来效仿基督的虔诚信仰大肆渲染。在这一时期，教会往往鼓励修女和其他愿意投身宗教生活的女性将她们与上帝之间的关系设想为一种婚恋关系，她们被称为基督的新娘并被视为德行之母（mother of virtues）。②在僧俗两界的共同影响下，典雅爱情所蕴含的爱欲主题和圣徒行传宣扬的效仿使徒生活的理念，最终在贝居因神秘主义写作中得到了完美融合。在贝居因修女看来，真正的典雅爱情只存在于上帝和虔诚的灵魂之间，她们通过俗语神秘主义写作使之成为中世纪晚期新的社会神话。海德薇希笔下自成体系的14篇幻象作品，以隐喻和象征的手法描述了灵魂在幻象体验中的灵性上升之旅，其中既有人神之间爱的恋歌，又不乏深刻严肃的神学思辨。

学者纽曼认为，中世纪晚期的人们对于灵修生活的态度和认识发生了转变，人们不再将灵修生活视为灵魂从恶到善的骤然转变，而是将其视为一个成长发展的过程。③神学观念的转变，使得中世纪晚期的神秘主义写作热衷于描述灵魂如何在信仰与爱的感召之下克服重重阻力，最终升腾到至高至善的境地，并在上帝的怀抱中获得永恒的安宁与喜乐。海德薇希在她的幻象作品中，借用了这种以阶段性上升的方式来表现灵魂升华之旅的写作模式。通过14篇具有灵性自传意味的幻象作品，海德薇希以象征的手法勾勒出灵魂追寻上帝、在爱中与上帝合一、以服务大众来效仿基督的心路历程，并借此表达她的悲悯之心和普世情怀。值得指出的是，在中世纪的文学观念中，自传不是一个独立的文类，而往往与其他文学

---

① Saskia Murk-Jansen, *Bride in Desert: The Spirituality of the Beguines*, London: Longman and Todd Ltd., 1998, pp.43-45.

② Barbara Newman, *From Virile Woman to Woman Christ: Studies in Medieval Religion and Literature*, Philadelphia: University of Pennsylvania Press, 1995, p.31.

③ Ibid., p.43.

体裁结合在一起。自传写作的目的在于揭示人生历程的意义,神秘主义者写作灵性自传的意图在于为全体人类的尘世生活提供一个可资借鉴的范例。[①]在这个意义上,读者不应将海德薇希的幻象作品视为单纯记录幻象体验的灵性自传,而应将其视为经过了作者精心编排剪裁的文学创作。在这14篇幻象作品中,海德薇希有意将自己的幻象体验塑造为充满了神秘寓意和道德教诲的范例。她希望读者能够通过阅读进而模仿,并最终抵达信仰的至善之境。

在海德薇希的幻象作品中,彼此间的关联不是通过篇章之间在叙述层面上的连贯性表现出来的,而是由一个贯穿始终的发展线索将它们绾结在一起。这个将14篇幻象作品聚合为一个有机整体的精神内核便是海德薇希的写作意图之所在,即通过一系列充满神秘意味的幻象来揭示灵魂以爱为阶梯的灵性升华之旅。这种以幻象的方式呈现出的灵魂升华之旅,既因为其中所包含的自传内容而成为海德薇希本人在圣爱的感召之下践行信仰的心路历程,同时也是她以自己的精神成长历程为蓝本创作出的宗教寓言。海德薇希试图通过自己的写作使得迷惘中的灵魂能够摒弃一切虚妄之言,在彼岸神圣启示的召唤指引下,以坚定的步伐攀登圣爱的阶梯,直至抵达信仰的圆满之境。

第1篇幻象《完美德行的花园》发生在圣灵降临节,海德薇希的心中洋溢着渴望与上帝合一的热切期盼,但是她随即又承认:"对于合一而言,我还太幼稚太不成熟"[②]。海德薇希在此所言的幼稚与年龄无直接关系,指的是灵魂在信仰上所抵达的阶段。上帝让海德薇希的灵魂脱离尘世的躯壳,来到一片象征完美德行的草地,其中生长着参天巨树,一位宝座天使(Thrones)引领海德薇希参观并认识这些充满象征寓意的树木。在中世纪的神秘神学中,宝座天使与炽天使撒拉弗、智天使基路伯一道被视为天国中第一阶层的天使。为中世纪的天使学说奠定基础的伪狄奥尼修斯在《天阶体系》中是这样定义宝座天使的:"'最崇高的宝座'这一称号表明在他们之中有一种对一切尘世缺陷的超越,这表现在:他们朝向极顶上升,又总与低下者分开,并全然专注地、永远地保留在真正的至高者面

[①] Kate Greenspan, "Autohagiography and Medieval Women's Spiritual Autobiography", in *Gender and Text in the Later Middle Ages*, Jane Chance ed., Gainesville: University of Florida Press, 1996, pp.219-232.

[②] Hadewijch, *The Complete Works*, Mother Columba Hart, O.S.B. trans., Mahwah: Paulist Press, 1980, p.263.

前。"①海德薇希之所以在第1篇幻象中安排宝座天使来引领灵魂，是因为宝座天使所蕴含的神学寓意象征了海德薇希此刻的状态：一方面超越了尘世的缺陷，另一方面有待于向着至善至美的上帝开始她的灵性升华之旅。在幻象中，宝座天使引领海德薇希的灵魂去认识每一颗寓意之树，那些树木分别代表了人类对于自我的认知、纯净的谦卑、完美的意志、洞察力以及智慧。随后海德薇希和宝座天使来到一个装满鲜血的酒杯前，她在天使的指引下喝下了那象征坚定信仰的鲜血，"由此我发誓以恒久的忠贞去矢志不渝地侍奉上帝。"②海德薇希笔下的这一幕无疑是对圣餐仪式的再现，她通过这一幕既表达了自己对于信仰的坚守，同时又借圣餐仪式的寓意来暗示幻象的核心主题——灵魂与基督的神秘合一。

在饮下象征坚定信仰的鲜血之后，宝座天使将海德薇希领到一颗奇异的树前，这棵枝叶繁茂的大树以根在上、叶在下的倒置的方式成长。天使让海德薇希知晓这颗倒置的树象征着人类对于上帝的认识之道——开始于信仰而终结于爱。宝座天使接下来将海德薇希带到另一棵长着巨大圆形树叶的大树旁，并对她说道："将目光从我这儿转过去，你将发现你一直在寻觅的人，你会因为他而离弃尘世和天国的一切事物。"③在天使离开之后，海德薇希看到了一个比水晶更晶莹剔透的十字架，在十字架的前面有一个比太阳更耀眼的宝座，在宝座之上端坐着基督。基督与海德薇希的一番谈话，表达了她对信仰与爱的见解，并为贯穿于14篇幻象中的精神内核奠定了基调。基督对海德薇希说道：

> 我派遣给你的这个天使——来自于宝座天使的行列之中——能够巧妙地将良好的意愿引至圆满之境。……我希望你为了我而准备去承受每一种苦难。……如果你愿意在人性上肖似于我，就如同你渴求完全拥有我的人性和神性，你就应当期望贫穷、痛苦以及被所有人轻视；这一切伤悲对你而言比尘世的所有欢乐都更为甜蜜，不要让它们使你哀恸。……如果你受到你高贵天性的驱使而想要追随圣爱，这会使得你渴望完全拥有我，那么你生活在人群当中将有如异乡人一般。……在人类生活的所有艰难境况中来感知自我，

---

① （托名）狄奥尼修斯：《神秘神学》，包利民译，北京：三联书店，1998年，第122页。

② Hadewijch, *The Complete Works*, Mother Columba Hart, O.S.B. trans., Mahwah: Paulist Press, 1980, p.266.

③ Ibid., p.267.

唯独不要犯罪。一切属于人类的痛苦折磨我在为人之时皆体验过，但是从未犯罪。①

基督的这一番教诲向尚且幼稚迷惘的海德薇希指出了灵魂上升之旅的真谛——人类灵魂只有通过效仿基督为拯救世人所承受的种种苦难，才能够真正地升华自己的灵魂，使之抵达神性的高度。在基督看来，灵魂的升华之旅不在于弃世和苦修，而在于满怀爱与信仰地走向苦难的尘世，在服务他人的同时获得灵魂的救赎。灵魂将在这种充满艰辛却又被信仰的神圣之光所笼罩的朝圣之旅中，体悟基督救世精神的崇高与圣洁。

在结束了对海德薇希的训诫后，基督告诉她那一棵长着巨大圆形树叶的树象征了爱的真知。随后，基督要求海德薇希再度重返尘世，并且依照他的教诲去身体力行地践行信仰，他说道：

> 你现在必须安静地从这里返回，并且按照我的指示去行动。如果你愿意的话，可以从这棵树上取走一片树叶，这象征着对于我的意愿的理解。如果你感到哀伤难过，那么从枝梢的顶端摘取一朵玫瑰，这朵玫瑰的花瓣象征着圣爱。……你将永远知晓我的意愿，并且体验着圣爱；在适宜之时你将会在圆满合一当中感知我。……我的挚爱啊，对所有身陷苦难中的人们一视同仁地施以援手，无论他们对你和善抑或歹毒。圣爱将会使你拥有完成它的能力。献出一切，因为一切皆属于你！②

海德薇希将基督在临别之际的这一番谆谆教导放置在第1篇幻象的结尾处，一方面将其作为这一篇幻象的总结陈述；另一方面则借此昭示出由其后的13篇幻象作品共同构筑出的灵性升华之旅中两个最重要的关键要素：灵魂对于上帝的认识以及她对于圣爱的体验。这两个关键要素被海德薇希形象化为树叶和花朵，它们共同构成了象征爱的真知的巨树。在作品中，海德薇希不只一次地宣称上帝的本质就是爱，③对于爱的认识必然导向对于上帝之本真的洞察。在她看来，基督

---

① Hadewijch, *The Complete Works*, Mother Columba Hart, O.S.B. trans., Mahwah: Paulist Press, 1980, pp.268-269.

② Ibid., pp.270-271.

③ Ibid., pp.89, 272, 299.

的本质体现在他对于尘世大众的谦卑奉献之中，当他舍弃神性的尊贵和荣光后，他才真正成为救世主。

海德薇希笔下的灵性升华之旅始于灵魂对上帝意志的感悟和认知，随后她将在神秘之爱中体验与上帝的圆满合一并彻悟上帝最深刻的本质——对于尘世中所有人的谦卑奉献。这一条通向上帝的道路，既被海德薇希象征化地表现为第1篇幻象中那棵枝叶繁茂的名为爱之真知的大树，也在接下来的13篇幻象中以鲜活生动的方式加以演绎呈现。如果说第1篇幻象是具有提纲挈领性质的总体性概述，那么其后的13篇幻象则从灵魂认识上帝以及灵魂在爱中与上帝合一这两个视角来揭示灵魂的上升之旅。

由13篇幻象所构成的灵性升华之旅中存在着两条路径：上升一方面体现在灵魂对于上帝的认知中，另一方面则通过灵魂与上帝在爱中的神秘合一得到展示。在海德薇希笔下，幻象之间的连贯性并非体现在文本表层的顺序中，而是存在于两个潜在的序列当中。幻象5、8、9、11主要探讨了人类认识上帝的途径和方式，构成了一个以认识上帝为核心的上升路径；幻象2、3、4、6、7、10、12的主题则在于表现灵魂以爱来寻觅上帝以及人神在爱中的互动与神秘合一，可以被视为以神秘之爱为核心的上升路径。幻象13、14既是两条上升路径的交汇点，同时也是海德薇希笔下灵性升华之旅的终点。灵魂在圣爱的引领下来到彼岸天国，她不仅在此获得了对上帝最深刻的认知，而且凭借这种爱的真知与上帝达成圆满的神秘合一。

在这一组幻象作品中，虽然存在着两条拥有不同主题的上升路径，但是这二者间的关系绝非泾渭分明。相反，灵魂对上帝的认识和他们在神秘之爱中的合一是相辅相成且不可分割的。在这两条上升路径中，内容上也存在着一定程度的相互交织。因为在海德薇希看来，灵魂的升华之旅是由这两条路径交织在一起构成的，爱则是它们之间共通的阶梯。这就如同海德薇希在第1篇幻象中所描述的那样，花（对圣爱的感知体验）与叶（对上帝的认知）虽然彼此相异，但是却又相互依存并且共同构成了德行花园中的寓意之树。

以认识上帝为目的的上升路径由第5篇幻象《三个天堂与三位一体》、第8篇幻象《高山》、第9篇幻象《理智女王》以及第11篇幻象《全能上帝的深渊》构成，海德薇希在其中探讨了人类应当以何种方式来完成对于上帝的认知。在《三个天堂与三位一体》中，海德薇希在幻象的灵境中看到了在天国处于第一阶层的三位天使：宝座天使、智天使基路伯、炽天使撒拉弗。在第1篇幻象里，海德薇希已经与宝座天使进行了会晤和交谈。在中世纪的天使学说中，宝座天使代表了对于尘世缺陷的超越和向上飞升的渴望，所以他象征了海德薇希开始灵性升华之旅时的状态。天阶等级在宝座天使之上的基路伯象征着认识上帝的力量与神赐的智慧，最高等级的天使撒拉弗则是炽热的信仰之爱的化身。基路伯和撒拉弗在幻象中的出现预示了海德薇希上升之旅的两个目标：认识上帝以及在爱中感知并体验上帝。

在这一篇幻象的结尾部分，上帝亲口告诉海德薇希这三位天使同时也象征着上帝三位一体的属性：宝座天使代表圣子基督、基路伯代表圣灵、撒拉弗代表作为圣三一之源的圣父。三位天使的天阶等级所构成的上升序列，在一定程度上预示了海德薇希将在幻象中经历的升华之旅。她将从认识基督的人性和神性开始，在圣灵的感召与引导下，经由爱的神秘合一与三位一体的上帝相融合。这篇幻象不仅揭示出三位天使的象征寓意，还包含了海德薇希与《启示录》的作者圣约翰就灵魂的认知能力而展开的交谈。圣约翰对海德薇希说道："过来看看那些我作为凡人时所见之物，我所见的一切皆是象征，而你所见的却是真实而又完整的。"①圣约翰的这一番话表明海德薇希在认识上帝的这一上升路径中经历了一次飞越，她能够越过事物的表象而直抵其神圣本质，她的认知能力甚至超越了写作《启示录》的圣徒。

在第8篇幻象《高山》中，海德薇希以登山来比喻灵魂对于上帝的认识。一位向导告诉海德薇希，通往顶峰的道路共有5条，他已经成功攀登过4条道路并愿意为她引路。向导说道："第5条道路是属于你的，将由公义的上帝引导你来发现它，正是他把你带到此地并将这条道路赐予你。"②随后海德薇希听见一个巨大的声音对她说："来吧，并让你自己成为最佳的道路……这也是一条通向我的本质的道路。"③在这一篇幻象中，海德薇希不仅成功地攀上顶峰，更为重要的是，她使得自己成为能够引导他人上升的神圣道路。上帝是这样评价海德薇希的：

---

① Hadewijch, *The Complete Works*, Mother Columba Hart, O.S.B. trans., Mahwah: Paulist Press, 1980, p.276.

② Ibid., p.282.

③ Ibid., p.283.

"所有通过你走向我们并获得这种知识的人们,无论如何都将是神圣的!"①在这一篇幻象的结尾部分,海德薇希和最初遇见的那位向导进行了一番交谈。向导对海德薇希说:"那位爱人赐予你第5条道路,你获得了它而我却没有。这是因为我在世为人之时,只怀有很少的爱,并且追随理智的严格训诫。"②海德薇希在幻象中并没有明确指出这位向导的身份,但是当代学者联系上下文进行分析之后,普遍认为他象征了那些拥有尘世权威的教会学者。③通过这一篇幻象,海德薇希再度以爱为阶梯继续她的灵性升华之旅。她不仅在爱的引领下完成了对于至高上帝的认识,而且最终成为指导他人走向上帝、认知上帝的神圣道路。

第9篇幻象《理智女王》是认知上帝这一上升路径中非常关键的一环。在这篇幻象中,当海德薇希在晨祷时分沉思默想《雅歌》中的诗句:"愿他用口与我亲嘴"(1:2)之时,忽然看见一位身着金色衣裙的女王向她走来。女王金色的衣裙上缀满了眼睛,这些眼睛全然透明,有如火焰之光又仿若水晶。在女王的身旁有三位侍女:身着红色披风的侍女双手各拿一个号角;身着绿色披风的侍女手持两束棕榈枝;身着黑色披风的侍女手持灯笼。女王快步走到海德薇希的面前,她一脚踩在海德薇希的颈部,高声问道:"你可知道我是谁?"④海德薇希答道:"是的,我当然知道!长久以来就是你引发我的痛苦悲哀!你是我灵魂的理性能力。"⑤随后海德薇希又一一指出三位侍女的象征寓意:第一位侍女手中的号角代表神圣的敬畏,第二位侍女象征灵魂辨别理智和爱的洞察力,第三位侍女则是智慧的化身。这位衣裙上缀满眼睛的理智女王呼应着第5篇幻象里出现的智天使基路伯,因为在中世纪的圣像画中,基路伯往往被描绘为一位羽翼上长满眼

---

① Hadewijch, *The Complete Works*, Mother Columba Hart, O.S.B. trans., Mahwah: Paulist Press, 1980, p.284.

② Ibid.

③ 海德薇希作品的译者认为,向导这一形象有可能是在影射12世纪的经院哲学家阿伯拉尔,但是也有可能指的是圣维克多的理查德。Hadewijch, *The Complete Works*, Mother Columba Hart, O.S.B. trans., Mahwah: Paulist Press, 1980, p.382.

④ Hadewijch, *The Complete Works*, Mother Columba Hart, O.S.B. trans., Mahwah: Paulist Press, 1980, p.285.

⑤ Ibid.

睛的天使。①在《天阶体系》中，伪狄奥尼修斯认为："'基路伯'之名意味着认识和看见上帝的力量，接受他的光的最大恩赐和观照原初力量之中的神圣荣光的力量，充满带来智慧的恩赐"②。在这一篇幻象的结尾处，作为基路伯化身的理智女王表达了她对海德薇希的臣服。海德薇希转身离开理智女王则代表了她对于上帝的认识已经超越了象征智慧的天使基路伯。海德薇希之所以能够在这篇幻象中再度提升她对于上帝的认识，原因在于"圣爱走向我并将我拥入怀中。"③这一幕无疑呼应了幻象开篇部分海德薇希对于《雅歌》的沉思。在此，爱又一次成为灵魂上升的阶梯。

第11篇幻象《全能上帝的深渊》可以被视为认识上帝这一上升路径的高潮所在，已经超越智天使基路伯的海德薇希在这篇幻象里骄傲地宣称她在信仰领域中的权威。这个幻象发生在一个圣诞夜，海德薇希的灵魂被带到了一个巨大的、深不可测的漩涡之前，这个无底深渊将世间的万物都囊括于其中，它象征着上帝的全知全能。海德薇希看见一只凤凰吞食了盘旋于漩涡之上的两只鹰，年幼的那一只鹰身披灰色的羽毛，年老的那一只则身披新长出来的黄色羽毛。空中传来一阵如同雷鸣般的声音，问海德薇希是否能够分辨这两只颜色不同的鹰，海德薇希回答道愿闻其详。这个声音告诉她，那只年老的鹰象征圣奥古斯丁，年幼的鹰则象征海德薇希本人。年老的鹰身上所长出的新羽毛代表了他从海德薇希那里分享了她灵魂中炽热之爱的神圣光辉。

圣奥古斯丁是西欧中世纪最具权威性的神学家之一，他的学说得到教会的推崇并享有至高无上的地位。海德薇希却在她的幻象中，借上帝之口来肯定她对于圣奥古斯丁神学理念的超越。海德薇希之所以能够超越知识渊博的圣徒，是因为她的学说不是单纯来自于人类的理智，而是源自灵魂在与上帝的神秘合一中所获取的灵性之知。就如同海德薇希所言："我希望停驻在他的深渊的最底层当中，独自一人与他合一。自我幼年起，我便知晓这一切。上帝单独将我带到他的面前，

---

① Veerle Fraeters, "Handing on Wisdom and Knowledge in Hadewijch of Brabant's Book of Visions", in *Women and Experience in Later Medieval Writing: Reading the Book of Life*, Anneke B.Mulder-Bakker and Liz Herbert McAvoy ed., New York: Palgrave Macmillan, 2009, p.156.

② （托名）狄奥尼修斯：《神秘神学》，包利民译，北京：三联书店，1998年，第122页。

③ Hadewijch, *The Complete Works*, Mother Columba Hart, O.S.B. trans., Mahwah: Paulist Press, 1980, p.286.

远离一切以其他方式被迎接到他身旁的人们。"①凭借在神秘之爱中的合一，海德薇希对上帝的认识已然超越了一切受造物。所以她不无骄傲地说道："我并非以此来宣称我拥有超越圣奥古斯丁的殊荣，但是当我知晓了上帝的真理后，我不再需要从作为受造物的他那里获得任何慰藉。"②

在这一篇幻象的结尾，海德薇希为读者揭示了灵魂在爱的引领与推动之下，所能够获得的对于上帝神圣本质的终极认知："上帝准许我去了解爱的完美骄傲；去知晓我们应当如何通过爱上帝的人性进而抵达他的神性，并且在这个独一无二的本质中获得对这二者的正确认识。这是在上帝的国度中所能获得的最高贵的人生。"③海德薇希在认识上帝的上升路径中，经由4个鲜明生动、内蕴深邃的幻象最终抵达了它的终点。在这一灵性升华之旅中，海德薇希的灵魂始终沐浴在圣爱的光芒当中，爱不仅为她照亮了灵魂上升的道路，而且还是使得她能够一路向上并且最终抵达圆满之境的阶梯。海德薇希在认识上帝的上升路径中反复强调爱的重要性，这源自基督教神秘主义传统对爱与知的同一性的论述。④此外，这也和海德薇希对于灵性上升之途的定义有关。在她看来，灵魂朝向上帝的升华之旅由两条上升路径共同构成，一条是对上帝本质的认识，另一条则是灵魂在爱中体验上帝并且达成二者的神秘合一。这两条路径既相对独立又彼此交织在一起，它们之间的关联性表现为：无论在哪一条上升路径中，爱都是灵魂向上攀登时必不可少的阶梯和引导者。

海德薇希还通过第2篇幻象《圣灵降临节的体验》、第3篇幻象《什么是爱，谁是爱》、第4篇幻象《两个王国，两个天堂》、第6篇幻象《和基督一道去谴责和祝福》、第7篇幻象《在圣餐中合一》、第10篇幻象《城市中的新娘》以及第12篇幻象《完美的新娘》来揭示灵魂如何在炽热的信仰之爱中感知上帝的临

---

① Hadewijch, *The Complete Works*, Mother Columba Hart, O.S.B. trans., Mahwah: Paulist Press, 1980, p.290.

② Ibid., p.291.

③ Ibid., pp.292-293.

④ 在西欧中世纪神秘主义者的主流观念当中，"爱本身就是知的一种形式"（amor ipse notitia est），这种爱与知的一体性在灵魂的上升过程中表现得尤为明显。Bernard McGinn, "Love, Knowledge, and Mystical Union in Western Christianity: Twelfth to Sixteenth Centuries", in *Church History*, Vol .56, No.1, 1987, p.9.

在，并与上帝在神秘合一之中分享灵性的喜乐。在她的笔下，这一条上升路径采用了中世纪晚期女性俗语神秘主义写作中盛行的修辞手法，将典雅爱情的意象与来自《雅歌》的神学意蕴相结合，在灵魂与上帝的婚恋关系中展现灵魂的上升之旅。

在这一条上升路径所包含的7篇幻象中，第2篇和第3篇的篇幅相对简短，主要内容是海德薇希与上帝在幻象中的交谈和倾诉。在第2篇幻象中，海德薇希坦言自己长期困惑于"什么是爱？和谁是爱？"①在第3篇幻象中，上帝的回答解除了海德薇希的困惑。他告诉海德薇希上帝的本质就是爱，要求海德薇希在重返尘世生活后成为上帝之爱在人间的化身，并以这种方式来与上帝分享合一的喜悦。在第4篇幻象《两个王国，两个天堂》中，海德薇希在天使的引领下看到了两对几乎完全一样的王国和天堂。它们预示了当海德薇希的灵魂经由上升之旅抵达圆满之境后，她的灵魂将成为上帝的完美镜像。海德薇希在这一篇幻象中预示了灵魂升华之旅的终极目标。不同于其他神秘主义者，她所追求的不是灵魂在上帝身旁安享天国的至福，而是以对尘世苦难的担当和救赎来使得灵魂能够成为上帝圣爱在人世间的化身。在这个意义上，海德薇希的灵魂不仅在爱中与上帝分享神秘合一的甜蜜，她还在积极的行动中与上帝趋于同一。

第6篇幻象《和基督一道去谴责和祝福》是所有幻象中自传气息最为浓厚的一篇，其中所记叙的内容发生在海德薇希19岁那一年的主显节。她在那时体验到对上帝的欲求和极其强烈的渴望。随后海德薇希的灵魂被带到上帝的御座之前，一位天使向上帝恳求道："现在向她显现吧，因为是您把她带到这里并且将她完全带入您自身当中。"②上帝随即向海德薇希显现他的真容，她在上帝的右手看到祝福的礼物和天国无尽的喜悦，在他的左手则看到恐怖的利剑和永恒的地狱。在短暂地体验了与上帝的合一之后，上帝告诉海德薇希今后无论是谴责或是祝福他人都应当以上帝的意志为准。上帝对她说道："我命令你——遵照我的神性和人性去生活——重新回到那个残酷的世界，在那里你必须品尝每一种死亡"③。

---

① Hadewijch, *The Complete Works*, Mother Columba Hart, O.S.B. trans., Mahwah: Paulist Press, 1980, p.271.

② Ibid., p.278.

③ Ibid., pp.279-280.

在这篇幻象中,海德薇希将基督的神圣本质定义为对尘世的救赎和对于苦难的担当。

第7篇幻象《在圣餐中合一》将典雅爱情中所包含的爱欲主题与神秘主义者的宗教诉求完美地结合在了一起。海德薇希以两性间相互爱慕、相互占有的情欲来表达激进的神学理念,她通过炽热的爱欲话语把灵魂对于上帝的感知和渴求表现得淋漓尽致。在中世纪晚期的神秘主义作品中,灵魂与上帝间的欲爱关系往往被视为人神之间神秘合一的象征性表达。但是在海德薇希笔下,频繁出现的、露骨的欲爱意象被用来表达一种反传统的神学主张——炽热的情欲之爱不仅使得灵魂在神秘合一中品尝神性的甘美,它还能够以这种方式使得灵魂"成为上帝"。海德薇希在这篇幻象中首先表达了灵魂对于人神之间神秘合一的渴望:"我的心脏、血管以及我的四肢都因为热切的欲望而颤抖摇摆"[①]。随后基督手持圣餐酒杯来到海德薇希的面前,"看上去就像一个人类男子,令人惊叹而又俊美,拥有一张熠熠生辉的面容"。[②]海德薇希从基督手中接过圣餐酒杯并顺从地饮下,这一幕无疑是对尘世中圣餐仪式的再现。接下来海德薇希以欲爱的方式来表达她对于象征人神合一的圣餐仪式的理解:

> 完成仪式后,他走向我,将我完全拥入他的臂膀之中,让我与他紧紧相贴;我所有的器官都依照我心灵和人性中的欲望,在极乐中感受他。……片刻之后,他外表俊美的男性形体开始在我面前消失。我看到他的形态消弭、褪色,直至最终消散,以至于我不能在我之外察觉或感知出他,也无法在我之内辨别出他。此刻于我而言,仿佛我们成了无差异的一体。[③]

在这篇以欲爱来表达神秘合一的幻象中,海德薇希通过描述灵魂与上帝在极乐中逐步融合的过程,揭示了欲爱式的神秘合一对于人类灵魂升华之旅的重要性。由合一之爱所引导的灵性上升从根本上改变了灵魂与上帝之间的相处模式,对于灵魂而言,"成长是为了转变为上帝与上帝的关系。"[④]就如同学者米尔海

---

① Hadewijch, *The Complete Works*, Mother Columba Hart, O.S.B. trans., Mahwah: Paulist Press, 1980, pp.280.

② Ibid., p.281.

③ Ibid.

④ Hadewijch, *The Complete Works*, Mother Columba Hart, O.S.B. trans., Mahwah: Paulist Press, p.280.

文所言，在海德薇希之前，从未有人以如此激进的方式来描述上帝与人类灵魂之间的互动与合一。①海德薇希将传统神秘主义写作中推崇的"与基督成为一灵"（becoming one spirit with Christ）的合一，改写为人神之间无区分的合一（as if we were one without distinction）。②在这个意义上，灵魂凭借爱超越了人神之间在本体论层面上的差异。以爱为阶梯，灵魂与上帝在神秘合一中趋向于本质同一。

第10篇幻象《城市中的新娘》以及第12篇幻象《完美的新娘》有着相类似的主题。海德薇希将源自《雅歌》的婚礼和新娘的主题与《启示录》中新耶路撒冷和羔羊婚筵的意象相结合，将之一并纳入自己的幻象写作中。在中世纪的释经学看来，《雅歌》的婚恋主题象征了人类灵魂与上帝的结合；《启示录》中从天而降的新耶路撒冷被视为神的新妇的化身，代表了末日审判后新天新地的降临，它与羔羊的婚筵一道构成了《启示录》里的救赎主题。海德薇希在这两篇幻象中，将代表人神合一之爱的新娘形象与象征神恩与救赎的城市（新耶路撒冷）意象结合在了一起。第10篇幻象《城市中的新娘》叙述了海德薇希的灵魂被带到圣城新耶路撒冷。一位使徒对她说道："那些了无生机的罪人——他们已经丧失了希望，将因为你与上帝结合的消息而受到启迪……他们将在你的婚礼中得到完全的满足。"③《启示录》的作者圣约翰是这样描述羔羊的婚筵的：

> 我们要欢喜快乐，
> 将荣耀归给他。
> 因为羔羊婚娶的时候到了，
> 新妇自己也预备好了，
> 就蒙恩得穿光明洁白的细麻衣，
> 这麻衣就是圣徒所行的义。

---

① John Giles Milhaven, *Hadewijch and Her Sisters: Other Ways of Loving and Knowing*, New York: State University of New York Press, 1993, p.28.

② Bernard McGinn, *The Flowering of Mysticism: Men and Women in the New Mysticism*: 1200—1350, New York: The Crossroad Publication Company, 1998, p.218.

③ Hadewijch, *The Complete Works*, Mother Columba Hart, O.S.B. trans., Mahwah: Paulist Press, 1980, p.288.

> 天使吩咐我所：" 你要写上，凡被请赴羔羊之婚筵的有福了！"（19:7-8）

在《完美的新娘》中，海德薇希详细描绘了幻象中新娘礼服的象征寓意。这件华美的礼服代表了12种高贵的德行：信仰、希望、忠贞、慈悲、渴望、谦逊、敏锐、事工、理性、智慧、安宁以及坚忍。海德薇希在幻象中身着这件由12种德行装点的新娘礼服，在新耶路撒冷与上帝举行婚礼并在爱中合一。

至此，由7篇幻象共同构成的上升路径抵达了它的终点。在这一条以爱与合一为核心的上升路径中，最后两篇幻象通过把人神在婚恋中神秘合一的主题与救赎主题相融合，赋予爱欲中的神秘合一以更为深广的神学内涵。海德薇希借此表明合一并非是灵魂在爱中上升的终点，神秘合一中还蕴含着救赎的期盼与力量。所以，海德薇希笔下的灵魂升华之旅还未真正结束。在第13篇幻象中，以神秘之爱为核心的上升路径将和以认识上帝为核心的上升路径交汇在一起，带领灵魂攀登爱与信仰的真正巅峰。

第13篇幻象《六翼天使的面容》是灵魂升华之旅的高潮和终点。在这篇幻象中，两个一度相对独立、各自展开的上升路径，经由海德薇希的灵魂在天国中对上帝神圣本质的直接观照以及她对于基督救赎使命的承担，最终合二为一。在海德薇希看来，由于上帝的本质就是爱，所以对于上帝的认识和灵魂在爱中体验上帝并与上帝神秘合一就仿佛一枚硬币的两面，彼此之间不可分割且相得益彰，共同推动灵魂的上升。在这篇幻象中，海德薇希的灵魂被带往天堂，天国的大门为她而开启，随后海德薇希在天使撒拉弗的引导之下静观上帝的本质。上帝的神圣面容被三对羽翼所遮蔽，当海德薇希抵达之后，这三对羽翼依次展开并将上帝的至高本质展现在她的面前。自上而下，第一对羽翼展示了上帝所拥有的爱的最高力量；第二对羽翼揭示了爱作用于万物的完美方式和它的宽广无边；第三对羽翼显现了上帝将万物吞没于其中的难以度量的深度。在这篇幻象中，象征炽热之爱的天使撒拉弗成为侍奉海德薇希的随从，这暗示了海德薇希灵魂中的信仰之爱已经超越了最高等级的天使。这一情节呼应着第5篇幻象《两个王国，两个天堂》和第9篇幻象《理智女王》，表明经由灵性上升之旅，海德薇希对于上帝的认识超越了智天使基路伯，对于上帝的爱超越了炽天使撒拉弗。在静观了上帝的神圣面容之后，撒拉弗引导海德薇希继续上升，将她带到圣爱女王的面前并说道：

"看哪,这就是你在上帝本质的面容当中见到的圣爱,她从未在此将自己展示给一个受造物。尽管玛利亚知晓真正的爱以及完美德行带来的七件礼物,但是在升上天国之前,她从未体验过这种神圣的启示。……看哪,你对圣爱所有特质的理解都要胜过于我。"①

海德薇希通过直视上帝的面容知晓了神的终极本质——圣爱,而且她对于圣爱的理解和感悟甚至在圣母与炽天使撒拉弗之上。在静观了圣爱女王之后,海德薇希要求撒拉弗揭开遮蔽上帝面容的三对羽翼中最上面和最下面的羽翼的封印。封印被揭开后,从最上面的封印中涌出一群湮灭于谦逊当中的有福的灵魂,在最下面的封印中则只出现了为数不多的超越了谦逊之德,而在爱中与上帝分享自由和真知的灵魂,他们被称为湮灭于爱中的灵魂。通过对这两个封印的神学寓意的解释,海德薇希将爱置于谦逊之上。因为在爱中经由上帝"神圣的碰触","爱者与被爱者成为一体"。②这种将爱与神秘合一视作灵魂上升终点的观念,在中世纪晚期的神秘主义思潮中非常盛行。虽然海德薇希也认为人神之间的神秘合一是灵魂升华之旅中非常重要的一个阶段,但是她却不认同灵魂可以止步于此。在她看来,圣爱的终极意义在于对尘世苦难的担当与救赎,而非在天国中安享宁静和至福。

从第1篇幻象开始,在其后的每一篇幻象中,海德薇希与上帝的交谈几乎都以上帝敦促海德薇希重返人间去承担救赎使命为结尾。这是因为海德薇希不像其他神秘主义者那样,将与上帝的神秘合一视为灵魂升华的最高境界。相反,灵魂凭借强大的意志和坚定的信念,为了爱与信仰而暂时告别上帝并重返尘世才是海德薇希认可并推崇的信仰模式。在第13篇幻象中,海德薇希借圣母之口表达了自己的这一理念:

> 看哪,现在万事都已齐备! ……凭借这种高贵的忠贞和爱的全部力量,你征服了圣爱并与圣爱合一。……如果你想拥有更圆满的至福,就如同我所享有的,你必须将你芬芳美好的身躯停驻在天国。但是为了那些你所选择的,渴望让她们与你一同成长但是还未成熟的同伴们,尤其是为了那些你最

---

① Hadewijch, *The Complete Works*, Mother Columba Hart, O.S.B. trans., Mahwah: Paulist Press, 1980, p.299.

② Ibid., p.300.

深爱的人们，你将要推迟这一时刻的到来。①

海德薇希在听完圣母的这一番话后，立即心甘情愿地离开天国重返尘世。因为在她看来，为了爱与悲悯而离开上帝不是对信仰的背弃，相反是在更高层次上对信仰的坚守和践行，而且这也是对于基督的本质——谦卑与救赎——的真正效仿。在这篇幻象里，海德薇希将世俗宗教运动中倡导的效仿基督与使徒的理念引入神秘主义思潮当中，她以对尘世中积极的行动生活的嘉许，来矫正一部分神秘主义者由于人性的自私而导致的自我沉溺的倾向。海德薇希以"出于谦卑之心而离弃爱是爱的最强音！"②来表达她对于信仰之爱的理解。海德薇希试图通过提倡一种积极入世的态度，将迷失于爱欲和痴狂当中的神秘主义者引入更加开阔的境界，使得他们能够在更高层次上与基督同在。

第13篇幻象之所以成为海德薇希笔下灵魂升华之旅的高潮，是因为在这一篇幻象当中，海德薇希一方面以对上帝面容的静观穷尽了对于上帝神圣本质的认识，进而获得了无与伦比的灵性之知；另一方面在为了尘世灵魂的救赎而暂时放弃天国至福的大爱中，海德薇希与上帝的人性和神性达成了最高层次的同一。在这一组幻象作品中，海德薇希的灵性升华之旅开始于在宝座天使的引导下游历美德的花园，随后她的灵性成长在两条不同的路径中得到体现。在认识上帝的上升路径当中，海德薇希对于上帝的认知最终超越了智天使基路伯与伟大圣徒奥古斯丁。在爱与神秘合一的上升路径当中，海德薇希被视为象征了终极救赎的神的新妇——新耶路撒冷，而且超越了最高等级的炽天使撒拉弗。当这两条上升路径在第13篇幻象中交汇到一起之后，对上帝终极本质的认知促使海德薇希毅然重返苦难的尘世，将上帝的救赎之爱播撒到人间。

第14篇幻象《活出基督生命的新力量》是这一组幻象作品的尾声，海德薇希在其中再度重申了一些有关灵魂如何认识上帝并与上帝合一的教诲，它可以被视为对整个灵性升华之旅的总结。在这篇幻象里，海德薇希将她的读者视为在灵魂上升之途中遭受挫折的"孩子"，这不禁让人回忆起在第1篇幻象里，海德薇希自称为幼稚的孩子。但是无论是在哪一篇幻象中，海德薇希所言的孩子都是一种

---

① Hadewijch, *The Complete Works*, Mother Columba Hart, O.S.B. trans., Mahwah: Paulist Press, 1980, p.301.

② Ibid.

象征而非实指。孩子代表了那些有待成长的灵魂，他们的灵性升华之旅还远未结束。从自称为孩子到以灵修导师的口吻称自己的读者为孩子，14篇幻象不仅体现了海德薇希的灵魂在信仰的道路上以爱为阶梯的攀登，同时还被她赋予了一种更为普世性的价值和意义。她的灵性升华之旅将成为启迪尘世中幼稚迷惘的灵魂走向彻悟与救赎的神圣道路。

  海德薇希在幻象作品中，力图通过自己的思考来回答时代的迷惘——人类灵魂应当如何认识上帝以及怎样与上帝达成合一。海德薇希作为一位不离弃尘世生活的贝居因修女，她的神学理念既受到基督教神秘主义传统的影响又不乏时代风尚的投影。海德薇希将历代神秘主义者反复书写的人类灵魂对至高上帝的向往与渴求，和俗语诗人吟咏的充满尘世爱欲气息的恋歌相结合，在神秘的合一之爱中探寻上帝的奥秘与人神关系的真谛。在海德薇希的笔下，无论是认识上帝抑或是与上帝合一，爱都是灵魂不可或缺的向导，同时它也是灵魂在升华之旅中向上攀登的阶梯。通过14篇精彩绝伦的幻象作品，海德薇希不仅全面深入地阐释了自己的神学理念，她还将其作为指导他人灵修生活的典范。作为一个生活在修道院之外并且缺乏宗教话语权的贝居因修女，海德薇希在第8篇幻象中借上帝之口宣称自己是引导他人认识并走向上帝的神圣道路。她以这种方式为自己被教会边缘化的俗语神秘主义写作，赋予了信仰领域中难以撼动的神圣权威。海德薇希还试图以神秘之爱来对抗教会学者所推崇的经院哲学。她认为上帝的本质就是爱，灵魂唯有凭借爱才能够与上帝相遇、相识，进而达成圆满的合一。海德薇希所倡导的以爱为阶梯的神秘合一不仅导向个体灵魂的升华与救赎，而且还是一种无与伦比的转换性力量。她使得人类灵魂成为上帝神圣救赎计划的承担者，以此来将遁世苦修的神秘主义者引领到更为广阔的社会生活当中，赋予神秘主义思潮以积极的现实意义。

第五章

玛格丽特·波蕾特：救赎之镜

  贝居因修会游离于官方正统之外的修行与生活模式，使得它的参与者较之被禁闭于修道院内的修女拥有更多的自由空间。贝居因修女所拥有的自由一方面表现为她们广泛涉足社会公共事物，例如从事市场经济活动以及为适龄儿童提供免费的教育；另一方面则体现在她们的写作当中，贝居因女性神秘主义者的作品突破了教会官方神学的桎梏，大胆地表达了城镇中平信徒激进叛逆的宗教理念。来自法国的贝居因修女玛格丽特·波蕾特是西欧中世纪晚期反抗教会特权的平信徒的代言人。

  在波蕾特的作品中，无论是外在的文体形式还是内在的思想意蕴，无不呈现出边缘人对于官方权威的抗辩。波蕾特的作品虽然归属于宗教神秘主义写作，但是它却和盛行于市民阶层中的俗语传奇作品存在着一定的亲缘关系，她将俗语文学对自由、高贵、等级制度的反思引入神秘主义写作当中。波蕾特对于在传统神秘主义写作中处于核心地位的人神合一关系有着全新的思考与定义。在她看来，人类灵魂在受造之初从上帝那里获得的神性根芽与印迹使得灵魂与上帝在本质上同一，所以人神之间的神秘合一不仅不需要教会充当中介，而且是一种"无区分的合一"（unitas indistinctionis）。借助这种激进的合一观念，波蕾特不仅否定了教会的中介特权和教阶制度，甚至还去质疑原罪与永恒地狱的基本教义。波蕾特对信仰与理性之间关系做出的深刻思辨，表达了中世纪晚期觉醒的平信徒对于信仰自由的无限渴求，这使得她的《单纯灵魂之镜》成为折射传统社会趋于解体、个人身份趋于多元化的俗语文本之镜。此外，波蕾特还针对一系列神学基本问题做出了大胆深入的思索与批判，在这个意义上，《单纯灵魂之镜》也可以被视为这一时期反抗教权禁锢、唤起宗教改革意识的救赎之镜。

第一节 玛格丽特·波蕾特的生平与创作

13世纪是基督教神秘主义写作蓬勃兴盛的黄金时期，贝居因修女玛格丽特·波蕾特（Marguerite Porete，？—1310）的作品《单纯灵魂之镜》（*The Mirror of Simple Souls*）被后世研究者视为中世纪法语神秘主义写作的杰出代表。创作于1290—1306年间的《单纯灵魂之镜》是第一部由女性创作的法语神秘主义作品。对于当代研究者而言，波蕾特的出身和早年的生活经历是扑朔迷离的，研究者普遍认为她来自比利时南部或者法国北部地区，是一个贝居因修女。1308年，波蕾特在法国北部的瓦朗西安以异端罪名被教会逮捕，所以研究者推测她有可能是居住在瓦朗西安并且在那里完成了《单纯灵魂之镜》的写作。法国神学家让·热尔松（Jean Gerson）在1401年提及《单纯灵魂之镜》时，称其作者为瓦朗西安的玛丽亚（Maria de Valenciennes），这从另一个角度证明了波蕾特有可能曾经在瓦朗西安生活、修行、写作。[①]

从现存的史料来看，波蕾特并非出身贵族家庭，而是来自城镇中富裕的市民阶层，她没有加入修道院成为一名正式的修女，而是选择了贝居因修会并且过着一种相对松散的修道生活。就她的作品而言，波蕾特早年应当在贝居因修会开办的学校或者修道院中接受了良好的教育，她不仅熟知盛行于宫廷和城镇当中的

---

① Suzanne Kocher, *Allegories of Love in Marguerite Porete's* Mirror of Simple Souls, Turnhout: Brepols Publishers, 2008, p.22.

各种俗语文学作品,而且也广泛涉猎了拉丁语学术传统。有文献记载,波蕾特曾经尝试将拉丁语《圣经》翻译为俗语,而且她还试图在公开场合向大众宣讲《圣经》的相关内容。① 在13世纪的低地国家和法国,贝居因修会相对宽松的会规以及它对于个人财产的保护,吸引了众多经济状况良好的市民女性加入其中。在中世纪,书籍的制作过程耗时耗力,故而书籍成了一般人难以企及的奢侈品,只有教会和王室才能够拥有大量书籍。波蕾特热衷于在公开场合朗读各种作品的习惯,表明她拥有购买这些昂贵书籍的财富。当《单纯灵魂之镜》被坎布瑞主教盖伊二世(Bishop GuyII of Cambrai)以异端罪名焚毁之后,她立即组织了对《单纯灵魂之镜》的抄写和制作。波蕾特为了传播自己的思想曾多次制作出版《单纯灵魂之镜》,所以有部分学者认为她具有承担这一耗资巨大的行为的经济能力。②

波蕾特早年生活的状况大多来自于学者依据极其有限的史料进行的推测。但是,波蕾特因为写作和传播《单纯灵魂之镜》而被教会以异端罪名处以火刑,所以巴黎宗教审判所对于她的异端指控、审讯卷宗以及一些学者为波蕾特和《单纯灵魂之镜》进行的辩护都相对完整地保存了下来。波蕾特是欧洲历史上第一个因为写作和传播自己的神学思想而被教会处以极刑的异端。对于她的审判和处决,在某种意义上反映了日益崛起的市民阶层对传统信仰模式的不满以及他们要求变革的呼声,同时也反映了中世纪晚期教会与法国王室之间的权力博弈。

在1230年左右,法国开始出现了贝居因修会,在与低地国家相临近的北部地区,贝居因修会的发展尤为迅猛。法国的贝居因修会常常依托于强大保护人的庇护,法国国王查理四世、腓力四世、路易十世和腓力五世都曾经发布过认可或者保护贝居因修会的敕令。法国的贝居因修会普遍接受多米尼克修会的监督和领导,大部分贝居因修女都生活在贝居因会所中,围墙将她们与外部世界隔绝开来。与正式发愿的修女不同,贝居因修会主张一种温和适度的修道模式,贝居因修女从未真正脱离尘世,她们与外界保持着活跃的经济往来,以此来实践一种自

---

① Marguerite Porete, *The Mirror of Simple Souls*, Ellen L. Babinsky trans., Mahwah: Paulist Press, 1993, p.26.

② Suzanne Kocher, *Allegories of Love in Marguerite Porete's Mirror of Simple Souls*, Turnhout: Brepols Publishers, 2008, p.33.

给自足的修行生活。贝居因修会行走于尘世中的生活和修行模式必然会对其参与者的神学理念产生影响。不同于其他女性神秘主义者，波蕾特不再沉溺于圣餐仪式与神秘合一的幻象体验，也不再以残虐身体来表达信仰，世俗生活尤其是社会经济活动在她的作品里留下了深刻的印迹。波蕾特将中世纪晚期的市民生活带入以探讨信仰和人神关系为主旨的神秘主义写作当中，从全新的角度来定义人神关系，并且由此折射出这一时期个人身份的多元化趋势。

教会从维护自身权威出发，强调教士在灵魂救赎中的中介地位，同时又以原罪将人类永远束缚在一个被动、消极、卑微的位置上。波蕾特在《单纯灵魂之镜》中，通过揭示"小圣教会"与"大圣教会"之间地位和等级的差异，颠覆了教会宣称的中介特权和教阶制度，她尝试为平信徒争取宗教信仰领域的自主权。此外，波蕾特以灵魂自我湮灭后所抵达的纯净无垢的状态，揭示出人类灵魂内在的神性根基和不可剥夺的自由天性，从而把人性从尘世罪孽乃至于原罪中解放出来。波蕾特借用以个人隐修为基础的神秘主义思想来批判以教阶制度为建制的官方教会，在《单纯灵魂之镜》中表现出她对教会权威的公然反抗。就如同伯纳德·麦金所指出的："尽管隐修主义被迅速地组织化甚至在帝国教会事物中被常规化，但是隐修主义的边缘性和批判功能在它的发展历程中始终是其标志。隐修主义一直处于个人魅力和规范化，对于教会和社会的批判与支持的创造性张力之中。"[1]

早在1306年之前，坎布瑞主教盖伊二世就在法国北部的瓦朗西安宣布波蕾特的作品包含异端思想，并且将《单纯灵魂之镜》的所有手抄本全部公开焚毁。主教威胁波蕾特如果她再在公开场合宣读《单纯灵魂之镜》或是向他人传播它的话，就将她宣判为异端并且交由世俗机构惩处。但是波蕾特并未向教会权威屈服，相反她在短时间内大量制作《单纯灵魂之镜》的手抄本，有意识地向僧俗两界广泛传播。波蕾特的自信和桀骜不驯的态度很快为她再度招来了教会的谴责和审判。在1308年被逮捕之后，波蕾特被带往巴黎的宗教审判所，她将要面对异端罪名的指控和死亡的威胁。波蕾特被关押在巴黎宗教审判所的监狱中长达18个月，期间经历多次审讯，但是她自始至终保持缄默，拒绝回答任何问

---

[1] Bernard McGinn, *The Foundation of Mysticism: Presence of God*, New York: The Crossroad Publication Company, 1999, pp.138-139.

题或是认罪。在此期间和波蕾特一起接受审讯的还有一位名为圭德（Guiard de Cressonessart）的修士，①他的罪名是为波蕾特辩护。1310年3月，主审官巴黎的威廉召集5位法学教授和11位神学家共同讨论波蕾特的案件和审判事宜。在这一次审讯中，波蕾特依旧以沉默来对抗宗教法庭。审判官认为波蕾特犯有异端罪行而且有意蔑视并反抗法庭权威，他们威胁波蕾特如果不立即认罪并忏悔的话，就将她移交世俗机构惩处。但是波蕾特仍旧拒绝发誓认罪，随后法庭宣称要将她永久监禁。

1310年4月9日，圭德向宗教法庭认罪，随即他被裁定为异端，其罪名是主张两个教会并且否认教皇在大公教会中的至高地位。4月11日，主审官威廉再度召集21位神学家来审查波蕾特的作品，但是他没有向这些学者提供《单纯灵魂之镜》的全本，而是提供了一份对于作品的摘抄，共计15段。在阅读和讨论之后，这些神学家最终认定《单纯灵魂之镜》应当被裁定为异端。5月9日，在针对波蕾特的审讯中，审判官认为波蕾特拒绝发誓和回答审判官的提问，而且在坎布瑞主教焚烧了她的作品后仍不思悔改，相反还大肆向他人传播自己的作品，足以构成反复的异端（relapsed heretic）罪名。5月31日，主审官威廉公开宣判了波蕾特的异端罪名并将她移交世俗机构。圭德也在同一天被宣判，他被判处终身监禁。在公开宣判的第2天，也即1310年6月1日，波蕾特在巴黎的河滩广场（Place de Grève）被处以火刑。她成为中世纪第一个在巴黎被宗教审判所判处火刑的异端，一位不知名的修士记录下了波蕾特被处决时的情景。面对死亡，波蕾特表现得镇定而又从容，她的虔诚和高贵感染了前来围观的人群，不少人为她悲伤落泪。

巴黎宗教审判所对于波蕾特的审判和处决并非公正客观的，陪审团的神学家们是在并未全文阅读《单纯灵魂之镜》的情况下做出了匆忙的裁定。在《单纯灵魂之镜》被坎布瑞主教焚毁后，波蕾特将其再度抄写制作后交给多位神学家阅读，希望能够得到他们的支持，以此来对抗教会的异端指控。有三位神学家对《单纯灵魂之镜》做出了正面积极的评价，他们分别是方济各会修士约翰（John of Querayn）、西多修会的大师弗兰克（Dom Frank）以及巴黎大学的知名学者戈

---

① 圭德有可能是一位贝格哈德修士。贝格哈德（beghard）是一个类似于贝居因修会的男性修道组织，和贝居因修会一样奉行一种准宗教性质的修行制度，其存在的时间和活动的地域与贝居因修会相仿。

弗雷（Godfrey of Fontaines）。这三位神学家分别来自当时最具有权威的修会与学术机构，他们对于《单纯灵魂之镜》的认可，代表了相当一部分人对波蕾特作品的支持态度。即便是在波蕾特被巴黎宗教审判所以异端罪名处决之后，《单纯灵魂之镜》也并未被完全焚毁，法国的本尼迪克修会和加尔都西修会分别保存了这部异端作品的法语版本和拉丁语译本，而且在小范围内传播阅读。①巴黎大学的图书馆也收藏了这部作品，在近一个世纪之后，巴黎大学的训导长让·热尔松对于这部异端作品的评价是："不可思议的精妙"②。

波蕾特和她的《单纯灵魂之镜》虽然在教会内部不乏支持者，但是她之所以会被裁定为异端并且遭到严厉的惩处，是与法国这一时期的政治状况息息相关的。法国在13、14世纪之交，国王逐步获得了和教会相类似的神圣地位，君权和教权开始结成联盟，对于君权的攻击被视为对于信仰的攻击。在1307—1310年，法国国王腓力四世主导了对圣殿骑士团的逮捕、审讯、处决，这是波蕾特被宗教审判所宣判为异端并被处以火刑的政治背景。经由审判圣殿骑士团一案，法国的教会与王室和君权逐步合一，并且开始排斥教皇和罗马教廷对于法国国内事务的干涉。波蕾特在《单纯灵魂之镜》中表达了对教会权威的公然反抗，她以灵魂的自我湮灭来消解教会的中介特权，这种抗辩性书写是教廷所难以容忍的异端。罗马教廷通过巴黎宗教审判所对波蕾特的宣判和处决来彰显自己的权力，维护自己的地位。此外，法国国王腓力四世也借助波蕾特一案来拉拢教廷和教皇，以波蕾特之死换取罗马教廷对处决圣殿骑士团的许可和支持，并借此来表明自己维护正统信仰的决心。

波蕾特之死除了与教廷和法国国王之间的阴谋勾结有关，还与她在写作《单纯灵魂之镜》时所运用的写作手法直接相关。在中世纪晚期的俗语神秘主义写作中，或多或少都包含了一些对于教会体制的不满言论。这种状况一方面源于以隐修主义为基础的神秘主义思想和建制化的教会之间深层次的矛盾，另一方面也和中世纪晚期教会自身的腐败堕落有关。在这一时期的女性俗语神秘主义写作中，对于教会和教士的批判往往借助一系列的幻象写作表达出来。梅希蒂尔德和海德

---

① Margaret Porette, *The Mirror of Simple Souls*, Edmund Colledge, O.S.B., J.C.Marler, and Judith Grant trans., Notre Dame: University of Notre Dame Press, 1999, p.xxii.

② Ibid., p.xxxix.

薇希都曾经在自己的幻象作品中表达了平信徒对于教权和教阶制度的不满,但是波蕾特的作品却逾越了教会和文化传统对女性神秘主义写作设定的界限。在《单纯灵魂之镜》中,读者看不到那些光怪陆离的幻象描写,也没有用来描述人神之间神秘合一的爱欲话语。波蕾特借鉴了波爱修斯笔下《哲学的慰藉》中的对话体模式,以清晰简洁的哲理式风格来阐述自己的神学理念。

西欧中世纪晚期的教会虽然允许女性进行神秘主义写作,但是同时也要求她们遵守一定的规则,女性必须借助彼岸的神圣启示来言说信仰和神秘体验。当作品涉及对教会或教士的批评时,女性作家往往隐身于一个彼岸的神圣声音之后,通过他者的声音来表达自己的不满。但是在《单纯灵魂之镜》中,波蕾特不再躲藏于上帝的身后,她借人物之口公开而又直接地表达了她对现行宗教信仰制度的嘲讽和批判。可以说正是这种反传统的写作手法为波蕾特招来了教会的审判和异端罪名。①此外,波蕾特选择以俗语来写作充满了叛逆思想的《单纯灵魂之镜》,而且毫不畏惧地在大庭广众面前宣读这部作品,也在一定程度上为她招致了杀身之祸。对《单纯灵魂之镜》持肯定态度的学者戈弗雷在对作品的评论中写道,他不建议这部作品在大众中间流传,因为他害怕人们对这部作品的误读会导致他们在信仰和生活的道路中步入歧途。②戈弗雷的论述揭示了《单纯灵魂之镜》在内容上的颠覆性和煽动性,而这也正是教会权威所忌惮和不能容忍的。

教会于1310年处决了波蕾特之后,紧接着在1311—1312年召开的维也纳宗教会议上向整个贝居因修会发出警告的敕令。教皇克莱芒五世发布了两条谴责贝居因修会的敕令,分别是"关于某一特定女性团体"(*Cum de quibusdam mulieribus*)和"致民众"(*Ad nostrum*)。在第二条敕令"致民众"中,教会将波蕾特在《单纯灵魂之镜》里所宣称的,灵魂可以在此生抵达圆满的境界并摆脱一切罪孽,以及这些完美的灵魂无须再服从任何尘世与教会的法规的激进观念作为批判的标靶。在此之后,教会开始着手实施了一系列对于贝居因修会的镇压行动,从而拉开了针对贝居因修会的历时近百年的宗教大迫害的序幕。

---

① Elizabeth Alvilda Petroff, *Body and Soul: Essays on Medieval Women and Mysticism*, New York: Oxford University Press, 1994, p.16.

② Marguerite Porette, *The Mirror of Simple Souls*, Edmund Colledge, O.S.B., J.C.Marler, and Judith Grant trans., Notre Dame: University of Notre Dame Press, 1999, p.181.

无论是教会的异端审判还是教士对《单纯灵魂之镜》的查抄和焚毁，波蕾特笔下这部充斥着抗辩色彩的作品，最终还是成了西欧中世纪晚期享有盛誉的神秘主义著作。《单纯灵魂之镜》现存的中世纪版本共有16个，分别为古法语版、中古英语版、意大利语版和拉丁语版。卡特·鲁（Kart Ruh）认为在14世纪没有一部神秘主义作品能够像《单纯灵魂之镜》一般，跨越欧洲各种语言的屏障而得到广泛传播和阅读。①

波蕾特和她的作品对中世纪晚期的神秘主义思想，以及16世纪的宗教改革运动都产生了各种直接或间接的影响。14世纪杰出的神学家埃克哈特大师深受《单纯灵魂之镜》的启发。他的许多学说，例如：人类灵魂当中得自于神的"灵魂的火花"（spark of soul）、"圣子降生于被称义者的灵魂"（the birth of the Son in the soul of the just person）、灵魂通过恢复到受造之初的状态而与上帝达成无中介的合一，以及在与上帝合一之后灵魂所具有的"无惑而生"（living without a why）的状态，都与波蕾特在《单纯灵魂之镜》中所主张的神学理念表现出惊人的相似。②在16世纪，文艺复兴时期法国杰出的女性人文主义学者纳瓦拉的玛格丽特（Marguerite of Navarre）深受波蕾特的影响，她效仿《单纯灵魂之镜》写作了一部名为《罪恶灵魂之镜》（*The Mirror of the Sinful Soul*）的作品。玛格丽特同样在自己的作品中对教会的弊端进行大胆批驳，此外她还在诗歌作品中称颂波蕾特的才华与信仰之爱的虔诚。在16世纪之后，波蕾特和她的作品逐步淡出了大众的视野。弗朗西斯科·托迪（Francesco Töldi）于1867年再度发现了《单纯灵魂之镜》的手稿，但是他却误将这部作品归于匈牙利的玛格丽特（Marguerite of Hungary）的名下。学者罗玛娜·盖尼瑞（Romana Guarnieri）在1946年考证出玛格丽特·波蕾特才是《单纯灵魂之镜》真正的作者，从而使得波蕾特再度回到当代读者和研究者的视野当中。

---

① Marguerite Porette, *The Mirror of Simple Souls*, Edmund Colledge, O.S.B., J.C.Marler, and Judith Grant trans., Notre Dame: University of Notre Dame Press, 1999, p.lxxxiii.

② Michael Sells, "The Pseudo-Woman and the Meister: 'Unsaying' and Essentialism", in *Meister Eckhart and Beguine Mystics: Hadewijch of Brabant, Mechthild of Magdeburg, and Marguerite Porete*, Bernard McGinn ed., New York: The Continuum Publishing Company, 1994, pp.114-116.

第二节　从世俗之镜到神性之镜

贝居因修女的身份使得波蕾特的灵修生活与尘世生活从未完全分离，相反，盛行于市民阶层中的世俗文化以各种方式影响了她的思考和写作，使得她笔下的神秘主义作品呈现出世俗与神圣的双重属性。西欧中世纪晚期风靡一时的俗语文学作品《玫瑰传奇》与《亚历山大传奇》都对《单纯灵魂之镜》产生了不容小觑的影响。《玫瑰传奇》里的镜面之喻以及《亚历山大传奇》中天涯咫尺的缠绵之爱，都不同程度地进入了《单纯灵魂之镜》当中，成为波蕾特用以承载其神学理念的工具。以这种方式，波蕾特一方面使得自己的作品能够寓教于乐并且争取到更广泛的受众；另一方面这些活泼生动的世俗文学因子将市民阶层所倡导的自由平等观念引入神秘主义写作当中，使之成为边缘人心声的表达。

作为一个游离于教会正统之外的贝居因修女，波蕾特的身份既是多元的又是高风险的。她既非被教规和高墙禁闭的修女，也非被狭小的家庭所束缚的世俗妇女，她游走于僧俗之间并且拥有大多数女性难以企及的自由。作为一个准宗教性质的修道者，她没有教会所认可的学术地位与权威，但是却通过写作进行大胆独立的神学思辨。作为一个生活在城镇里的女性平信徒，她在作品中用盛行于市民阶层的文化和价值观念来反抗教会的等级制度，为边缘人争取话语权。波蕾特身份的边缘性和多元化，使得《单纯灵魂之镜》也呈现出世俗与神圣相交融的特质。波蕾特在作品里表现出的对于传统权威的质疑和颠覆，在一定程度上揭示了中世纪晚期的西欧社会在转型期中所经历的，传统观念的解体以及个人对于自我身份和价值的追问。

波蕾特在写作时大量借鉴了世俗文化中的观念与文学手法，并且以此来对抗教会所主张的教阶制度和等级特权。在《单纯灵魂之镜》中，源自俗语文学的镜子意象与神秘主义思辨紧密交织在一起。借助镜子在中世纪文化语境中被赋予的多重寓意，波蕾特所秉持的激进的神学理念与教会的正统教义在《单纯灵魂之镜》中进行了激烈的话语交锋。波蕾特赋予了她的作品有如镜子一般的映射功能。在她笔下，《单纯灵魂之镜》首先是一面引导人类灵魂认识自我与上帝真谛的神秘之镜。其次，这面不乏神学意味的文本之镜还具有破除虚妄之言，向人类展现至高上帝的光辉与奥秘，并引领人类灵魂摆脱罪孽复归神性的功能。再次，《单纯灵魂之镜》无论是内在的思想体系还是外在的表达方式都有违教会对女性神秘主义写作的规定。就如同镜子能够将单一的光源折射为多彩之光一般，波蕾特以悖逆传统的方式试图在作品里呈现出中世纪晚期价值取向多元化的趋势，并且在此基础上探寻主体身份多元化的可能。

《单纯灵魂之镜》虽然是一部神秘主义作品，但是对整部作品起统摄作用的镜子意象却来自于两部风行一时的俗语传奇：《玫瑰传奇》（The Romance of the Rose）与《亚历山大传奇》（The Romance of Alexander）。这一方面因为波蕾特的读者主要是来自市民阶层的平信徒，俗语文学作品而非那些艰深晦涩的神学论著更能唤起他们的共鸣。另一方面在于《单纯灵魂之镜》本身就具有反抗教会特权的写作意图，所以她选择借鉴俗语文学的写作手法，以此来抗衡宗教权威。在《单纯灵魂之镜》中，源自俗语文学的镜子意象在波蕾特的笔下被赋予了深刻的神学内涵，成为引领灵魂感知上帝的神性之光，进而追问灵魂之本真的神性之镜。

《玫瑰传奇》分为上下两卷，上卷写作于13世纪20至30年代，4000余行，作者是纪尧姆·德·洛里斯（Guillaume de Lorris）。《玫瑰传奇》的上卷旨在宣扬一种盛行于宫廷当中的骑士与贵妇人之间的典雅爱情，它所讲述的故事发生在虚无缥缈的梦境里。洛里斯以情人对玫瑰的追求象征他对于少女的爱情，同时他还将各种阻挠和促进爱情的因素，例如"吝啬""嫉妒""胆怯""坦率""文雅""慷慨"等拟人化。在《玫瑰传奇》成书约40年后，让·德·莫恩（Jean de Meun）续写了这部作品，长达18000余行的续作在思想内容和价值取向上都与洛里斯的作品存在明显差异。莫恩续写的故事虽然延续了情人追寻玫瑰的主线情节，但是其内容的深度与广度远远超过了典雅爱情的范畴。《玫瑰传奇》的第二部涉及了许多社会现实问题，作者表达了崛起的市民阶层反对封建等级特权的政治立场，以及他们对于教会的经济扩张和腐化堕落的强烈不满。莫恩在续作中将"自然"与"理智"引入对话当中，以自然规律的合理性来抨击等级制度和宗教禁欲，而且他还讨论了"命运"与人类的"自由意志"、"理智"与"自然冲动"等一系列哲学话题。

莫恩在续写《玫瑰传奇》时曾经一度将作品重新命名为《恋人之镜》（Mirror of Lovers），这是因为作品所叙述的故事缘起于情人通过宛如镜面的纳西索斯之泉（Spring of Narcissus）窥视到被禁闭于苑囿中的玫瑰，进而陷入无法抑止的爱恋当中。学者纽曼认为,波蕾特极有可能是受到《玫瑰传奇》的影响,从而将自己的作品命名为《单纯灵魂之镜》(全名为《已经自我湮灭而仅仅保留爱的意愿和欲望的单纯灵魂之镜》)。①镜子的意象在《玫瑰传奇》中被赋予了多重含义。在上卷中它是诱发人类爱欲的导火索,情人通过宛如镜面的泉水窥视到苑囿中的玫瑰,从而陷入爱河当中难以自拔。在下卷中莫恩借自然女神之口宣称上帝的本质就是万物借以成其所是的生生不息的神性之镜。《玫瑰传奇》的两位作者都不同程度地提醒读者应当警惕镜像潜在的威胁,洛里斯担心人们迷失于爱欲当中而彻底抛弃理性,莫恩则表达了唯恐人们在迷惘中失落自我的忧虑。波蕾特一方面将《玫瑰传奇》里有关于镜子与镜像的复杂象征体系纳入《单纯灵魂之镜》中,另一方面又从自身的立场出发对其进行修正。波蕾特以来自彼岸的圣爱替代了两性间的情欲之爱,同时又保留了镜子映射神性之光的功能。灵魂被上帝的镜像唤起内在的神性之爱,进而挣脱僵化的外部教条的束缚,在爱中湮灭自我以求与那远方的爱人(Farnearness)②达成圆满的合一。这种自我湮灭式的灵魂升华之旅,便是波蕾特通过自己的作品为人类揭示出的灵魂最为本真的镜像。

波蕾特虽然从《玫瑰传奇》中汲取了灵感并且借鉴了洛里斯和莫恩赋予镜子的多重内涵,但是她并未完全模仿《玫瑰传奇》的写作手法,让镜子和它的象征寓意直接出现在文本当中。波蕾特通过在序言中重述成书于12世纪末的《亚历山大传奇》,来引导读者对于镜子意象的感知和解读。波蕾特截取了这部家喻户晓的作品的一个片段,将其嵌入自己作品的序言当中,以见微知著的方式展示了作品的主旨和作者的写作意图。波蕾特将亚历山大大帝与努比亚女王坎德斯(Candace)之间脍炙人口的浪漫传奇进行改写,将这一段尘世男女的情感纠葛作为人类灵魂追寻上帝的寓言,赋予其深邃的神学内涵。

在《单纯灵魂之镜》的开篇伊始,圣爱为了能够向灵魂揭示出灵性上升之途的真谛,要求灵魂"现在心怀谦逊地去聆听这个尘世之爱的小小范例,并且将

---

① Barbara Newman, "The Mirror and the Rose: Marguerite Porete's Encounter with the *Dieu D'Amours*", in *The Vernacular Spirit: Essays on Medieval Religious Literature*, Renate Blumenfeld-Kosinski, Duncan Robertson, and Nancy Bradley Warren eds., Philadelphia: University of Pennsylvania Press, 1995, p.110.

② 波蕾特在《单纯灵魂之镜》中模仿了俗语传奇文学的修辞模式,将上帝比作传奇故事中遥不可及的恋人,并称其为远方的爱人。Suzanne Kocher. *Allegories of Love in Marguerite Porete's Mirror of Simple Souls*, Turnhout: Brepols Publishers, 2008, pp.86-91.

其视为神圣之爱的平行对应。"①随后，圣爱讲述了一位异国公主恋慕亚历山大大帝的传奇故事。这位身居遥远异邦的公主出身高贵，品行端方，她在听闻了亚历山大大帝的传说之后，不禁芳心暗许。公主与心上人相隔千山万水，无法相见的痛苦导致她相思成疾。但是，"当她看到这个远方的爱人是如此亲密地内在于她，却又如此遥不可及地外在于她时，她认为她应当为这个总是击中自己芳心的挚爱绘制一幅肖像，以此来宽慰她的缱绻之思。"②最终这幅惟妙惟肖的画作让公主在梦寐之间与遥不可及的爱人相会。

当圣爱讲述完这个故事后，灵魂认为故事中公主与亚历山大大帝之间天各一方而又心灵相通的关系，有如自己与上帝之间天涯咫尺的状态。她说道："由于我对他的怀念，他将这本书赐予我，借此表达他对于我的爱恋。"③随后圣爱告诉灵魂："我为你创作了这本书，这样你就能够聆听教诲以获得更有价值的圆满生命，以及受造物凭借完美之爱的德行所抵达的安宁之境。"④波蕾特经由这一番对话揭示了这部作品的写作意图和内在价值，即所有受造物都可以凭借这面神性之镜，认识到上帝之爱以及灵魂获得终极救赎的真谛。通过这个取材于《亚历山大传奇》的浪漫故事，波蕾特将神秘主义写作与俗语传奇文学的一些既定模式结合在了一起。传奇文学中频繁出现的相距遥远的恋人之间难以实现的爱情以及恋人们相互赠送礼物的情节，都被波蕾特赋予了神学意味。她之所以在《单纯灵魂之镜》的序言中选择用一个尘世爱情故事来阐释人神关系，是因为在中世纪晚期的神秘主义学说中，人神之爱常常被视为典雅爱情的最高范例。此外，教会的释经学传统也倾向于将婚恋之爱作为象征人神关系的寓言。

序言故事中公主对远方爱人的思慕和渴求代表了困于尘世的灵魂对彼岸上帝的信仰与追寻，公主用来寄托缱绻之思的画作则暗含了镜子的意味。在西欧中世纪的文化语境中，镜子有它的特殊含义。苏珊娜·科赫尔认为在古法语中，镜子

---

① Marguerite Porete, *The Mirror of Simple Souls*, Ellen L. Babinsky trans., Mahwah: Paulist Press, 1993, p.80.

② Ibid.

③ Ibid.

④ Ibid., p.81.

既有典范之意，同时也暗示了文本所包含的多层次的意义体系。①波蕾特在序言故事中，借镜子的多重象征意味预示了《单纯灵魂之镜》的主题——人类灵魂应当如何认识并走向上帝。公主从未见过那远方的爱人，她因其德行的高尚而仰慕他，她所绘制的肖像与其说是亚历山大大帝的面容不如说是她自己灵魂深处所拥有的、所渴慕的美好德行的映射。这就是为什么公主会说她的爱人如此亲密地内在于她，又如此遥不可及地外在于她。以这种方式，波蕾特将故事中的画像转化为反映公主灵魂的镜子。

在讲完这个传奇故事后，圣爱将《单纯灵魂之镜》赐予远离上帝的灵魂，并且告诉她这本书"反映了上帝之爱的某些特质"②。经由圣爱之口，波蕾特将《单纯灵魂之镜》定义为映射上帝本质的神性之镜。通过将公主绘制画像的故事和灵魂从圣爱那里获得《单纯灵魂之镜》的情节并置在一起，波蕾特借镜子的意象来表达她的神学理念。在她看来，传奇故事中反映公主灵魂的本真与追求的"镜子"（画像），与上帝赐予灵魂的揭示上帝真谛的文本之镜在本质上是相通的。《单纯灵魂之镜》就如同公主用来寄托爱恋的画作一般，既呈现出远方爱人的容颜，同时又是一面映出持镜人灵魂深处美好德行和神圣根基的神秘之镜。玛丽亚·利特曼在论及波蕾特笔下的镜子意象时指出：

> 这本书就如同一面镜子反映出由灵魂映射出的上帝之爱。……灵魂、书、爱、上帝，这些逐渐变得难以区分的镜子就如同它们唯一的客体对象灵魂一般，似乎消失于自我湮灭当中。
>
> 镜子，一个象征女性虚荣与自恋的中世纪和现代意象，同时也象征了浅薄和虚妄的自我，在这部作品中就如同在其他神秘主义写作中那样，被转换为忠诚的象征，并且反映了深层次的真实自我呈现在上帝的面前，在上帝之中，以及成为上帝。③

---

① Suzanne Kocher, *Allegories of Love in Marguerite Porete's Mirror of Simple Souls*, Turnhout: Brepols Publishers, 2008, pp.8-9.

② Marguerite Porete, *The Mirror of Simple Souls*, Ellen L. Babinsky trans., Mahwah: Paulist Press, 1993, p.80.

③ Maria Lichtmann, "Marguerite Porete and Meister Eckhart: The Mirror of Simple Souls Mirrored", in *Meister Eckhart and Beguine Mystics: Hadewijch of Brabant, Mechthild of Magdeburg, and Marguerite Porete*, Bernard McGinn ed., New York: The Continuum Publishing Company, 1994, p.76.

在《单纯灵魂之镜》中，波蕾特将镜子的意象贯穿于文本的始终，灵魂与圣爱都不同程度地被赋予了镜子的功用。在灵魂尚且懵懂迷惘之时，圣爱作为上帝的镜像向灵魂揭示出至高上帝的奥秘，她与世俗教会权威的化身理智就一系列神学问题展开激烈论辩。当灵魂在圣爱的谆谆教导下彻悟了救赎的真谛之后，凭借灵魂深处神性的种子，她通过自我湮灭（annihilation）摆脱一切尘世的印迹，最终回归到受造之初的"无"（nothing）的状态。此时的灵魂虽然身处尘世，但已然是彼岸上帝的神圣镜像。此外，波蕾特还在序言中表明，《单纯灵魂之镜》有如镜子一般反映了灵魂挣脱罪孽并且重获纯真与自由的复归之旅。在这个意义上，来自俗语文学的镜子意象不仅是承载波蕾特神学思辨的有力工具，而且使得这部俗语神秘主义作品成为唤醒被蒙蔽的灵魂，引领他们走向光明与救赎的神性之镜。

第三节　破除虚妄的救赎之镜

在中世纪晚期的贝居因女性神秘主义写作中，《单纯灵魂之镜》无论是写作风格抑或是思想内涵都可谓是独树一帜，表现出一种桀骜不驯的叛逆精神。波蕾特舍弃了传统女性神秘主义写作所热衷的爱欲话语，转而以一种清晰简洁而又犀利的对话体哲学话语来表达她对于人神关系的见解与探索。波蕾特将人类与生俱来的高贵与自由，视为灵魂受造之初得自于上帝的不可剥夺的天赋禀性。灵魂深处的神性种子在受到上帝恩典的感召后，将引领灵魂通过自我湮灭来复归受造之初的纯真与无瑕。人类可以凭借这种灵魂根基的非受造性，与至高的上帝达成无区分的合一。这种以自我湮灭为途径的灵魂复归之旅，彻底否定并消解了教会所声称的中介特权和等级制度，是平信徒对教会权威的致命一击。

《单纯灵魂之镜》中来自俗语文学的价值观念和多样化的写作手法，折射出了西欧中世纪晚期个人身份的多元化诉求。此外，波蕾特还借助圣爱与理智之间的交谈以及人物间的戏剧化冲突，来表达这一时期的个体理性精神对外在束缚的反抗与驳斥，她在作品中以一种非理性的方式向个体理性发出了召唤。通过这样一种反传统的写作，波蕾特表达了中世纪晚期变革中的基督教信仰所蕴含的对于传统教义的质疑与抗辩。《单纯灵魂之镜》可以被视为边缘人破除虚妄的迷思，寻觅新的信仰与救赎之路的镜像。

一、对自由与高贵的重新定义

在中世纪的西欧社会，无论是世俗生活中基于封建关系而形成的等级制度，还是信仰领域中所遵循的教阶制度，都成为个体确认和定义自身身份的基石。这种基于等级特权而建构出的身份体系是单一而僵化的，它与中世纪早期思想观念领域中的保守态度直接相关。在中世纪晚期，社会经济活动的复苏、市民阶层的崛起、世俗宗教运动的兴盛，都在不同层面动摇了曾经稳若磐石的等级制度，促使人们对自我的身份进行重新思考和定义。波蕾特借用市民阶层对于高贵与自由的探讨，挑战了教会的教阶制度和它在信仰领域的权威。《单纯灵魂之镜》不仅呈现了人类高贵而自由的天性，它还揭示了教会官方教义的荒谬与虚妄。

在中世纪早期的观念中，一个人身份的高贵与否往往取决于他的血统和世系，这种基于血统决定论的等级观念在中世纪晚期受到了一系列的挑战。但丁在《神曲》中以道德的高尚取代家族的高贵，让·德·莫恩在《玫瑰传奇》中提出人凭借自由意志行事，其高贵与否源自德行而非家族世系。莫恩借自然女神之口宣扬他对于高贵的见解和定义："高贵源自于良善之心，倘若心灵缺乏德行，家族世系的高贵亦会陨落。"[①]在这一时期的社会观念中，自由也被视为与高贵密切相关的一个因素。利奥波德·格尼考特认为在中世纪晚期，对于贵族的定义很多时候与他所拥有的自由直接相关。[②]

对于高贵的重新定义不仅影响了普通民众的世俗生活，而且还渗入了中世纪晚期神秘主义思潮对教会、信仰、人神关系的思考当中。在官方教会所宣扬的神学观念里，人类因为始祖的堕落而天生背负原罪，人性在本质上与罪孽和堕落相联系。人们唯有通过信仰、忏悔、苦修才能够期盼灵魂的救赎，教会则在人类灵魂的救赎当中扮演了至关重要的中介角色。教会创立之初所形成的"教会之外无

---

① Guillaume de Lorris and Jean de Meun, *The Romance of the Rose*, Frances Horgan trans., New York: Oxford University Press, 2008, p.287.

② Joanne Maguier Robinson, *Nobility and Annihilation in Marguerite Porete's Mirror of Simple Souls*, New York: State University of New York Press, 2001, p.8.

救恩"（Extra Ecclesiam Nulla Salus）①的观念，在第四次拉特兰大公会议上得到了进一步的确立和深化。教会援引6世纪的神学家伪狄奥尼修斯的著作《天阶体系》与《教阶体系》来为他们所奉行的教阶制度正名，教会学者主张神圣的天阶体系与尘世生活中的教阶体系是相互连接、循环相生的。

在漫长的中世纪，教会组织的普世性特质将所有人都纳入其奉行的等级制度当中，以此来维护教会在宗教信仰领域的权威。但是，中世纪晚期的世俗宗教运动以效仿使徒生活的口号来质疑教会的教阶制度，新神秘主义思潮则以人类灵魂与上帝的合一来挑战教会的中介特权。这些盛行于平信徒中间的宗教运动都不可避免地冲击了教会的权威，波蕾特的写作则是对这些思想与诉求的进一步深化和发展。波蕾特通过圣爱、灵魂、理智之间的交谈和激烈辩论，探讨了信仰领域中高贵与自由的定义，她试图以此来颠覆等级森严的教阶制度，为被教会边缘化的平信徒寻找一条通往上帝的新道路。

波蕾特针对教会所主张的关于人性普遍堕落的观点，在《单纯灵魂之镜》中提出了与之针锋相对的论调，即灵魂的本性是自由而高贵的。波蕾特尤其强调灵魂直接得自于上帝的不可取消的自由意志，她认为这是上帝最大的恩赐。她借灵魂之口说道："我的挚爱出于他的仁慈而经由爱赐予我这样的自由。……他的善良不允许他在任何事物上剥夺我的自由……至高的圣爱通过她的善良和爱赋予我这种高贵，如果我不愿意她不能将自由意志从我身上剥夺。"②在波蕾特看来，神赐的自由意志和与之相伴随的高贵是灵魂深处神性的根基，即便是至高的上帝也不能剥夺取消。正是由于灵魂被赋予了不可动摇的自由意志，所以灵魂可以凭借其内在的神性种子（divine seed），经由湮灭一切意欲回归到受造之初的完美状态。停驻于已湮灭的灵魂中的圣爱诉说道："这种无欲无求将来自于神圣意志内心的神性种子播撒到灵魂当中。这一神性的种子永远不会枯萎，只是很少有人愿意让自己去接受这个种子。"③人们之所以对上帝的神圣召唤置若罔闻，是因

---

① "教会之外无救恩"是公元3世纪的迦太基主教西普瑞阿奴斯（Cyprianus，200—285）的名言，意指不接受洗礼，不进入教会之人不能获得基督的救恩。参见雷立柏主编《汉语神学术语词典》，北京：宗教文化出版社，2007年，第65页。

② Marguerite Porete, *The Mirror of Simple Souls*, Ellen L. Babinsky trans., Mahwah: Paulist Press, 1993, p.176.

③ Ibid., p.216.

为他们被教会所宣扬的关注事工与圣礼的信仰方式所蒙蔽，所以才会失落自身高贵自由的禀性而被虚妄的谬误所欺骗。

基督教的神学教义认为，人类在始祖堕落之后就世世代代背负了无法摆脱的原罪，人神之间存在着本体论意义上不可逾越的鸿沟。对于天性易于堕落的人类灵魂而言，唯有通过作为人神中介的教会才能够获得彼岸的救赎。在中世纪晚期，随着欧洲商品经济的复苏和世俗文化的盛行，教会的宗教理念变得日益世俗化，对于灵魂的救赎在一定程度上被等同于物质化的"赎买"。教会倡导人们可以通过财产捐赠、举办弥撒或者以其他方式的事工，来为自己乃至故去的亡者换取恩典与救赎。教会对圣餐仪式的大力推行和倡导，除了具有以此来控制平信徒的目的，还隐含了对于教会权威和中介地位的强调。① 在官方教会之外，平信徒热衷参与的效仿使徒生活的宗教运动以及被大众广泛阅读的圣徒行传，都不同程度地强调了人类与生俱来的原罪和脆弱的天性。总之，无论是官方教会抑或是世俗宗教运动都持有一种贬抑人性的观念，认为人类灵魂必须通过一系列外在行为来换取终极救赎。在教会权威看来，人类必须通过苦修、事工和圣礼来赢得救赎。世俗宗教运动的参与者，尤其是那些女性神秘主义者们，往往选择以苦行和残虐自己的身体来表达对于信仰与救赎的期盼。

在《单纯灵魂之镜》中，波蕾特将人类的自由和高贵与灵魂直接得自于上帝的神性相联系，从而在根本上否定了官方教会和某些神秘主义者对人性的悲观态度。在她看来，灵魂深处的神性种子在人类受造之初就已然存在，灵魂内在的高贵与自由不仅不会被尘世生活和罪孽所遮蔽，而且这种神性甚至优先于原罪而成为灵魂最初、最本真的印迹（imprint）。波蕾特认为灵魂深处的神性印迹是"无"（nothing），这种神性之无直接源自于神圣的三位一体。在这个意义上，波蕾特强调人类灵魂最高本质的非受造性和永恒性，她认为灵魂在被赋予了肉身形体之后，依旧能够凭借这种非受造的本质与上帝达成无中介的沟通与合一。② 波蕾特在《单纯灵魂之镜》中这样说道："我可以告诉你的最重要的事就是，如

---

① Amy Hollywood, *Soul as Virgin Wife: Mechthild of Magdeburg, Marguerite Porete and Meister Eckhart*, Notre Dame: University of Notre Dame Press, 2001, p.51.

② Jane Chance, *The Literature Subversions of Medieval Women*, New York: Palgrave Macmillan, 2007, p.59.

果你能够完全地理解你的本质之无,那么你将不会再去做任何事,而且这种无将赐予你一切。……就如同上帝曾经把你转变为他自身一般,你也不应当忘却你自身的无。那就是,你不应忘记上帝最初创造你时你真正的样子。"①

在中世纪教会的神学观念中,无论是对于上帝的认知还是灵魂的救赎都需要通过中介来完成,这个中介有时候是道成肉身的逻各斯,有时候是《圣经》之言,有时则是体制化的官方教会。波蕾特在《单纯灵魂之镜》中激烈地反对一切人神之间所谓的中介,在她看来,人类灵魂受造时的非中介性直接决定了灵魂与上帝之间沟通、救赎、合一的非中介性。除了否定人神之间的中介,波蕾特还将人类的肉身从罪孽和堕落中拯救出来。她认为人类始祖亚当的罪孽并非来自肉体的堕落,而在于他舍弃了源自上帝的无(nothing),使得自己由神圣之无转变成了实有之物(something)。基于这一理念,波蕾特在《单纯灵魂之镜》中反复强调,人类灵魂如果想要摆脱罪孽回归神性,最根本的就是要湮灭一切外在于上帝的意欲,而非摧残折磨自己的肉身。波蕾特指出:"一旦灵魂融入神圣本质当中,那终有一死的肉身,将不会再给她制造任何障碍。"②既然人类肉身并非堕落与罪孽的根源,那么一切以摧残身体为中介的救赎行为就失去了存在的价值和意义。艾米·霍利伍德认为:"在否定了这些传统习惯以及它们对苦行的评价之后,波蕾特既弃绝了肉身的中介作用又试图将肉身从痛苦里解救出来。"③

在波蕾特看来,灵魂的终极救赎既非通过德行和善功来进行"赎买",也非经由残虐肉体来涤清罪孽。救赎的真谛在于通过自我湮灭来回归灵魂的本质——"无"。在《单纯灵魂之镜》中,波蕾特借灵魂之口来阐述她的理念:"我的意欲殉难了,我的爱也殉难了:你将她们引向殉难。去考虑她们是极大的灾难。我的心先前总是出于对良好意愿的渴求而思考在爱中生活。现在这两样东西都在我的灵魂中死去了,而我也告别了我的幼稚期。"④对于尘世中被种种意欲蒙蔽

---

① Marguerite Porete, *The Mirror of Simple Souls*, Ellen L. Babinsky trans., Mahwah: Paulist Press, 1993, p.115.

② Ibid., p.209.

③ Amy Hollywood, *Soul as Virgin Wife: Mechthild of Magdeburg, Marguerite Porete and Meister Eckhart*, Notre Dame: University of Notre Dame Press, 2001, p.119.

④ Marguerite Porete, *The Mirror of Simple Souls*, Ellen L. Babinsky trans., Mahwah: Paulist Press, 1993, pp.214-215.

了双眼的灵魂而言，救赎的十字架不是善功和苦修，而是对自我意欲的弃绝。这种发生在灵魂深处的自我湮灭，不仅将灵魂从尘世的罪孽中解放出来，而且还使得肉身摆脱了被贬抑、被残虐的悲惨境地。当灵魂挣脱了一切尘世意欲之后，她将变得和上帝一样无惑并且重拾失落的纯真与自由。波蕾特的激进之处在于，她通过自我湮灭这一途径不仅使得灵魂获得净化，而且还进一步挑战了视肉身为原罪的标志和人类堕落的导火索的传统神学观念。波蕾特反对教会所主张的人类必须终其一生与罪孽和堕落相搏斗的观点，她认为灵魂可以通过自我湮灭进而成为完美的"无"，并且在尘世中恢复到受造之初的无罪状态。灵魂得之于上帝的神圣种子不仅能够使得灵魂恢复受造之初的纯净与高贵，而且还赋予灵魂无人能够剥夺的自由天性。波蕾特在《单纯灵魂之镜》中写道："他（上帝）赐予她（灵魂）的仁慈使得她成为一位高贵的夫人。这种仁慈便是自由意志，若非灵魂乐意，他也无法从她那里收回。"①此外，她还指出："灵魂凭借神圣的服从而在尘世中恢复了受造之初的纯真无瑕，那是亚当因为不服从而在地上乐园中失去的。"②

通过重新定义人类灵魂的本质，波蕾特将自由与高贵视为人类灵魂的根本属性，这种直接源自上帝的非受造性既不会被原罪玷污，也不会被尘世生活遮蔽。每一个觉醒了的灵魂都可以凭借内在的神圣种子，以自我湮灭的方式复归受造之初的无瑕状态。灵魂的复归之旅无须任何外在中介，教会所宣扬的德行、事工、苦修不再是灵魂上升的阶梯，而成为束缚灵魂的外在意欲，它们与灵魂的复归之旅背道而驰。

二、自我湮灭的灵魂复归之旅

在中世纪晚期的神秘主义作品中，不少作家都热衷于以幻象的方式来描述灵魂在启示与恩典的召唤下所经历的升华之旅。来自低地国家的两位女性神秘主义者比阿特丽斯和海德薇希，被后人视为这种写作范式的杰出代表。波蕾特在创作《单纯灵魂之镜》时也受到了这种风尚的影响，在她笔下同样出现了对于灵魂阶

---

① Marguerite Porete, *The Mirror of Simple Souls*, Ellen L. Babinsky trans., Mahwah: Paulist Press, 1993, p.167.

② Ibid., p.169.

段性上升的描述。但是波蕾特的与众不同之处在于，她没有选择女性俗语神秘主义写作中盛行的幻象模式，也摒弃了典雅爱情式的爱欲话语，她以一种直接简洁的方式向她的读者揭示出灵魂以自我湮灭为手段的回归上帝之旅。除了写作手法上的差异，《单纯灵魂之镜》中描述的灵魂复归之旅还排斥一切中介。教会宣扬的德行、圣礼、事工，乃至于众多神秘主义者孜孜以求的人神合一之爱，都被波蕾特排除在灵魂的自我湮灭之外。因为在她看来，灵魂的自我湮灭凭借的是内在的神性种子而非外在的因素，人们对于这些外在之物的意欲恰恰是导致灵魂堕落的缘由。

在《单纯灵魂之镜》的第118小节中，灵魂在圣爱的许可之下向读者讲述尘世的灵魂如何通过7个阶段复归上帝。在这个神圣的复归之旅中，灵魂有如从尘世的深谷攀升至神性的巅峰。在第1个阶段，灵魂受到上帝恩典的感召和命令，出于敬畏的心理，她以全部的心力去爱上帝和她的邻人。在第2个阶段，信仰和爱促使灵魂以基督的救赎为榜样并且遵循福音书中的教诲，此时的灵魂已经对于尘世生活中的财富、荣誉、评价毫不在意。在第3个阶段，灵魂在信仰之爱的感召下以极大的热情投身于事工当中，她试图以此来表达自身的虔诚信仰。在这一阶段，灵魂努力地使自己的意志服从于他人的意愿，她试图以这种方式来消弭自己的意欲。但是波蕾特认为："破除心灵对于事工的意欲要远远难过于征服肉体的意欲或是实现精神的意愿。"①灵魂如果希望彻底湮灭一切意欲，她就必须升上更高的阶段。在第4个阶段，灵魂开始放弃一切外在的事工和劳作，回归到静默的沉思当中。灵魂在这一阶段是如此的平静、高贵和敏锐，除了爱所带来的纯粹愉悦，她不再被任何外在的事物侵扰。由于爱赐予灵魂无上的快乐和喜悦，致使灵魂误认为这就是上升和复归的终点，陶醉的灵魂甚至愚蠢地认为上帝不可能再赐予她比爱更好的礼物了。波蕾特不无遗憾地指出："但是这种爱以她所带来的甜蜜愉悦欺骗了为数众多的灵魂"②，在这种欺骗与蒙蔽中，许多灵魂丧失了继续向着更高阶段上升与复归的可能。

少数超越了神秘之爱的诱惑的灵魂能够抵达第5个阶段。在这一阶段中灵魂

---

① Marguerite Porete, *The Mirror of Simple Souls*, Ellen L. Babinsky trans., Mahwah: Paulist Press, 1993, p.190.

② Ibid., p.191.

得以认清上帝与自我的本质，即上帝是万有而自己则是一无是处的卑微之物。上帝出于他的仁慈之心将自由意志赐予灵魂，他的神性之光也一并涌入灵魂当中。灵魂逐步知晓，倘若不能弃绝自己的意欲而让自己完全服从于上帝的意志，她就不能完成自己的复归之旅。这一阶段是灵魂复归之旅中关键的一步，波蕾特说道："现在这个灵魂成了无，她凭借大量的神圣知识来领会自身的无，正是这些知识赋予了她无的属性并将她安置在无当中。"①在这样一种状态下，灵魂潜入神性的无底深渊，在那里她得以静观和参悟神性的荣耀与光辉。灵魂在深渊中也同时醒悟到自身的卑微，正是这种认识使得她能够全然地接受来自上帝的慈悲和恩赐。此时的灵魂只期盼一件事，那就是与上帝的合一。上帝的慈爱让已然成为无的灵魂与他合而为一，成为一体。在合一之后，灵魂从爱中坠入无边无际的神性之无中。波蕾特认为在这一阶段，灵魂丧失了一切意志、欲望以及对善功的渴求，由此灵魂获得了彻底的安宁并且被赐予停歇一切事工的自由。

在复归之旅的第6个阶段，灵魂变得自由而纯净，从一切外物中净化解脱出来。波蕾特说道："这个灵魂是如此的纯净与无暇，她既看不到上帝也看不见自己，但是上帝以他在灵魂之中，为了灵魂，在灵魂之外的方式看见自身。"②此时的灵魂因为湮灭了一切意欲而从外物中挣脱出来，她宛如一面澄澈的神性之镜映照出上帝的面容和光辉，或者说灵魂此刻已然成了上帝的神圣镜像。当灵魂抵达第6阶段之后，她彻底完成了自我湮灭的旅程，在她之中存在的仅仅是受造时被赋予的神性种子和圣爱的光芒，在这个意义上灵魂与上帝之间本质同一。波蕾特借圣爱之口来揭示灵魂与上帝的同一性："我是上帝，圣爱说道，因为爱就是上帝而上帝就是爱，当这个灵魂处于圣爱的状态时她即是上帝。我因为神圣的禀性而成为上帝，灵魂则凭借圣爱的公义而成为上帝。"③对于尚且身处尘世的灵魂而言，她的复归之旅暂时结束于第6个阶段。波蕾特认为在复归之旅的第7个阶段中，圣爱将完全栖居于灵魂之中并赋予灵魂永不磨灭的光辉。但是这个阶段无法在尘世抵达，唯有当灵魂脱离肉身升入天国后方能实现。

---

① Marguerite Porete, *The Mirror of Simple Souls*, Ellen L. Babinsky trans., Mahwah: Paulist Press, 1993, p.192.
② Ibid., p.193.
③ Ibid., p.104.

通过复归之旅的7个上升阶段，波蕾特在《单纯灵魂之镜》中详细描述了一度沉溺于尘世当中并且被种种虚妄的意欲遮蔽内在神性的灵魂，如何逐步挣脱一切束缚，重获失落的神性、自由与纯真的灵修历程。在灵魂复归上帝的7个阶段中还隐含了3种死亡，分别是罪孽的死亡、自然禀性的死亡和精神的死亡。罪孽的死亡对应于灵魂复归之旅的第1个阶段，上帝的感召与恩典使得灵魂能够摆脱尘世的种种罪孽，达到一种道德层面的完美与无暇。灵魂自然禀性的死亡对应于复归的第2个阶段和第3个阶段。灵魂以基督为榜样并且接受了《圣经》中的训诫与教诲，试图以禁欲、善功、苦修、放弃自己的意志并服务于他人来遏制人的自然本能，以求得灵魂的净化与升华。经由自然禀性的死亡，灵魂虽然达到了世俗意义上的圆满与纯洁，但是她仍旧远离受造之初的神圣状态。在《单纯灵魂之镜》中，波蕾特借鉴了12世纪的神学家圣维克多的理查德对《圣经》中拉结因生育便雅悯而死亡的故事做出的神学阐释，来论述精神之死在灵魂复归之旅中的必要性。她写道：

> 拉结注定会在便雅悯出生时死去，因为只有拉结死亡，便雅悯才能够降生。这类人就如同新手一样，在高山与幽谷当中寻觅上帝，坚持认为上帝会屈尊于他们的圣礼和事工。
>
> 啊！他们是可悲之人，这真是太遗憾了。他们将永远徘徊在这条歧途上，灵魂说道，倘若他们一直遵循这种习惯和行为的话。①

精神的死亡对应于复归的第5个阶段，灵魂通过彻底的自我湮灭超越了一切外在的标准。在她纯洁无瑕的心灵中，信仰、德行、理智都已经被神性之无消解。当灵魂经历了精神的死亡后，至高的神性将永远地停驻在灵魂里面。她由此获得了绝对的自由，上帝的意愿就是灵魂的意愿，灵魂与上帝之间分享同一种神圣的根基并且达成最高程度的本质同一。

波蕾特认为只有极少数幸运的灵魂能够通过3种死亡与复归的7个阶段最终完成自我救赎的灵性升华之旅，绝大部分灵魂会因为种种原因而止步于较低的阶段，无法重获受造之初的高贵与自由。在《单纯灵魂之镜》中，波蕾特将这些无

---

① Marguerite Porete, *The Mirror of Simple Souls*, Ellen L. Babinsky trans., Mahwah: Paulist Press, 1993, p.144.

法抵达圆满之境的灵魂分为三类：迷失者、悲伤者与自我沉溺者。迷失者止步于复归的第2阶段，他们满足于教会和世俗社会所关注的德行和事工，认为可以凭借这些尘世之物来换取彼岸的救赎。"这些人是幸福的，圣爱说道，但是他们迷失于他们的事工当中，因为他们所拥有的而志满意得。"[1]这些迷失者受控于尘世的理智和僵化的教条，他们虽然可以远离世俗的罪孽与堕落，但是他们的灵魂注定无法再度拥有神性的自由和甜美。

悲伤者确信在尘世的信仰与德行之上还存在着更高的复归阶段，但是他们却无法在尘世中寻觅到进入更高阶段的途径。对于这些灵魂而言，"他们清楚地知道他们无法去理解那些他们所相信的更好的事物。"[2]除了迷失者与悲伤者，还有一类人也因为自身的迷惘而失去了复归神性的宝贵机会，他们就是波蕾特在论述第4阶段时所提及的陶醉于神秘之爱中的自我沉溺者。在中世纪晚期的神秘主义者看来，信仰与灵修的主要目标就是为了在神秘合一中品尝神性的丰盛与甘美。所以在这一时期的神秘主义写作中，尤其是在女性神秘主义者的笔下，幻象体验中人神之间的爱欲式合一是一个频繁出现的主题。但是波蕾特在《单纯灵魂之镜》中明确驳斥了这种神秘主义论调，她指出："这样的灵魂无法评价其他的状态，因为爱的强烈光芒已经完全使她目眩神迷，以至于她看不见超越她的爱欲的任何事物。"[3]在爱欲中的沉溺导致这些神秘主义者止步于复归的第4阶段，进而失去了继续向上升华的机会。对于这些自我沉溺的灵魂，波蕾特在给予辛辣嘲讽的同时又为她们的失落而深感惋惜。

通过向读者揭示出人类灵魂复归上帝之旅的7个阶段和灵魂在这些阶段中经历的3次死亡，以及那些丧失了复归机会的不幸灵魂，波蕾特在《单纯灵魂之镜》中完整地表达了她对于灵魂救赎的态度。在她看来，灵魂的救赎无须假以外物而应求诸己身，因为救赎的根基永恒地存在于灵魂之中，那就是灵魂在受造时获得的神性印迹。灵魂内在的神圣禀性使得她与上帝之间不仅可以达成无中介的沟通与交流，而且灵魂可以排除一切中介以自身的力量来获得终极救赎。无论是

---

[1] Marguerite Porete, *The Mirror of Simple Souls*, Ellen L. Babinsky trans., Mahwah: Paulist Press, 1993, p.132.

[2] Ibid., p.134.

[3] Ibid., p.191.

德行和事工抑或是教会与圣礼，都是虚妄的外在中介，灵魂唯有凭借神性的种子湮灭一切意欲，方能复归初始的自由与纯真。波蕾特所定义的这种复归之旅和她所坚称的人类灵魂本质属性上的高贵与自由是相一致的。

三、对教会权威的质疑与颠覆

波蕾特因为写作和传播《单纯灵魂之镜》而招致了教会的怀疑和迫害，其中一个重要原因在于，她在自己的作品里明确反对人神关系中任何中介的存在。波蕾特认为人类灵魂受造时的非中介性，从根本上决定了人类与上帝之间救赎关系的非中介性。①在灵魂以自我湮灭为手段的灵性复归之旅中，没有任何中介机构的立足之处。波蕾特所持的这一激进观念公然挑衅了教会的权威，因为教会在人神关系中扮演的中介角色，是其所宣称的教阶制度和等级特权之合法性的重要来源。但是在《单纯灵魂之镜》中，灵魂的救赎既不依赖于教会的圣礼，也无须教士的介入，灵魂唯一依凭的是永不磨灭的神性印迹，那些被教会推崇的德行、事工、苦修恰恰成为灵魂复归上帝的外在阻碍。

波蕾特除了以灵魂无中介的复归之旅来质疑教会的中介特权，她还在《单纯灵魂之镜》中彻底颠覆了教会奉行的教阶制度。在西欧中世纪的教会传统中，教士的地位远远高过于普通平信徒，平信徒只有通过教士这一人神中介才能够与上帝沟通，进而获得救赎。在中世纪晚期，尤其是在第4次拉特兰大公会议召开之后，教会进一步强化了对平信徒的思想控制，其中一个主要手段便是强调圣礼和忏悔仪式在平信徒宗教生活里的重要性，以及教士在其中扮演的中介角色。博尼法斯八世教皇（1294—1303）在教谕《神圣者》（*Unam Sanctam*）中公然宣称："（大公）教会之外，无有救赎，罪也不得赦免，世人若想得到救赎，就得拜倒在罗马大祭司的面前。"②针对教会对于自身中介地位和等级特权的强调，波蕾特在《单纯灵魂之镜》中提出两个圣教会的观点，在颠覆教阶制度的同时还以此来反抗教会对平信徒的贬抑和边缘化。

---

① Joanne Maguier Robinson, *Nobility and Annihilation in Marguerite Porete's Mirror of Simple Souls*, New York: State University of New York Press, 2001, p.59.

② 托马斯·卡西尔：《中世纪的奥秘：天主教欧洲的崇拜与女权、科学及艺术的兴起》，朱东华译，北京：北京大学出版社，2011年，第246页。

在《单纯灵魂之镜》的第43小节中,圣爱向灵魂和理智揭示了两个圣教会之间的差异和等级关系。波蕾特借圣爱之口指出,湮灭了一切意欲并为圣爱所充溢的灵魂是"大圣教会"(Holy Church the Great),其地位远远高于被称之为"小圣教会"(Holy Church the Little)的由教士、教义和律法所统领的尘世教会。通过圣爱与"小圣教会"之间的交谈,波蕾特明确表达了自己对于这两个圣教会的态度:"这是千真万确的,小圣教会低于这一个神圣教会,圣爱说道。唯有这些灵魂,才配得上神圣教会的称呼,这是因为他们支撑了、教导了、养育了整个神圣教会。"①随后,象征世俗教会的"小圣教会"不得不心悦诚服地承认:"这些灵魂的确是在我们之上的生命,因为圣爱停驻在他们当中而理智则居住在我们中间。"②在《单纯灵魂之镜》的结尾部分,圣爱再度阐述了自由而高贵的灵魂与"小圣教会"的区别和等级差异。圣爱说道:"这个灵魂已经处于生命最完美的阶段,她是如此接近那远方的爱人,此时她不再需要将小圣教会作为生命中的榜样。……小圣教会亦无从知晓如何理解她。"③

通过揭示"大圣教会"与"小圣教会"之间的差异,波蕾特颠覆并且斩断了教会一直以来所奉行的教阶制度与等级之链,表现出一种激进的反律法主义(Antinominanism)的态度。④在《单纯灵魂之镜》中,波蕾特借灵魂之口自豪地宣称:"在我之外,上帝无处安放他的仁慈之心……除我之外,上帝无处寻觅一个完全适合于他的安顿之所。由此我即是救赎的范例,甚至成为对于一切受造物的救赎和上帝的光辉。"⑤以这种方式,她将灵魂自身而非体制化的教会机构置于人神关系和上帝救赎计划的核心位置。波蕾特的这一番言论呼应了《单纯灵魂之镜》的题名以及这部作品中镜子所具有的象征意味。她希望这部作品成为引领信徒挣脱外在束缚,走向真正的自由和救赎的明镜与范例。此外,她还试图在

---

① Marguerite Porete, *The Mirror of Simple Souls*, Ellen L. Babinsky trans., Mahwah: Paulist Press, 1993, p.122.

② Ibid., p.122.

③ Ibid., p.217.

④ Jane Chance, *The Literature Subversions of Medieval Women*, New York: Palgrave Macmillan, 2007, p.63.

⑤ Marguerite Porete, *The Mirror of Simple Souls,* Ellen L. Babinsky trans., Mahwah: Paulist Press, 1993, pp.186-187.

官方教会之外，通过写作为那些渴求真理与救赎的灵魂塑造出具有内在合法性与神圣性的身份。他们就如同作品中被称为"大圣教会"的自由灵魂一般，蔑视教会的强权和教士的愚钝，通过虔诚信仰和不懈追寻，为自己也为一切受造物寻觅一条通向上帝的救赎之路。

在论述完两个圣教会的差异和等级之后，圣爱又进一步否认了"小圣教会"所主张的灵魂可以凭借德行与事工来换取救赎的教义。在圣爱看来，德行与事工皆为属世之物，它们无益于灵魂的救赎和升华，所以灵魂将在复归上帝的升华之旅中将它们逐一抛弃。当灵魂舍弃了对于外物的意欲之后，她将被上帝所充溢，并且停歇了一切内在和外在的事工，进入一种纯粹的静谧状态。圣灵这样来描述灵魂自我湮灭后的状态："她对于这个世界而言已经死去，这个世界亦消逝在她里面，三位一体的上帝却永远停驻于她之中。"①随后圣爱又指出，那些为了追求尘世荣耀或是彼岸救赎而献身于善功和德行之人，不知道在他们孜孜以求的事工、德行乃至于殉道之上还存在着一个更完美的境界，那就是至高的"无"。圣爱说道："上帝的工作比人类的工作更有价值，所以，在上帝中的无欲无求远胜于为了上帝的缘故而渴望行善。"②

在圣爱的谆谆教诲之下，灵魂最终领悟了救赎的真谛。她毫不犹豫地抛弃了曾经一度奉为圭臬的德行与事工，而且不无讽刺地说道："那些人，我称他们为蠢驴，他们在受造物当中、在修道院的祈祷中、在他们臆造出的天国中、在他人和《圣经》的言辞中寻觅上帝。"③此时的灵魂已经大彻大悟，并且抵达圣爱所言的"无惑"的状态。她不再需要为上帝、邻人以及自身承担任何事工，神圣的"无"已经将她从尘世的罗网中解救出来，并且引领她完成复归之旅。

在《单纯灵魂之镜》中，与圣爱和灵魂一道参与讨论的理智被波蕾特视为尘世教会的化身。他在听闻了圣爱与灵魂的交谈之后，深感迷惑不解甚至于恼羞成怒，他愤怒地说道："上帝啊！上帝啊！上帝啊！这个人在胡言乱语什么？她已经完全神志昏乱了！我的那些孩子们会怎么说？我不知道应当如何向他们说起这

---

① Marguerite Porete, *The Mirror of Simple Souls*, Ellen L. Babinsky trans., Mahwah: Paulist Press, 1993, p.122.

② Ibid., p.128.

③ Ibid., p.144.

个,或是如何对此做出回应和辩解。"①理智表现出的这幅气急败坏的模样,可以被视为波蕾特对于那些谴责、焚毁《单纯灵魂之镜》的教会权威的嘲讽。作为教会化身的理智之所以如此惊慌失措,是因为圣爱和灵魂通过否定德行与事工在救赎中的作用,在根本上否定并消解了教会赖以维系其等级特权和教阶制度的中介属性。巴黎的宗教法庭在波蕾特的判决书中一共列举了《单纯灵魂之镜》的15条异端罪名,其中第一条就是她声称自我湮灭的灵魂已经从德行与事工当中解脱出来,德行从此将要服从于灵魂的意愿。②由此可见,波蕾特在作品中论述的神学理念对官方教会的权威产生了极大的威胁和挑战,而这也是她最终难逃一死的根本原因之所在。

四、反传统的多元主体之镜

中世纪晚期的贝居因神秘主义写作虽然都不同程度地表达了平信徒对教会特权的不满,但是由于她们的作品大体上遵循了教会所规定的女性神秘主义写作的基本框架和写作范式,所以能够得到教会的容忍,而不至于被判定为异端。波蕾特的《单纯灵魂之镜》却在内容与形式这两个层面,共同打破了教会对女性神秘主义写作的限制和束缚。她的这种创作意图表明在中世纪晚期的宗教信仰领域,人们已经不再安于被教阶制度所划分的等级体系。平信徒在世俗精神的影响之下开始越过教会的藩篱,试图探寻和确立新的信仰范式,以及与之相伴随的新的个人身份。就如同伯纳德·麦金所言:"中世纪晚期的俗语神学不仅创造出了一种别具一格的神学范式,而且产生了一种新的,有时极具挑战性的,对于信仰中神秘奥义的洞悉。俗语神学的许多原创性思想都影响了后来被称之为神秘主义的思潮,尽管俗语神学在道德神学的领域中开创了一个新纪元,但是这条道路却并未被真正探索过。"③波蕾特作为贝居因修会的一员,她在寻觅彼岸天国和灵魂救

---

① Marguerite Porete, *The Mirror of Simple Souls*, Ellen L. Babinsky trans., Mahwah: Paulist Press, 1993, p.161.

② Michael A.Sells, *Mystical Languages of Unsaying*, Chicago: The University of Chicago Press, 1994, p.117.

③ Bernard McGinn, "Introduction: Meister Eckhart and the Beguine in the Context of Vernacular Theology", in *Meister Eckhart and Beguine Mystics: Hadewijch of Brabant, Mechthild of Magdeburg, and Marguerite Porete*, Bernard McGinn ed., New York: The Continuum Publishing Company, 1994, p.10.

赎之时，从未真正离弃芸芸众生的尘世生活。在她看来，当灵魂完成了自我湮灭之后，尘世的生活并不比教会的隐修生活距离上帝更远，平信徒在体制化的教会之外同样可以寻觅恩典与救赎。在这个意义上，《单纯灵魂之镜》犹如一面将单一光束散射成多彩之光的镜面，在瓦解宗教禁锢和身份等级制度的同时，还反映出这一时期的人们对于多元化的身份与信仰方式的渴求和追寻。

教会为了维护自己的权威而试图将源自内心的信仰纳入一个可以操控的外在体系之中，强调信徒必须通过教会规定的方式来表达自己的宗教情怀。但是，中世纪晚期教会自身戒律的松懈以及世俗观念对信仰的渗透，使得传统的信仰模式遭到平信徒的普遍质疑。波蕾特在《单纯灵魂之镜》中表达了中下层民众渴望在教会之外践行信仰的呼声。她的作品之所以被教会深恶痛绝并被裁定为异端，一个重要原因在于，她不像其他神秘主义者那样用象征和隐喻的手法对教会提出温和的劝诫，而是以直白的方式挑战教会的权威，甚至试图取消教会特权的合法性。波蕾特以灵魂湮灭一切外在意欲进而复归上帝的救赎之道，来对抗教会对于律法、德行、圣礼和事工的强调。她的目的在于将信仰从虚伪的外在形式中解放出来，把信仰的自由重新归还给大众，因为通向上帝与救赎的道路并非只有一条。

波蕾特在写作《单纯灵魂之镜》时，通过将社会生活引入神学思考当中，来反映世俗精神对单一宗教身份的消解。在中世纪晚期，无论是被教会接纳的方济各修会，还是风起云涌的异端运动，抑或是游走于僧俗之间的贝居因修会，它们都不约而同地将关注的目光投向尘世财富与信仰和救赎的关系。有相当一部分人选择以放弃金钱来展示自己信仰的虔诚，并且试图以此来获得内心的自由与安宁。这种情况一方面与信众不满于教会的腐败堕落相关，另一方面也和这一时期社会经济生活的复苏有关。波蕾特在《单纯灵魂之镜》中也表达了自己对财富与信仰之间关系的看法，她认为导致灵魂堕落的是偏离了正轨的意欲而非外在的财富。她借圣爱之口说道："如果灵魂渴求外物，这意味着她是根基脆弱的，假如她因为灾厄或是昌盛而感到困扰，那么她必定是堕落的。不仅如此，倘若她心怀意欲，因为她的贫穷或富有而试图给予抑或保留，那么她就不是无。"①在波蕾

---

① Marguerite Porete, *The Mirror of Simple Souls*, Ellen L. Babinsky trans., Mahwah: Paulist Press, 1993, p.165.

特看来，外在的贫穷与富有和灵魂能否复归于"无"并且得到救赎没有必然的联系。

波蕾特所持的这种神学理念与她的生活和信仰方式直接相关。贝居因修会发端于西欧经济活动繁荣兴盛的国家和地区，而且修会认可私人财产并且要求其成员通过参与社会经济活动来自给自足。贝居因修女奉行一种准宗教性质的混合型生活（mixed life）模式，这使得她们几乎参与了社会经济生活的各个方面，而且对社会经济活动持一种相对正面的评价和看法。霍利伍德认为，贝居因修女将托钵修会以行乞为生的修行模式转化为以手工劳作为生，她们用精神层面的贫穷替代现实物质层面的贫穷。[1]波蕾特在《单纯灵魂之镜》中提出的，将外在财富与内在信仰脱钩的神学思想，反映了城镇中新兴市民阶层的价值取向。她将社会经济生活引入神学思考，不仅驳斥了教会所主张的虚伪的禁欲教条，而且彰显了新的经济活动主体在宗教信仰领域的诉求。

在作品的文体形式层面，《单纯灵魂之镜》同样显示出对传统的背离与挑战。在中世纪晚期的女性神秘主义写作传统中，已经形成了一套相对固定的写作范式。女性神秘主义者往往热衷于描述她们在迷狂之中获得的神秘体验，对于圣餐仪式的狂热也是这一时期女性神秘主义写作的主要内容之一。在修辞手法上，女作家将源自于宫廷文学的典雅爱情引入神秘主义写作当中，将其与来自《雅歌》的意象相结合，用爱欲话语来表达她们对于人神合一关系的向往与追寻。但是，《单纯灵魂之镜》却在风格上突破了得到教会认可的女性神秘主义写作模式。在波蕾特的笔下，既没有沉浸在幻象中的非理性的迷狂，也缺少炽热的爱欲话语。整部作品所采用的对话体框架结构和参与对话的三个主要人物，均源自于波爱修斯的《哲学的慰藉》，这使得文本被一种澄明清晰的哲理式风格所笼罩。这种将哲学对话与激进的神秘主义思想相结合的写作手法，对于一个被教会边缘化的贝居因修女而言无疑是一种越界，可以被视为她对于传统男性神学写作模式的一种入侵。[2]正是由于波蕾特的写作消解了女性与男性、平信徒与教士之间身

---

[1] Amy Hollywood, *Soul as Virgin Wife: Mechthild of Magdeburg, Marguerite Porete and Meister Eckhart*, Notre Dame: University of Notre Dame Press, 2001, pp.43-44.

[2] Peter Dronke, *Women Writers of the Middle Ages*, Cambridge: Cambridge University Press, 1984, pp.130-131.

份的鸿沟，所以在巴黎宗教审判所对波蕾特宣判的罪名当中，有一条便是指控她为"伪女性"（Pseudo-woman）①。

除了借鉴男性作家笔下的思辨性哲理风格，《单纯灵魂之镜》还将强调冲突和人物性格的戏剧风格引入神秘主义写作当中。通过圣爱、灵魂、理智之间的对话，波蕾特赋予自己笔下的人物以鲜明的个性。圣爱是一位慈祥而又循循善诱的师长，灵魂是虚心求教且意志坚定的追寻者，象征教会权威的理智则展现出一幅冥顽不灵的愚者的形象。理智之死的一幕堪称这部作品的戏剧高潮，充满了内在的戏剧张力，表达了波蕾特对于官方教会的讽刺以及教士所宣扬的神学理论的破产。《单纯灵魂之镜》所具有的戏剧风格使得它更适合于公开朗诵或者即兴表演，而非私人化的静默阅读。②波蕾特赋予作品的这种风格和她热衷于在公开场合诵读自己的作品，并且以此来传播自己的激进思想之间有着密切联系。中世纪的社会观念要求女性必须在公共空间保持缄默，女性一旦公开言说就会招来斥责，并被教会视为潜在的异端。③在这个意义上，波蕾特笔下充满批判性的写作以及她用公开朗读的方式来宣扬个人思想的行为，无疑触怒了教会的权威人士并且成为她被裁定为异端的罪名之一。

在中世纪的社会结构中，教士与平信徒之间一度泾渭分明，但是随着城市的扩张和经济的复苏，宗教生活的边界开始日益模糊。贝居因修会的兴起使得修道生活不再局限于修道院的高墙之内，其参与者的神学理念更多地受到世俗因素的渗透和影响。波蕾特的《单纯灵魂之镜》在文体和风格上的混杂不仅展示了一种反传统的神秘主义写作模式，而且它还如镜子一般折射出中世纪晚期传统社会结构开始解体，主体身份日趋多元化的社会转型进程。

五、对个体理性的召唤

对于任何一种宗教而言，信仰与理性之间的矛盾和张力都是永恒的。在基

---

① Michael A. Sells, *Mystical Languages of Unsaying*, Chicago: The University of Chicago Press, 1994, p.141.

② Ibid., p.119.

③ Joann McNamara, "The Rhetoric of Orthodoxy: Clerical Authority and Female Innovation in the Struggle with Heresy", in *Maps of Flesh and Light: The Religious Experience of Medieval Women Mystics*, Ulrike Wiethaus ed., New York: Syracuse University Press, 1993, pp.10-12.

督教创立之初，教父神学家们大多选择站在信仰的立场来批判理性与哲学。第一位拉丁教父德尔图良以批判希腊哲学的理性主义倾向，维护宗教神秘主义的思想原则而著称。他认为："哲学的素材是现世的智慧，是对自然和上帝旨意的草率理解。"①他引用《马太福音》（7：7）中"你们祈求，就给你们；寻找，就寻见"的名言，来阐释基督教信仰中所包含的神秘主义原则。德尔图良试图用信仰来对抗以思辨理性为根基的哲学，他宣称："上帝之子死了，这是完全可信的，因为这是荒谬的。他被埋葬又复活了，这一事实是确实的，因为它是不可能的。"②德尔图良的名言"惟其不可信，我才相信"，在一定程度上代表了早期教父神学家对抗哲学与理性原则的护教言论。

但是基督教信仰从未完全排斥理性精神，相反，所有基督教原理的前提都是人类获得理性并且放弃原始状态的无知。即便是那些教父神学家和中世纪早期的教会学者，也没有彻底否定理性的作用，只不过他们始终坚称信仰先于理性罢了。正是在这个意义上，为中世纪基督教神学奠定基础的圣奥古斯丁才会说，我们要理解我们所相信的。被后世称为最后一位教父同时又是第一位经院哲学家的安瑟伦，在11世纪末提出了信仰寻求理解的口号，并以此作为经院哲学思想体系的基础和出发点。安瑟伦在《上帝何以化身为人》中说道："正如正当的次序所要求的，对于基督教信仰的奥秘，在我们用理性去研究以前，应先有信仰；同样，在我看来，如果我们已经在信仰上有了根基之后，不努力去理解我们所信仰的，那就是一种疏忽懈怠。"③

在13世纪以降的中世纪晚期，以亚里士多德哲学和逻辑学为基础的经院哲学逐步取代了更倾向于神秘主义的圣奥古斯丁的思想体系，成为西欧教会的官方神学。亚里士多德哲学对于基督教神学的渗透，使得经院哲学家尝试将古希腊的形而上学与基督教神学进行综合，来自哲学的思维方式和理性精神开始成为他们的思想武器。在13世纪初叶传入巴黎大学的亚里士多德的《物理学》和《形而上学》，以及伊斯兰学者阿威罗伊对它们的评注震动了许多西欧学者的思想。虽然

---

① 毛峰：《神秘主义诗学》，北京：三联书店，1998年，第192页。
② 同上书，第193页。
③ 安瑟伦：《信仰寻求理解——安瑟伦著作选》，溥林译，北京：中国人民大学出版社，2005年，第275页。

教会出于对异端思想的畏惧一度颁布禁止阅读的敕令，但是在1255年，对亚里士多德哲学著作的研究成为巴黎大学的必修课。1366年，教皇乌尔班五世派驻巴黎的使节要求巴黎大学的文学学位候选人，必须深入研读亚里士多德的所有作品。

经院哲学倡导的理性思辨解放了被宗教愚昧主义束缚的人类理性精神，人们开始要求在信仰之下重新理解人与自然，尤其是重新定义人的价值和地位。中世纪晚期的人们从内心深处发出这样的呼喊："成为你自己，你的人格只属于你自己，你的存在有其独立的价值，不要放弃，自力更生，唯有自由的契约才能带给你约束。"[①]与此同时，社会经济生活的复苏和世俗精神的泛滥，使得教会在中世纪晚期日趋腐败和世俗化。以哲学和逻辑学为基础的经院哲学开始逐渐丧失其思想上的活力，日益走向封闭和僵化。这一切共同导致了教会和它所倡导的神学体系，成为压抑个体理性精神的外在束缚。在中世纪晚期的神秘主义写作中，对理性的质疑和反思是一个普遍存在的主题。学者杨慧林认为：

> "理性"之于西方文化的本质意义，并不在于它存在或不存在、被承认或不被承认，而在于它的多元化。理性与非理性的抗争，实际上常常是外化的理性与个体理性之间的抗争。理性一旦外化为某种得到认同的结果，也就变成人类精神的束缚；而历代非理性主义者所使用的思想武器，往往最富于个体理性的色彩。基督教本身的历史正是这样一部多元理性相互作用的实录。[②]

在这个意义上，中世纪晚期的神秘主义写作可以被视为那些积极的思考者们以一种非理性的方式向个体理性发出的召唤。那些看似充溢着非理性精神的作品，批判了教会的神学思想体系以及它赖以存在的理性基础，进而为西方近代意义上的个体理性精神埋下了第一粒种子。

在《单纯灵魂之镜》中，波蕾特以人类灵魂根基的非受造性（uncreated）和灵魂通过自我湮灭来复归于"无"的上升之旅，否定了教会的中介特权。她强调

---

① Maurice de Wulf, *Philosophy and Civilization in the Middle Ages*, New York: Dover Publications Inc., 1953, p.63.
② 章安祺、黄克剑、杨慧林：《西方文艺理论史——从柏拉图到尼采》，北京：中国人民大学出版社，2007年，第114页。

人类可以在教会、圣礼、善功和理性之外寻求与上帝的直接沟通,这种对于实用主义和教条主义的反抗冲破了中世纪教会的宗教专制。波蕾特试图以激进的神秘主义思想来消解官方神学对于信仰和教义的狭隘解释,使得人类在上帝的面前拥有广阔的心灵自由。她倡导人类灵魂以个体的方式去直面宽广深邃的神性,并与之合一,由此来获得自我提升和精神完善。波蕾特所宣称的人类可以凭借个体体验的方式来寻觅上帝、践行信仰的理念,在某种意义上是16世纪席卷欧洲的宗教改革运动所提出的"因信称义"的口号和主张信仰自由的人文主义思潮的先声。

在中世纪晚期的神秘主义写作中,神秘主义者往往试图调和爱与理性之间充满张力的矛盾关系。对神秘主义者而言,灵魂升华之旅的最高阶段是与上帝达成无区分的合一,在这一过程中爱与知是灵魂飞升的双翼以及朝圣之旅中的双脚。自大格列高里(gregory the great)以来的神秘主义者都在反复强调"爱是知的一种形式"(amor ipse notitia est)。圣蒂埃里的威廉在著作中为灵魂的上升勾勒出了一组趋向合一的双重道路:智性式的上升(credo ut intelligam)与爱欲式的上升(credo ut experiar),而且他喜欢以"爱本身便是理性"(amor ipse intellectus est)的方式来引用大格列高里的名言。① 在中世纪神秘主义者的论述中,"爱的理性"(intelligentia amoris)指向的是一种爱与知在更高层次上所达成的贯通。此种理性并非束缚灵魂的外在的、僵化的教条,而是基于个人宗教体验的"超越理智之知"(superintellectualis cognitio),这是人类灵魂深处个体理性的显现。

在《单纯灵魂之镜》中,波蕾特借圣爱、灵魂、理智之间的交谈向读者表达了她对于个体理性的嘉许和推崇。当圣爱称赞灵魂为"德行的女主人,上帝的女儿,圣智的姐妹以及圣爱的新娘"后,灵魂自豪地宣称道:"我除却圣爱之外一无所有。难道我还拥有别的东西吗?这绝不可能。"② 理智在听闻了圣爱与灵魂的对话之后,呻吟道我就要死了。灵魂对理智说:"我将以爱杀死你。"随后她大声宣告:"现在理智死了。"③ 塞尔斯认为,在波蕾特的笔下理智有其特定

---

① Bernard McGinn, "Love, Knowledge, and Mystical Union in Western Christianity: Twelfth to Sixteenth Centuries", in *Church History*, Vol.56, No.1, 1987, pp.9-10.

② Marguerite Porete, *The Mirror of Simple Souls*, Ellen L. Babinsky trans., Mahwah: Paulist Press, 1993, p.162.

③ Ibid., p.163.

含义，它指的是经院哲学家、《圣经》的诠释者以及教会权威。①这些人是束缚灵魂并且阻碍其升华与复归之旅的外在因素。如果灵魂想要真正认识上帝与自己的终极本质，她就必须从这种理智的束缚中挣脱出来。杀死理智的爱在本质上是一种依托于个人宗教情感体验的更高级的灵性之知，波蕾特称它为"爱的智慧"（Intellect of Love）②。这种"爱的智慧"并不遵循经院哲学津津乐道的三段论法则，也不认同教会对于救赎的功利性解释，它从灵魂内在的神性种子中汲取力量，并从自身对上帝的直观体验中获取信仰的真理。通过灵魂用象征个体理性的爱杀死外在理智的戏剧性场面，波蕾特在《单纯灵魂之镜》中宣告了个体理性对于理智所象征的僵化的经院哲学和教会信奉的教条主义的胜利。

除了用以爱杀死理智这戏剧性的一幕来表达她对于个体理性的高扬，波蕾特还从释经学的角度来论证个体理性在信仰中扮演的关键角色。在西欧中世纪，教会主张的释经学遵循一种寓意解读法，就如同13世纪的神学家丹麦的奥古斯丁所言："文字告诉你情节，寓意点拨你信仰；道德指导你行动，比喻留给你希望。"③这种以象征和寓意为基础的释经学为教会和信仰带来了双重可能：既可以使承担释经重任的教会将《圣经》的启示玩弄于股掌之间，又可以使理性思考孕育出颠覆教会权威的种子。对于教会的统治者而言，只有牢牢掌握"释经权"，"多重意义"才不会动摇既有的秩序；否则，这种释经理论比任何直接的攻击都更具毁灭性。④正是由于释经学中蕴含了诉诸个体理性的反抗性因素，所以中世纪的教会一直牢牢控制着释经权，任何胆敢染指者都会受到严厉的惩罚，乃至被教会处死。

波蕾特被宗教法庭谴责为异端的罪名之一即是她曾经私自翻译过《圣经》，并且在公开场合向民众宣讲《圣经》的寓意。在中世纪，教会认可的《圣经》是以拉丁语写作的《武加大圣经》（Vulgate）。借助语言的藩篱，教会把对《圣经》的阐释行为限定在教士当中，拉丁语作为一种官方学术语言参与了教会的教

---

① Michael A.Sells, *Mystical Languages of Unsaying*, Chicago: The University of Chicago Press, 1994, p.130.

② Marguerite Porete, *The Mirror of Simple Souls*, Ellen L. Babinsky trans., Mahwah: Paulist Press, 1993, p.93.

③ 杨慧林:《圣言·人言——神学阐释学》，上海：上海译文出版社，2002年，第19页。

④ 同上。

阶制度和等级特权的建构。波蕾特将拉丁语《圣经》翻译为广大平信徒能够直接阅读的俗语，这意味着原本作为一种宗教仪式的宣讲《圣经》被私人化的阅读所取代，一度被排斥于释经学之外的平信徒获得了对《圣经》的阐释权。每一个信徒都是作为理性的主体来直面《圣经》中的上帝之言，对于《圣经》的阐释不再依附于某一个外在权威而是诉诸个体内在的自我意识。在这个意义上，个体内在的理性精神成为信仰得以确立的最终依据，宗教信仰由此成为个人的事物以及精神的自由。这种对个体理性的承认和倚重，不仅表达了波蕾特对教会权威的挑战和她对个体理性的召唤，同时也为欧洲社会开启了通往近代理性精神和自由精神的大门。

在《单纯灵魂之镜》中，波蕾特还以自己的写作为她的读者们提供了一种阐释《圣经》的范例。波蕾特作为中世纪晚期的四位女性福音传道者之一，她的作品呈现出一种模仿《圣经》的写作风格。相较于其他三位女性福音传道者的写作，她对《圣经》的模仿主要体现在作品所具有的浓厚的释经学风格上。圣爱和理智不时地评论这部作品，其风格就如同经院学者评注或阐释《圣经》一般，以这种方式，波蕾特将自己的作品塑造为一部内在的具有《圣经》风格与地位的作品。① 此外，波蕾特还在《单纯灵魂之镜》中插入了大量富有神秘意蕴的寓言故事，最重要的就是序言部分所叙述的异国公主思慕亚历山大大帝的故事。圣爱在讲述完这个故事后，教导灵魂将其视为人神关系的象征和范例，而且要求灵魂去探寻这个寓言故事背后所隐含的神学寓意。这种对文本进行解读和诠释的方法直接源自于教会所推崇的释经学传统。但是，波蕾特将对于神学文本的阐释从教会传统和正统教义的桎梏中解放出来，强调故事寓意的多元性，赋予简洁的文本以多层次的意义生成空间。

在波蕾特的笔下，镜子是整部作品的核心意象，它被赋予了多重内涵，同时象征了文本所具有的多层次的意义系统。首先，《单纯灵魂之镜》是向尘世中迷惘的灵魂揭示上帝的面容以及人类灵魂之本真的神性之境。其次，在作品中，灵魂在圣爱的启示下经由复归之旅走向上帝，是世间一切灵魂寻觅自我救赎的神圣镜像。再次，灵魂对圣爱之言的解读以及她在圣爱的指导下探寻寓言背后的神

---

① Bernard McGinn, *The Flowering of Mysticism: Men and Women in the New Mysticism*: 1200—1350, New York: The Crossroad Publication Company, 1998, p.249.

秘意蕴，象征了灵魂对于上帝之言的阐释。同时，这也可以被视为平信徒对《圣经》进行自主解读和诠释的镜像。不同于被教会权威所把持的官方释经学，波蕾特在《单纯灵魂之镜》中灵活运用的阐释学方法不是封闭的，而是向着读者的个人经验敞开的。她允许读者立足于个体的生存经验和知识背景，来对作品做出个人化的阐释，并在此基础上开启通往上帝的复归之旅。

值得指出的是，波蕾特虽然认同并维护个体对于文本的阐释权力，但她同时也强调阐释的自由与多元化并不等同于漫无边际的联想和臆测，这种自由应当存在于一个可控的范围之内，否则阐释就失去了它存在的价值和意义。波蕾特之所以在作品中插入大量的寓言故事，并且通过圣爱与灵魂的交谈来对它们做出评注和诠释，是为了将这种对文本进行阐释的方法和路径，作为读者在解读《单纯灵魂之镜》乃至《圣经》时可资借鉴的范式。波蕾特借圣爱之口来明确提出她的阐释原则："这本书的听众们啊，你们应当用爱所启示的神圣方式来理解这些神圣的话语！"①波蕾特所宣扬的这一阐释原则不仅指向读者对《单纯灵魂之镜》的阅读和接受，它还指向更为广阔的阐释空间。她希望借此来打破被教会垄断的释经学，在教会传统之外为被边缘化的平信徒构建一套阐释原则。在这个意义上，《单纯灵魂之镜》是人类灵魂凭借自身经验和个体理性来阐释上帝之言的镜像，它暗示了每一个信徒都拥有自主地阐释《圣经》的自由，他们可以借助这种阐释行为获得启示的真理和灵魂的救赎。波蕾特通过对传统释经学原则的修正，确立了人类灵魂深处的个体理性在信仰和救赎中的核心地位。

就如同学者苏珊娜·科赫尔所言，波蕾特通过《单纯灵魂之镜》表达了她对于人类生存境况的乐观主义态度，在她看来："人类具有去认识、去阐释、去改变以及去爱的巨大能力。"②这些人类灵魂内在的力量依托于灵魂受造时所接受的永不磨灭的神性印迹，与个体理性一道引导灵魂复归纯真、自由、高贵的禀性，进而由此获得最终的救赎和永恒的喜乐。

---

① Marguerite Porete, *The Mirror of Simple Souls*, Ellen L. Babinsky trans., Mahwah: Paulist Press, 1993, p.135.

② Suzanne Kocher, *Allegories of Love in Marguerite Porete's Mirror of Simple Souls*, Turnhout: Brepols Publishers, 2008, p.190.

第六章

克里斯蒂娜·德·皮桑：道德视域中的性别与政治

在13世纪以降的中世纪晚期，俗语写作与新神秘主义思潮的兴起使得一部分女性能够在宗教信仰领域自由言说，她们通过抗辩性写作来为自己和其他被边缘化的平信徒争取信仰与思考的自由。但是在基督教神秘主义之外，中世纪的西欧女性几乎不再拥有言说的空间与可能性，学术的大门对她们关闭，政治领域拒绝女性的进入。与此同时，盛行在宗教和世俗领域当中的厌女言论大肆诋毁女性的人格与尊严。正是由于中世纪的厌女文化传统有意识地排斥女性，从而导致绝大部分女性被放逐于文学创作领域之外。这一时期的女性往往被禁闭在狭小的家庭当中，成为文学写作与社会政治生活的双重边缘人。

在14世纪末期的法国，一位女作家以她的写作改变了女性在文化和政治领域中被消声与被边缘化的被动处境，使得女性的声音能够加入中世纪晚期思想文化领域的变革与话语交锋当中。她即是被后世文学研究者称之为西方历史上第一位职业女作家的克里斯蒂娜·德·皮桑（Christine de Pizan）。在许多当代研究者眼中，皮桑对西方女性文学传统而言是一位伟大的母亲。这不仅因为皮桑是西方历史上第一位从事职业写作的女作家，是第一位对女性权益进行积极辩护的原女性主义者，[①]还表现为她在漫长的写作生涯中对女性写作本身进行了深刻的反思。皮桑是一位具有强烈的女性主体意识的作家，她笔下一系列关于性别问题的著述直至今日看来依旧不乏洞见和价值。她的代表作《女性之城》和《淑女的美德》，已经进入许多欧美大学文化史与文学史课程的必读书目当中。

在皮桑对性别问题和女性写作问题的反思中，展现了西欧中世纪晚期人文主义思潮兴起所带来的女性对于自身性别、身份、价值的重估与重构。皮桑还在作品里对西方历史中的女性文学创作传统进行钩沉和发掘，这是西方女性文学史上对建构女性文学谱系的第一次努力和尝试。皮桑在文学创作中表现出强烈的主体意识，并深切地体验到女性在文学领域中的边缘性地位，以及她们被放逐的悲怆、被消音的无奈和被贬低的痛苦。如何反抗父权制的符号秩序，为女性的话语赋权是皮桑创作过程中始终关注的焦点。这种鲜明的女性创作意识使得皮桑区别于在她之前的众多中世纪女作家们，她因此而成为西方女性文学传统中的伟大母亲。

相较于活跃在宗教领域的女性神秘主义作家和生活在宫廷中的女性行吟诗人而言，皮桑的创作视域更为开阔。除了关注性别问题，她还突破了中世纪文化传统对女性写作的偏见和束缚，进入长期以来被男性所垄断的历史写作、政治写作乃至军事写作的领域当中。皮桑在自己的作品里，表达了一个具有社会责任感的女性知识分子对时代的记录和反思。作为接受了意大利人文主义教育的女性知识分子，皮桑思想中最为核心的观念是对于道德伦理的推崇。无论是在她的性别写作抑或是政治论著中，道德永远是她评价是非曲直的最重要的维度。在这个意义上，对于皮桑而言，性别问题在本质上是道德问题的一部分。她之所以反对厌女思想是因为这种谬误干扰了正常的人伦关系，而且会对整个社会的道德体系产生冲击，甚至引发政治动荡。

皮桑对美德的追求还与她强烈的民族身份认同感交织在一起，这使得她笔下的政治论著并非仅仅关注统治者的利益与权谋，而是更多地表现为一种对政

---

① Bonnie A. Birk, *Christine De Pizan and Biblical Wisdom: A Feminist-Theological Point of View*, Milwaukee: Marquette University Press, 2005, p.21.

治伦理的探讨和追问。在皮桑的政治观念中，国家和人民的利益凌驾于君主个人的欲求之上，政府与统治者的根本职责在于最大限度地促进整个社会的共同利益（common good）。在她的笔下，为国家带来和平与公义不仅是君主的尘世义务，同时也是其灵魂得到救赎的必要条件。她认为政治属于广义的道德哲学的范畴，同时也内在地具有宗教神圣性的维度，因为人类的尘世生活在本质上是走向上帝的朝圣之旅。在伦理道德的视域当中，皮桑对性别问题与政治问题的思考和写作具有了内在的相通之处。在她看来，性别问题中的伦理道德维度使得它成为广义的政治议题的一部分，因为女性和男性应当共同承担社会的政治职责与义务。皮桑在探讨政治议题时，试图以女性气质来缓和由男性气质所导致的政治领域的暴力倾向，而且她还尝试指导和培养女性的政治能力。皮桑希望女性能够冲破狭小的私人空间进入广阔的社会公共生活当中，使得自己的天赋得到最大程度的施展并且由此获得个体价值的自我实现。

第一节 克里斯蒂娜·德·皮桑的生平与创作

在皮桑长达30余年的写作生涯中，她创作了为数众多的作品，而且涉及多种文学体裁。皮桑的写作历程与她个人的生活经历紧密地交织在一起，呈现出明显的阶段性。以下笔者将结合皮桑的生平对她的文学创作历程进行简要的介绍。

一、皮桑的早年生活和宫廷写作

克里斯蒂娜·德·皮桑于1364年出生在意大利威尼斯市，其父托马索·迪·本维努托·达·皮扎诺（Tommaso di Benvenuto da Pizzano）毕业于中世纪学术中心之一的意大利博洛尼亚大学，而且曾经一度在博洛尼亚大学任教。托马索是一位杰出的医生和星相学家，克里斯蒂娜在威尼斯出生时，他正受聘于威尼斯政府担任公共卫生管理方面的官员。14世纪的意大利是西欧人文主义思潮萌发、兴盛之地，博洛尼亚大学不同于欧洲的另一个学术中心巴黎大学，它长于法学和自然科学而非神学与哲学，威尼斯则是当时西欧资本主义工商业和民主制度最为发达的城市。意大利在经济和思想上的先进与自由，使得托马索接受了人文主义思潮的洗礼，对于家中的孩子不分男女给予一视同仁的教育，这为皮桑日后的写作生涯奠定了坚实的基础。托马索在威尼斯工作期间受到了彼特拉克的影响，认同由阿威罗伊评注的亚里士多德的哲学思想体系，他认为遵循哲学的指导可以使人们过上更好的、更合乎道德的生活。[1] 托马索对于哲学和道德伦理的关注对皮桑日后的性别观念和政治理念产生了深远的影响。皮桑终身以她的意大利血统和学识渊博的父亲为荣，她在作品中称父亲为杰出的科学家、哲学家、星相学家、数学家和宫廷顾问。

托马索于1368年应法国国王查理五世之邀前往法国，任职于法国宫廷中并成为国王的宫廷顾问。同年12月，年幼的克里斯蒂娜跟随母亲来到巴黎与父亲团聚，一家人从此正式在法国定居，并且将家族的姓氏由皮扎诺改为更符合法语发音习惯的皮桑。查理五世是一位杰出的君主，他在位期间大力推行政治改革，壮大了国家的经济和军事实力。此外，他还尤为关注教育、学术和文化的发展。查理五世从欧洲各国聘请了一批知名学者来到法国宫廷，其中就包括托马索。他还创建了属于王室的图书馆，收集大量书籍并且组织开展翻译工作。这些丰富的藏书使得皮桑日后受益良多，所以她才会在作品中深情地回忆这位开明、睿智的君主，将其称为自己在精神上的另一位父亲。[2] 托马索因其深厚的科学素养和在威尼斯工作期间获得的公共管理经验而受到国王的重视和优待，获得了丰厚的经济回报。皮桑一家居住在风景优美的塞纳河畔，年幼的她在父亲的鼓励下广泛涉猎各种知识，查理五世崇尚学术与文艺的优雅宫廷也为她的个性和学识的成长提供了良好环境。在富裕优渥而又自由文雅的家庭氛围中，皮桑度过了她的童年和青少年时代。

皮桑15岁时与25岁的青年埃提纳·德·卡斯泰尔（Etienne de Castel）结为夫妻。她父亲为她挑选的丈夫是一位毕业于巴黎大学的家世良好的公证人，同时还担任王家秘书一职。在婚后，皮桑与丈夫之间情投意合，他们生活美满并生育了3个子女。皮桑的丈夫并不反对妻子对知识和写作的热爱，并且还亲自教导她一些写作的技巧。然而幸运之神并未长久地眷顾这个家庭，皮桑很快就面对一连

---

[1] Charity Cannon Willard, *Christine de Pizan: Her Life and Works*, New York: Persea Book, Inc., 1990, pp.19-20.

[2] Margarete Zimmermann, "Christine de Pizan: Memory's Architect", in *Christine de Pizan: A Casebook*, Barbara K. Altmann and Deborah L.McGrady eds., New York: Routledge, 2003, p.65.

第六章 克里斯蒂娜·德·皮桑：道德视域中的性别与政治 | 143

串的打击和磨难，承受命运的无常所带来的痛苦。1380年，查理五世国王之死对于皮桑一家而言是不幸的开端，她在日后回忆中说道："现在我们的大门向不幸敞开，而此时的我尚且年轻。"①查理五世之死改变了皮桑一家的生活境况，她的父亲不得不退休回家。国王之死还在法国引发了一系列政治动荡，为日后的分裂与内战埋下了祸根。对于年轻的皮桑而言，不幸与灾祸接踵而至，她的父亲于1384年至1389年间病逝，丈夫则在1390年死于传染病。在接连承受丧父、丧夫的打击之后，年仅25岁的皮桑开始承担起供养家庭的重担，她需要抚育3个年幼的子女和1个未成年的侄女，同时还要奉养年迈的母亲。由于当时的社会习俗反对女性掌管家庭的经济事物，所以皮桑在寡居之后不得不着手处理她从未知晓的财务问题。在丈夫亡故后的很长一段时间内，皮桑都在为自己和家人的生存苦苦挣扎。然而更为雪上加霜的是她还不得不面对一系列的遗产官司和腐败的司法体系，她曾经同时陷入4起经济官司当中而且为之心力交瘁。作为一个年轻的寡妇，皮桑在面对生存的重负之时还时常陷入流言蜚语的攻击当中。正是这种寡居生活的艰辛与磨难使得皮桑在日后的写作中始终关注下层民众的痛苦，她敢于揭露批判权贵的贪婪暴虐，将为民请命作为自己写作的主要意图之一。

皮桑为了养家糊口曾经一度以替人抄写文书为生，在友人吉尔斯·莫莱特（Gilles Malet）的帮助和引荐之下，皮桑得以进入王家图书馆和奥尔良公爵路易（Louis of Orlean）的宫廷当中，这为她日后的文学创作生涯提供了必要条件。皮桑在辛勤工作之余为了排遣丧失亲人的悲痛，她将全部精力放在了对知识的追求当中，"就像一个孩子开始学习ABC一般。"②她首先钻研不同民族和时代的历史典籍，随后是自然科学，最后她走入了诗歌的殿堂中。皮桑虽然将1399年视为她文学创作生涯的开端，但是在此之前她就已经开始了写作的尝试。皮桑早期的文学创作以抒情诗为主，主要表达了一位年轻女性对逝去的亲人的思念、寡居生活的艰辛、对往日美好爱情的追忆以及饱尝人情冷暖之后的人生感悟。这些早期作品于1402年结集出版，被称为《百首歌谣集》（One Hundred Ballads），在

---

① Christine de Pizan, *The Vision of Christine de Pizan*, Glenda Mcleod and Charity Cannon Willard trans., Cambridge: D. S. Brewer, 2005, p.94.

② Charity Cannon Willard, *Christine de Pizan: Her Life and Works*, New York: Persea Book, Inc., 1990, p.44.

宫廷与民间都得到了广泛的阅读和流传。

皮桑身处的奥尔良公爵的宫廷是法国最为风雅的宫廷之一。公爵与来自意大利米兰的公爵夫人瓦伦蒂娜·威斯康丁身边聚集了一批来自欧洲各地的学者和文人,在15世纪初叶形成了一种具有国际性风格(International Style)的宫廷文化。在这一时期,宫廷生活尤其是盛行于其中的典雅爱情成为皮桑早年文学创作最为重要的背景和题材。在当时的法国文坛,除了皮桑之外几乎听不到其他女性的声音,她以自己别具一格的写作生动地呈现出了女性在宫廷中的生存境况和她们的喜怒哀乐。作为一个头脑清醒的女性作家,皮桑笔下的宫廷浪漫传奇挣脱了男性写作传统的窠臼,她对于人们津津乐道的典雅爱情做出了大胆的剖析与尖锐的讽刺。皮桑创作于这一时期的作品,例如《爱神书简》(*The Letter of the God of Love*)和《玫瑰传说》(*The Tale of the Rose*),都表达了不平等的两性关系对于女性和她们所渴求的真挚爱情的损害。在皮桑看来,所谓的典雅爱情在本质上是男性的欲望游戏,并且最终只能以幻灭为结局。皮桑对宫廷浪漫传奇做出的道德上的反思与批判,在14世纪的文学创作领域是极其罕见并且难能可贵的。[①] 这些早期创作也预示了皮桑日后写作生涯中的两个核心主题:对于女性不幸命运的悲悯和愤慨以及对于伦理道德的坚守。

皮桑早年创作的抒情诗和浪漫传奇为她在法国乃至其他国家的宫廷中赢得了极高的声誉,她成为这一时期西欧最著名的女性作家。1397年皮桑将女儿玛丽亚送进位于普瓦希的隶属于多米尼克修会的王家修道院,1398年她将唯一的儿子让送到欣赏她的索尔兹伯里伯爵的宫廷中接受教育,1406年侄女在获得一笔嫁妆后顺利成家立业。在安顿好了孩子们之后,皮桑开始将全部的身心投入文学创作当中。自1399年开始,她进入创作的黄金时期,一系列代表作相继问世。与此同时,皮桑对于性别问题、政治问题、道德问题的思考也得到了全面的深化与发展。

二、玫瑰论战:性别与文学的双重论战

对于皮桑的写作生涯而言,1401年是一道分水岭。在此之前皮桑虽然凭借

[①] Charity Cannon Willard, *Christine de Pizan: Her Life and Works*, New York: Persea Book, Inc., 1990, p.60.

清新优美的抒情诗和宫廷传奇而名扬法国与英国的宫廷,但是在本质上她依旧是一个文学领域的边缘人,是一个不被学术权威认可的依附于宫廷风雅生活的女性作家。1401年的6、7月间,皮桑挑起的玫瑰论战(rose debate)使得她冲破了西欧中世纪女性写作传统的藩篱,让女性的思考和声音第一次进入社会公共话语空间当中。皮桑虽然不是中世纪第一位从事写作的女性,但她无疑是第一位在文学领域公开挑战父权制观念和厌女思想的女性作家。通过这一场文学论战,皮桑将自己的写作从宫廷文学的狭窄空间中解放出来,成为维护女性权益,为女性争取平等地位的先驱者。在传统观念中,玫瑰论战又被称之为关于妇女的论战(querelle des femmes),它发端于皮桑对《玫瑰传奇》及其作者让·德·莫恩的不满和批判,这场将巴黎学术界卷入其中的文学论战最终发展成为一场涉及多种语言,波及整个欧洲,延续长达3个世纪并且产生了大量论著(曾经有学者列举了其中的251部)的思想大辩论。①

由于皮桑挑起了反对文学中厌女言论的玫瑰论战,而且在论战中驳斥了厌女思想对于女性的污蔑和贬抑,为女性的人格尊严与合法权益大声疾呼,所以她被后世文学研究者尊称为中世纪的原女性主义者。值得指出的是,玫瑰论战并非一场仅仅涉及两性问题和女性权益的性别论战,在深层次上玫瑰论战还是一场关于文学领域中修辞与批评的论战。威拉德认为,玫瑰论战在一定程度上反映了15世纪初叶的巴黎知识分子群体对意大利人文主义思潮的接受和反思。②此外,玫瑰论战还对皮桑之后近30年的写作生涯产生了持续影响,无论是她笔下关于性别问题的写作还是涉及政治领域的论著,都与这一场性别与文学的双重论战有着千丝万缕的联系。

玫瑰论战的导火索是皮桑得知学者让·德·蒙特雷耶(Jean de Montreuil)在致神学家和枢机主教皮埃尔·德埃利(Pierre D'Ailly)的信中,对《玫瑰传奇》一书及其作者让·德·莫恩大加褒扬。在皮桑看来,《玫瑰传奇》中充斥着猥亵下流的言辞而且对女性抱有敌意,作者大肆贬抑婚姻和女性的人格与尊严,

---

① 马格丽特·金:《文艺复兴时期的妇女》,刘耀春、杨美艳译,北京:东方出版社,2008年,第243—244页。

② Charity Cannon Willard, *Christine de Pizan: Her Life and Works*, New York: Persea Book, Inc., 1990, pp.73-74.

所以她对蒙特雷耶的推崇和赞扬深感不安，遂致信这位知名学者以表达自己的质疑和反对。在这封口吻谦恭谨慎的信件中，皮桑自称为未接受正规教育的弱女子。她一方面认可《玫瑰传奇》在艺术上取得的成就，另一方面又指出作品中那些淫秽猥亵的言辞破坏了作品的整体价值，使其"被贴上纯粹的闲散无聊的标签而非有益之书。"① 除了语言的鄙俗下流，皮桑还尤为不满莫恩在《玫瑰传奇》中对女性和婚姻做出的污蔑与诋毁。她在信中引用了《玫瑰传奇》里贬抑女性的原话："快逃！快逃！逃离这些卑鄙的毒蛇！"② 皮桑最不能接受的是莫恩在《玫瑰传奇》中不分青红皂白地将女性一律视为恣意妄为的无耻荡妇。她反驳道："如果他只是谴责那些放荡的女子并且建议人们远离她们，那么这不失为一个有益且公正的教诲。但不是这样！相反，他无一例外地控诉全体女性。"③ 在信中，皮桑表达了强烈的愤慨："我，一个女人，敢于去斥责和反驳这个写作技巧如此精湛娴熟的作者并剥夺其作品的声誉，是因为他，仅仅只是一个男人，竟然胆敢去诽谤和谴责全体女性。"④

除了对莫恩笔下的厌女言论深感不满，皮桑还特意指出了莫恩在写作和修辞手法上的逾越。莫恩突破了中世纪盛行的寓言式写作的基本框架，对于那些约定俗成的意象进行了颠覆性改写，使得文本挣脱了传统幻象写作的意义生成空间。在皮桑看来，莫恩在挣脱了传统的束缚之后，却没有为自己的作品赋予新的道德寓意，所以他在本质上是一个没有履行其教化责任的不称职的作家。针对蒙特雷耶对《玫瑰传奇》的推崇，她指出："对于一部无用并且缺乏一般或是某一特定益处的作品而言，是不应当得到赞誉的。"⑤

皮桑的信件并没有得到蒙特雷耶的回复，但是却引发了莫恩支持者的不满和愤怒。自1401年9月开始，学者贡蒂耶·科尔（Gontier Col）与皮埃尔·科尔（Pierre Col）先后与皮桑通信，就《玫瑰传奇》及其作者莫恩的评价问题展开论辩。1401年9月13日和9月15日，贡蒂耶·科尔接连致信皮桑，表达他对于皮桑批

---

① Christine de Pizan, *Debate of the Romance of the Rose*, David F. Hult ed. & trans., Chicago: The University of Chicago Press, 2010, p.51.

② Ibid., p.56.

③ Ibid., p.58.

④ Ibid., p.63.

⑤ Ibid., p.61.

判性言论的不满，他自称站在学者的立场来反驳皮桑对《玫瑰传奇》的控诉。贡蒂耶的观点之一即是皮桑作为一个没有接受过正规教育的女性作家，竟敢评判一位博学大师的作品，这实属僭越之举。贡蒂耶是这样称赞莫恩的："他，一位虔诚的基督徒，一位著名的学者，在他的时代堪称一位神学博士，一位思想深邃且造诣非凡的哲学家"[①]。贡蒂耶在信件中要求皮桑"去改变和纠正你的态度，它表明了你的错误、愚蠢和无知，这都来自于你的放肆和傲慢——你作为一个女人热血冲昏头脑地参与到这一事件中来。"[②] 1402年夏末，另一位学者皮埃尔·科尔在致皮桑的信件中也认为她对莫恩的批评是胆大妄为的。他说道："噢，多么愚蠢的傲慢！噢，这么鲁莽和轻率的言辞出自一个女人之口，用于谴责一位才智如此卓越，学识如此渊博之人。"[③]

对于科尔兄弟的言论，皮桑同样通过信件给予驳斥。皮桑非常反感贡蒂耶在性别层面上对她的攻击。她在1401年9月给贡蒂耶的回信中说道："你用'作为一个女人'来反驳我"[④]。皮桑指出这种论调忽视并诋毁了那些为数众多的、值得称颂的高贵女性。皮桑认为自己的言论是公允客观的，因为她是站在信仰和道德的立场上做出的评价，她敢于在任何场合、任何人的面前公开言说自己的观点并且将之诉诸公众的裁判。在1402年2月1日，皮桑将涉及玫瑰论战的所有信件一并呈交法国王后巴伐利亚的伊莎贝尔。她希望王后出面解决纷争，谴责那些男性学者的狂妄悖谬之言，为全体女性的人格、尊严、价值正名。

在1402年，皮桑与男性学者之间的玫瑰论战进入第二个阶段，他们之间的论辩从性别问题转换到对于《玫瑰传奇》中的修辞手法、莫恩的作者身份、文学批评的视角与立场的争辩当中。1402年5月18日，巴黎大学的训导长让·热尔松（Jean Gerson）开始涉足这场玫瑰论战，他以公开布道的方式表达了对《玫瑰传奇》的批判态度。热尔松对于《玫瑰传奇》和莫恩的谴责主要集中在作品的道德和修辞层面，他认为这部广受欢迎的俗语文学作品中充斥着对贞洁、婚姻、信仰的攻击与污蔑，莫恩笔下粗鄙的色情描写有煽动两性情欲的嫌疑，他鼓励人们

---

① Christine de Pizan, *Debate of the Romance of the Rose*, David F. Hult ed. & trans., Chicago: The University of Chicago Press, 2010, p.92.

② Ibid., p.95.

③ Ibid., p.144.

④ Ibid., p.97.

追求一种放荡不羁的生活方式。让热尔松尤为不满的是莫恩对于传统寓言式写作手法的破坏，例如他对理智女士（Lady Reason）这一颇具神学与哲学渊源的文学形象的降格式重塑。针对他人为莫恩及其作品进行的辩护，例如有人宣称《玫瑰传奇》中人物所言并非代表作者本人的意图和观点，况且"言辞就仅是言辞"，①热尔松也一一做出了反驳。他在布道中指出，一个合格的作者必须对他笔下的全部内容负有道德上的责任。热尔松认为："罪恶的言辞与写作会侵蚀良好的道德，而且诱使人们无耻地犯罪"②。此外，他和皮桑一样不满于莫恩对全体女性做出的无差别攻击。热尔松的加入使得皮桑挑起的玫瑰论战在1402年得到了进一步的深化并且引发了巴黎学者阶层的关注，这使得玫瑰论战突破了性别辩论的狭小范畴，向着文学观念和伦理道德的领域进发。

1402年夏末，皮埃尔·科尔在致皮桑的信件中，针对皮桑与热尔松对理智女士这一形象的反感和批评做出了回复。皮埃尔认为即便这一人物形象口出秽言也不会损害到文字本身的价值，因为莫恩的一些鄙俗描写在本质上是反讽的，他引用贺拉斯的话来论证作者在写作时有进行虚构的权力。皮埃尔还强调："人们不应当以这种方式来解读字面之意，而应当遵循前面的言辞和作者的意图来加以理解。"③至于为《玫瑰传奇》招来批评的那些厌女言论和鄙俗的情欲描写，皮埃尔认为其中很大一部分是援引自古代经典，所以莫恩仅仅是转述而已，他无须为此负任何责任。皮埃尔认为皮桑作为一个学术传统之外的女性，根本没有资格对《玫瑰传奇》中援引的那些经典之作评头论足，他说道："奥维德，当他写作《爱的艺术》之时，使用的是拉丁语，这是女性所不能理解的。"④皮埃尔借此彻底否定了皮桑批评《玫瑰传奇》的权力，他认为皮桑是出于嫉妒才挑起玫瑰论战，并且对皮桑做出了恶毒的人身攻击："当心，免得你像乌鸦一般，因为人们夸奖它的歌声，便开始以超过它习惯的方式大声歌唱并使得口中的食物坠落。"⑤

---

① Christine de Pizan, *Debate of the Romance of the Rose*, David F. Hult ed. & trans., Chicago: The University of Chicago Press, 2010, p.111.

② Ibid., p.120.

③ Ibid., p.143.

④ Ibid., pp.149-150.

⑤ Ibid., p.155.

第六章 克里斯蒂娜·德·皮桑：道德视域中的性别与政治

针对皮埃尔这封极不客气的信件，皮桑在1402年10月2日以一封长信做出回复。皮桑公开表达她反对在文学作品中出现涉及性器官和性行为的直白描述，如果确有必要则应当使用婉称。至于莫恩在《玫瑰传奇》中所宣扬的爱情和婚姻会败坏男性的思想和灵魂的荒谬言论，皮桑以她对儿子的教导为例来进行反驳。她说道："我只有一个儿子——愿上帝保佑我不会失去他——我希望他和一位家世良好并且懂得珍惜名誉的聪慧女子真心相爱……因为我能够想象得到与他只钟爱一位女性相比，如果他欺骗很多女性，那么他必然会很快丧失'判断力、时间、灵魂、身体以及荣誉'。"[1]对于皮埃尔在上一封信件里做出的人身攻击，皮桑引用了他的言论并表达了自己的愤慨："就像一个疯子，丧失了所有理性，你做出了如下这些不名誉的反驳。"[2]此外，皮桑还借助《圣经》和其他宗教典籍对于女性话语的肯定，来驳斥皮埃尔对于她的女性身份的贬低。

在这封信中，皮桑关注的重点是莫恩的写作手法和修辞技巧。她认为莫恩身为作者却没有在作品里给出明确的道德判断，这使得《玫瑰传奇》的结尾部分暧昧不明，"作为一个整体，它毫无价值。这样的结果完全是浪费，因为所有的事情都应当由其结局来衡量。"[3]在上一封信中，皮埃尔嘲笑皮桑只懂得从字面来阅读和理解作品，他引用圣安布罗斯对女性的批评来支持自己的论述。皮桑在回信中指出皮埃尔的言论是可笑的自相矛盾，因为他对于教父神学家言论的引用恰恰是一种字面理解，忽视了其深层次的隐喻之意。皮桑在1401年的信件中曾经提出女性在阅读《玫瑰传奇》时会因为其中的直白描写而脸红羞愧。皮埃尔误解了皮桑的本意，他认为这是因为莫恩揭穿了女性的诡计和罪恶才导致她们羞愧难当。皮桑在这一封信中指出皮埃尔是在偷换概念，女性的羞怯并非源自她们的负罪感，而是来自她们的道德意识。她说道："我没有任何针对她们的最轻微的指责，而是赞赏她们谦逊谨慎的纯洁德行。"[4]

对于皮埃尔为莫恩申辩的另一条理由，即莫恩在《玫瑰传奇》中仅仅是引用和转述了前人的著述，所以无须承担任何责任的观点，皮桑同样予以反驳。皮

---

[1] Christine de Pizan, *Debate of the Romance of the Rose*, David F. Hult ed. & trans., Chicago: The University of Chicago Press, 2010, p.172.

[2] Ibid., p.174.

[3] Ibid., p.177.

[4] Ibid., p.179.

桑指出莫恩的引用是有意识的，故而应当承担全部的责任与后果，她说道："我很清楚他并非是第一个谈论这些邪恶之事的人，但是他重复这一切时使得事情变得更糟糕。"①皮桑之所以对《玫瑰传奇》中的厌女言论深恶痛绝，是因为在她看来这种不负责任的写作行为直接干扰了正常的人伦关系，破坏了婚姻制度，甚至会引发社会道德体系的崩溃。为了对抗皮埃尔所宣称的莫恩的作者身份与权威，皮桑以她尊崇的伟大作家但丁为例来驳斥对手，强调道德维度对于一部文学作品的重要性。她旗帜鲜明地以《神曲》所展现出的高超艺术成就来对比《玫瑰传奇》在艺术与思想上的欠缺。她在信中写道："读读但丁的作品吧，因为那些用佛罗伦萨方言书写的杰作会向你说明这一切。在那里你会听到另一种话语，更明智的构思和更好的基础，而且它也许不会令你不快，你能够在其中发现比你的《玫瑰传奇》更多的益处，而且写得要比它好上百倍。"②在信件的结尾部分，皮桑表明她挑起玫瑰论战是因为反感这部作品对于人心和道德的败坏，她攻击莫恩绝非源自个人恩怨，而是出于对真理和道德的坚守。至于皮埃尔指责她嫉妒莫恩的声望就更是无稽之谈了，因为她人生的最大乐趣只在于学习和平静的独居生活。

在1402年10月之后，皮桑不再以信件的方式参与玫瑰论战，但是由这场文学论战所引发的一系列问题和思索却时刻萦绕在她的脑海当中。在玫瑰论战中，除了性别问题，与文学创作相关的修辞问题、作者身份问题以及文学的批评视角问题同样成为论战双方激烈争辩的焦点。可以说在玫瑰论战中，性别的论战与文学的论战紧密交织在一起，皮桑始终站在伦理道德的立场来反驳她的论敌并论证自己的理念。当代研究者指出，在中世纪的文学观念中，诗歌不仅仅是取悦读者的语言艺术，它归属于伦理道德的范畴，在本质上是道德哲学的一个分支。③正是在这种观念的影响下，皮桑才会在论战中批评《玫瑰传奇》只关乎娱乐而忽视道德。她以古代作家为例，指出一部文学作品中倘若不包含道德劝诫，那么它的作者就不配拥有诗人的桂冠。中世纪的文学批评传统要求作者在文本中清晰地表

---

① Christine de Pizan, *Debate of the Romance of the Rose*, David F. Hult ed. & trans., Chicago: The University of Chicago Press, 2010, p.183.

② Ibid., p.184.

③ A. J. Minnis, A. B. Scott and David Wallace, *Medieval Literary Theory and Criticism*, c.1100—c.1375, New York: Oxford University Press, 2003, pp.13-14.

达他的价值评判标准，尤其是在作品的结尾处必须有一个明确的道德判断。但是在《玫瑰传奇》中，莫恩对于道德的态度是暧昧不明的，他有意模糊道德与非道德之间的界限，而且整部作品中也不存在一个凌驾于一切之上的评判是非的作者的声音。正是在这个意义上，皮桑和热尔松才去质疑并批评莫恩的作者身份与权威。此外，皮桑与热尔松都不满于莫恩在《玫瑰传奇》中对寓言式写作模式的颠覆与改写，他们认为这是对传统修辞原则的破坏。在皮桑看来，莫恩在打破读者对于某些类型化的人物形象的心理预期时，还以神圣的象征符号去表达粗鄙猥琐的内容，这种写作不仅是不道德的，甚至有渎神的嫌疑。

除了关注作者身份与修辞手法，皮桑在玫瑰论战中还尝试将读者纳入文学批评的视域当中。皮桑谴责莫恩和《玫瑰传奇》的理由之一是这部缺乏道德教化的作品对读者的思想情操有潜在的威胁。此外，皮桑还在玫瑰论战中宣扬一种基于性别视角的文学批评立场。在她看来，厌女言论既是一种荒谬绝伦的无耻诽谤，给成千上万的无辜女性带去伤害和痛苦；同时它也是一种对人伦道德和宗教信仰的戕害，会对正常的家庭关系乃至社会结构产生侵蚀和干扰。皮桑认为文学批评中的性别视角能够揭露和驳斥这种虚妄之言，为人类构筑和谐共处的两性关系做出贡献。

这场同时涉及性别问题与文学问题的论战深刻影响了皮桑中晚期的写作，我们甚至可以说皮桑之后创作的一系列作品都在不同程度上继续回应着玫瑰论战。成书于1405年的《女性之城》（*The Book of the City of Ladies*）和《淑女的美德》（*The Treasure of the City of Ladies* or *The Book of the Three Virtues*）是皮桑探讨性别问题的代表作。就如同马格丽特·金所言，在随后的三个世纪里，没有一位作家能够超越皮桑关于两性平等的主张。[①]皮桑笔下的性别写作不仅涉及对女性价值的重估，而且她还在其中回应了玫瑰论战对文学问题的探索和思考。在这两部划时代的文学作品中，皮桑揭示了西方厌女言论的思想渊源和发展脉络，她把对于这种卑鄙言论的驳斥与对于女性社会身份的重构结合在一起。在《女性之城》中，皮桑还以作品精妙绝伦的结构来反驳玫瑰论战中男性学者对女性作家的学识和写作能力的贬抑。通过在作品中钩沉被历史湮没的女性写作传统，皮桑借助建

---

① 马格丽特·金：《文艺复兴时期的妇女》，刘耀春、杨美艳译，北京：东方出版社，2008年，第293页。

构女性写作谱系来张扬女性的作者身份与权威。

除了那些以探讨性别问题为主旨的作品,皮桑还尝试在政治写作中将性别问题与政治问题结合在一起加以讨论。《奥泽致赫克托尔的信》(*Letter of Othea to Hector*)与《克里斯蒂娜·德·皮桑的幻象》(*The Vision of Christine de Pizan*)都被皮桑赋予了性别与政治的双重意味。这一方面与皮桑对女性的社会身份尤其是政治身份的强调有关;另一方面则与她的政治理念直接相通。在皮桑看来,政府与统治者的最高职责是守护国家的安宁和主持正义,女性天性中温柔与慈悲的性别气质能够平衡并化解男性气质中野蛮和粗暴的倾向。在这个意义上,女性涉足政治能够为她的国家和人民带来和平,就如同皮桑在《淑女的美德》中所言:"哦上帝,那些在敌人之间、国王和伯爵间、领主和叛乱的人民间建立和平的公主和王后们给这个世界带来多么美好的祝福!"①

三、君主之鉴:政治与伦理的双重诉求

在当代文学研究领域,皮桑以她对于女性权益的维护和张扬而闻名。皮桑对父权制文化的尖锐批判不仅使得当代读者能够倾听到来自黑暗荒野的女性之声,而且还可以从她笔下极具思辨和反讽意味的性别写作中汲取智慧和力量。但是在皮桑所生活的年代,让她得以蜚声国际的却是她创作的政治论著,尤其是旨在教导法国年幼的王位继承人的一系列君主之鉴(mirror for prince)。对皮桑个人而言,这些政论作品是她一生心血的结晶,也是她为之骄傲的写作成果。皮桑之所以将1399年视为她写作生涯的开端,是因为她在这一年开始写作《奥泽致赫克托尔的信》。这是她创作的第一部"严肃"的散文体作品,也是她有生之年流传范围最广的作品。②不仅是在法国宫廷中,甚至在英国和意大利的宫廷里,皮桑写作的君主之鉴都得到了广泛的阅读和赞誉。除了以神话集(Mythography)的方式来写作的君主之鉴《奥泽致赫克托尔的信》,皮桑创作的这一文类的作品还包括:《英明国王查理五世的功绩和高尚品行》(*The Book of the Deeds and Good Conduct of the Wise King Charles V*,1404)、《克里斯蒂娜·德·皮桑的幻象》

---

① 克里斯蒂娜·德·皮桑:《淑女的美德》,张宁译,南昌:江西人民出版社,2009年,第35页。
② Christine de Pizan, *Christine de Pizan's Letter of Othea to Hector*, Jane Chance trans., Newburyport: Focus Information Group, Inc., 1990, p.1.

（*The Vision of Christine de Pizan*，1405）、《论政治有机体》（*The Book of the Body Politic*，1406—1407）、《论武器与骑士精神》（*The Book of the Deeds of Arms and of Chivalry*，1410）以及《论和平》（*The Book of Peace*，1413）。

　　皮桑之所以会在政治写作中投入如此之多的时间和精力，是与她生活的年代和社会环境息息相关的。皮桑早年由于接连丧父、丧夫，为了支撑全家6口人的生计而不得不在社会的底层挣扎谋生，所以她对底层民众生存的艰辛和痛苦感同身受，对各级官吏和权贵们的横征暴敛、贪污腐化了如指掌。当她有机会接近宫廷中的统治者之后，尤其是当她能够参与到对法国未来君主的教育中时，皮桑选择以写作的方式向法国统治阶层提出政治劝诫，希望他们轻徭薄赋、公正清廉。皮桑认为统治者应当努力去缓和阶级矛盾，以促进国家和人民的安康幸福为己任。

　　除了为底层百姓请命的意图，皮桑进行政治写作的另一个原因是法国在15世纪初叶陷入了内外交困、风雨飘摇的境地。查理五世在位时推行中央集权的政治策略使得法国一度国富民强，但是1380年继位的查理六世因为间歇性精神疾病而无法承担统治者的职责，王后巴伐利亚的伊莎贝尔沉溺于个人的奢侈享受当中，无心国家大事。法国的统治权落入国内的两大权贵勃艮第公爵与奥尔良公爵的手中，他们为了争权夺利而彼此厮杀，使得国家笼罩在内战与分裂的阴影之中。与此同时，法国正处于百年战争的胶着状态，国内政局的动荡使得法国在与英国的较量中不战自败。1413年春夏之交，由于积蓄已久的阶级矛盾，巴黎发生大规模暴动，国家一度陷入分崩离析的边缘。英国国王亨利五世于1415年乘虚而入，在阿金库尔大败法国，使得法国在很长一段时间内元气大伤，法国北部的大片领土陷入英国侵略者的手中。1420年法国政府与英国国王亨利五世签署了近乎亡国的《特鲁瓦条约》，法国王太子被迫放弃其王位继承权。局势的岌岌可危使得皮桑在自己的一系列政治写作中为了国家的稳固和安全而大声疾呼。在她看来，国家的兴衰与个人命运的沉浮息息相关，所以她呼吁和平反对暴力与分裂，要求全体国民为了国家与民族的利益而捐弃前嫌、同仇敌忾。

　　当代研究者认为皮桑是西欧中世纪首位从事专业政治写作的法国女作家，而且她在这一领域取得了杰出的成就。[①]皮桑创作的一系列君主之鉴至今仍然受

---

　　① Kate Langdon Forhan, *The Political Theory of Christine de Pizan*, Burlington: Ashgate Pub Ltd., 2002, p.161.

到西方历史学家和政治学家的关注与研究。君主之鉴这个文类是中世纪特有的一种政治写作模式,它有着深厚的神学、哲学、政治学与伦理学的思想渊源。在长达千年的中世纪,君主之鉴经历了三个主要发展阶段。中世纪作为一个信仰的时代,神学思想全面渗透到各个学科当中,政治学当然也不例外。在中世纪早期的一些神学著作中,不乏对于尘世政治理论的关注和阐发。这些作品旨在教导世俗统治者如何将基督教的伦理道德观念与罗马的政治思想以及异教的政治体系有机地结合在一起,这便是君主之鉴这一文类的滥觞。[①]圣奥古斯丁在《上帝之城》第5卷中阐述的政治理论成为中世纪早期重要的政治理论资源,古罗马哲学家西塞罗的《论共和国》(*De res Publica*)也成为这一时期大受推崇的政治论著。这些经典论著往往被编纂为便于携带的手册,在当时的宫廷里广为流传。除了古代学者的经典著述,君主之鉴的另一个思想来源是书信体文学,例如古罗马皇帝狄奥多西写给他的继承人霍诺留的信件以及9世纪的法兰克贵妇多达(Lady Dhuoda)写给儿子的教育书简。从君主之鉴的这两个主要源头可以看出这一文类的写作诉求,即它被赋予了鲜明的政治教导意图,旨在为统治阶层提供可资借鉴的政治范例。值得指出的是,中世纪特定的思想文化背景,使得君主之鉴被赋予了深厚的神学和伦理学底蕴,政治并非仅仅被视为对权力的运用,它还与人类的信仰和灵魂的救赎直接相关。

君主之鉴第二个发展阶段的代表作是英国学者索尔兹伯里的约翰(John of Salisbury)创作的《论政府原理》(*Policraticus*,1159),这部划时代的政治论著被后人视为12世纪文艺复兴时期政治领域中最重要的学术成果。学者沃格林认为《论政府原理》称得上是关于中世纪政治理论的前托马斯大全。[②]约翰为中世纪政治学领域做出的最大贡献是将政治有机体(body politic)概念引入学者的研究视域中,他在《论政府原理》中自称是从普鲁塔克的《图拉真的制度》(*Institutio Traiani*)一书里援引了这一概念。在约翰的论述中,国家有如一个身体,由于上帝的恩典而获得了生命。教士是其灵魂、君主是头脑、行政管理机构

---

① Kate Langdon Forhan, *The Political Theory of Christine de Pizan*, Burlington: Ashgate Pub Ltd., 2002, p.28.

② 沃格林:《政治观念史稿·卷二:中世纪(至阿奎那)》,叶颖译,上海:华东师范大学出版社,2009年,第119页。

是眼睛与耳朵、军队是双手、经济机构和商人对应于身体的脏腑、农民则是双脚。在约翰所设想的政治有机体中，每一个部分都彼此依存，不可分割，他虽然强调教会与君主的权威，但是也同样论述了第三等级的价值和作用。约翰虽然是一名教士，但是在《论政府原理》中，他主张一种适度中庸的伦理道德观念，而非彻底的宗教禁欲。他认为如果每一个社会成员都服从并追求道德的话，那么必然会推动一个公义社会的产生。① 约翰和《论政府原理》的影响一直延续到了16世纪，他的很多思想都被后世学者创作的君主之鉴所吸收和借鉴，对这一政治文类的成熟起到了推动作用。

  12世纪文艺复兴之后，亚里士多德的哲学，尤其是其政治学和伦理学思想在西欧的再度盛行，使得君主之鉴的作者在宗教伦理的维度之外开始关注尘世的道德准则，例如被称之为四枢德的智慧（审慎）、节制、勇气和正义。君主之鉴这一文类的第三个发展阶段是14—16世纪。在这一时期，古典文化在西欧学术领域的复兴使得作者们大量汲取古代大师的政治学思想，例如亚里士多德、西塞罗、塞内加、普鲁塔克和波爱修斯的经典政治论著都被人们广泛援引和借鉴。在中世纪晚期，一部分君主之鉴的作者开始越过传统的藩篱，在这个有着深厚文化积淀的文类中大胆地表达时代的风尚和自己的独立思考，皮桑即是其中的佼佼者。在皮桑创作的一系列君主之鉴中，她将对于未来君主的政治教育和道德训诫紧密结合在一起，使得政治写作与文学写作相融合。皮桑用隐喻和象征的修辞手法赋予君主之鉴以多重含义，使其突破了单纯的政治著述的范畴。

  在皮桑写作的第一部君主之鉴《奥泽致赫克托尔的信》中，她以重新阐释经典神话的方式对法国王太子进行政治启蒙教育。通过对100篇经典神话做出道德评注和神学寓意解读，皮桑将她对政治伦理的提倡与对性别问题的关注结合在一起。这部作品奠定了皮桑之后创作的一系列君主之鉴的基本风格和价值取向，即通过富有文学气息的政治写作来表达作者对于公正清明的政治制度的呼唤和对于伦理道德的坚守。1404年皮桑受勃艮第公爵菲利普之邀大胆写作了《英明国王查理五世的功绩和高尚品行》一书，在此之前法国尚无以俗语写作的散文体历史人

---

① Kate Langdon Forhan, "Polycracy, Obligation, and Revolt: The Body Politic in John of Salisbury and Christine de Pizan", in *Politics, Gender, and Genre: The Political Thought of Christine de Pizan*, Margaret Brabant ed., Boulder and Oxford: Westview Press, Inc., 1992, p.36.

物传记。① 在这部以人物传记的方式来写作的君主之鉴中，皮桑将她敬仰的查理五世国王塑造为明君的范例，以对查理五世政治功绩的追述来教导年轻的统治者应当如何治理国家。皮桑除了在作品中对查理五世的文治武功大加渲染，她还尤为关注国王严谨自律的品格以及他对国家文化与教育事业的大力推动。受中世纪晚期的神学家圣托马斯·阿奎那以及学者尼科尔·欧森（Nicole Oresme）和罗马的加尔斯（Giles of Rome）的影响，皮桑将审慎和智慧之德视为理想君主的必备条件，因为这两种德行结合在一起能够促使君主将国家和民众的利益放在优先地位。② 皮桑早年在社会底层挣扎谋生的经历使得她同情下层民众的不幸和痛苦，所以她常常在政治作品中尖锐批判统治阶层的骄奢淫逸，要求当政者进行改革以缓和阶级矛盾并以此来维护国家政局的稳定。

在成书于1405年的《克里斯蒂娜·德·皮桑的幻象》中，皮桑以中世纪盛行的幻象文学的模式来写作君主之鉴。通过自己在幻境中与作为法国人格化身的利波拉女士、观点女士和高塔之中的哲学女士的交谈，皮桑表达了她对于国家政局的不满以及对于昏聩统治者的愤怒。在这部充满隐喻和象征符号的神秘主义作品中，皮桑以自己的人生历程为例，一方面向统治者揭示了底层民众水深火热的生活境况；另一方面她要求统治者检讨过失，以道德上的自我完善来追寻信仰与救赎。在成书于1406—1407年的《论政治有机体》中，皮桑借鉴了索尔兹伯里的约翰在《论政府原理》中提出的政治有机体概念，借此来论述社会各阶层之间的政治关系与社会职责。不同于约翰对第三等级的轻视，皮桑与市民阶层尤其是工商业者的密切往来，使得她看到了资产阶级的崛起和他们对社会的影响力。在这部作品中，她将这一阶层视为国家政治生活中不可分割的一部分，关注他们的权利和政治义务。皮桑接受了人文主义思潮的影响，她虽然没有直接说出要求人人平等的主张，但是在这部君主之鉴当中，她提出了要求人们不分出身、等级、性别彼此尊重，而且彼此保证安全的政治理念。③

法国在15世纪上半叶一直笼罩在分裂和战乱的阴影当中，对战争的恐惧与

---

① Charity Cannon Willard, *Christine de Pizan: Her Life and Works*, New York: Persea Book, Inc., 1990, p.118.

② Kate Langdon Forhan, *The Political Theory of Christine de Pizan*, Burlington: Ashgate Pub Ltd., 2002, pp.83-84.

③ Ibid., pp.83-84.

第六章　克里斯蒂娜·德·皮桑：道德视域中的性别与政治 | 157

痛恨使得皮桑在作品里为维护和平而大声疾呼。分别成书于1410年与1413年的《论武器与骑士精神》和《论和平》，共同表达了皮桑对战争与和平的深入思考。《论武器与骑士精神》同样是皮桑应勃艮第公爵之邀而写作的君主之鉴，它旨在为接受军事训练的法国王太子吉耶纳的路易（Louis of Guyenne）提供学习指导。皮桑是欧洲历史上第一位涉足军事写作的女性作家，这部以军事和战争为主要内容的君主之鉴是她最受欢迎的作品之一，在当时和后世都获得了很高的评价，而且被一些当代研究者视为皮桑对传统政治理论做出的杰出贡献。[①]在这部探讨军事技能的作品当中，皮桑不仅广泛借鉴了前人的研究成果，而且她站在渴望和平与安定的平民大众的立场上对战争做出反思与批判。这部作品第一章的标题"正义战争"代表了皮桑对于战争的根本看法，即人们只有为了正义的目的才能参加战争，而且她认为战争应当被视为获得和平的一种手段。此外，皮桑还对战争中所引发的对无辜者的杀戮和强暴做出了强烈谴责，她提出应当由法律来约束和限制人们对于武器和暴力的滥用。在这部以战争为主题的作品中，皮桑表达了对于和平的无限向往，她认为一个社会中全体成员对于公共利益的追寻能够为他们带来永久的和平。

1413年4月28日，巴黎发生大规模的暴动，起因是下层民众不满于当局的腐败统治而谋求政治改革。随着暴力行为的升级，这场政治运动走向了它的反面，导致了无谓的流血冲突和政局动荡，使得身陷百年战争泥潭中的法国雪上加霜。1413年底皮桑完成了她的最后一部君主之鉴《论和平》，她在其中表达了对法国统治阶层的批判、对巴黎暴动的态度以及对国家命运的极度忧虑。在这部作品里，皮桑一再呼吁王太子维护和平，保护人民并惩罚暴徒。同时她也批判了统治者自身的腐朽堕落，指出权贵们的贪婪是国家和平与正义的最大敌人。皮桑并不赞同民众的暴力反抗，因为在她看来这样只会导致国力的内耗，使得身处战争中的法国岌岌可危。在《论和平》中，皮桑提出了君主应当遵循的一系列正义法则，她认为只有这样方能维护国家的安全并使得人民安居乐业。

遗憾的是，皮桑在君主之鉴中对法国统治者提出的警告和呼吁并没有得到他们的重视，1413年之后法国国内局势进一步恶化，最终导致了军队在1415年

---

① Kate Langdon Forhan, *The Political Theory of Christine de Pizan*, Burlington: Ashgate Pub Ltd., 2002, p.151.

大败于英国侵略者。国家命运的多舛同样影响到了皮桑自己的生活与创作，她于1418年开始写作《论人类生活的桎梏》（*A Letter Concerning the Prison of Human Life*），以此来安慰那些在战争中失去亲人的女性。这部作品同时受到了波爱修斯的《哲学的慰藉》和克莱沃的圣贝尔纳的神学论著的影响，皮桑在心灰意冷中试图去寻求哲学和宗教的安慰。在1419年首都巴黎沦陷之后，皮桑移居到女儿玛丽亚所在的普瓦希修道院，在此躲避战火和动乱。然而不幸再度于1425年降临到年迈的皮桑身上，她年仅42岁的儿子让·德·卡斯泰尔骤然去世，留下悲痛欲绝的妻子和3个年幼的孩子。沉重的打击使得皮桑在沉寂了6年之后再度拿起了笔，创作了《沉思我主受难的时祷书》（*The Hours of Contemplation on the Passion of Our Lord*）。皮桑以圣母在基督受难时承受的撕心裂肺的悲恸来象征国家和家庭的双重不幸给予她的打击，同时也表达了所有在战争中承受离别之苦的女性的悲哀。

1429年是百年战争中法国命运的转折点，圣女贞德的出现扭转了法国在战场上的颓势，使得法国人民看到了胜利与和平的一线曙光。在这一年的7月31日皮桑完成了她的最后一部作品《贞德之歌》（*The Tale of Joan of Arc*），以此来表达她对于战争胜利的欢欣雀跃之情。在这首长诗中，皮桑把来自奥尔良的农家少女贞德比作《圣经》里拯救万民于水火之中的女英雄，将她视为上帝对于法国的恩赐。皮桑在诗歌中预言了侵略者必将遭到可耻的失败，而法国最终将获得光荣的胜利和永久的和平。贞德身上同时体现了皮桑关于性别问题的主张和她的政治理想。贞德既是《女性之城》中那些英勇无畏的女英雄在现实世界里的化身，又符合皮桑在《淑女的美德》中对于女性社会职责的强调。此外，贞德的胜利还使皮桑看到了统治者与民众的合作能够为法国带来重生的希望，而这恰好印证了她所主张的政治有机体理论。

第二节　作者身份的寓言

对于中世纪的女性作家们而言，无论是教会权威抑或是世俗文化都不支持女性的文学创作行为，弥漫于社会文化领域中的厌女思想更是对女性写作极尽诋毁之能事。在这样一种排斥、贬抑女性的社会文化氛围当中，女性作家很难为自己建构出合格的作者身份与权威。中世纪晚期的女性神秘主义者往往借助彼岸的神圣启示来为自己的作品赋予神圣性,进而在此基础上通过分享神圣启示的宗教权威来为自己构筑出难以撼动的作者身份。随着中世纪晚期文学观念的更新与演进以及人文主义思潮的蔓延和普及,这一时期的学者对于作者身份的定义开始突破传统的桎梏,呈现出多元化的趋势。玫瑰论战中男性学者对于皮桑女性作者身份的质疑和嘲讽,是中世纪文学领域中厌女思想的直接体现。在玫瑰论战后,皮桑创作的一系列涉及性别问题与政治问题的作品都在或隐或显地回击父权制文化传统对女性作者身份的贬抑和消解。皮桑在自己的创作中遵循了中世纪晚期对于作者身份的多重界定,同时她还广泛运用各种文学技巧使得自己的作品成为建构稳固的女性作者身份的寓言。

一、女性作者身份的焦虑与中世纪的作者理论

哈罗德·布鲁姆在其代表作《影响的焦虑》中指出,后辈诗人在面对杰出的前辈诗人时会产生影响的焦虑,因为他们总是处于一种甚为尴尬的境地——他们存在于伟大诗歌传统的阴影当中。如何摆脱来自于前辈诗人的影响,从而使得自己能够跻身于伟大诗人的行列是每一个后辈诗人都必须面对的影响的焦虑。布鲁姆指出后辈诗人如果想要摆脱前人的影响,树立自己的风格,就必须以各种方式去"误读"和"修正"前人的创作,从而超越传统并开创属于自己的新传统。布鲁姆认为那些渴望跻身于伟大传统之列的新诗人们就如同一个个具有俄狄浦斯情结的儿子,面对伟大的传统——这咄咄逼人的父亲形象,必然产生强烈的"弑父"情结。这即是影响的焦虑与"误读"和修正产生的深层次心理原因。

在布鲁姆提出影响的焦虑这一观点之后,他的理论对西方文学批评产生了深远影响,其中也包括女性主义文学批判。针对布鲁姆所提出的包含了强烈父权制意味的批评理论,女性主义批判家对其进行了必要的修正。她们指出,对于女性作家而言,最直接、最深刻的焦虑不是影响的焦虑,而是作者身份的焦虑(anxiety of authorship)。[①]女性作家在进行文学创作时,她们的作者身份是不确定的,而且受到普遍质疑,这使得她们无法像男性同行那样天然地获得作者的身

---

① 桑德拉·吉尔伯特、苏珊·古芭:《阁楼上的疯女人:女性作家与19世纪文学想象》,杨莉馨译,上海:上海人民出版社,2015年,第63—64页。

份，而经典或者说文学的伟大传统更是她们难以涉足的领域。与男性作家相比，女性作家往往更难建构出作者的权威。源自父辈的影响不仅会束缚女性作家的独创性，而且还会使女性质疑自己创作的价值，进而怀疑自己的创作能力。正是由于缺乏作者的权威，女性作家的创作往往无法得到公正的评价，也难以进入经典的行列当中。此外，经典的评价标准从来都不是中立和客观的，经典的建立必然受到当时的历史环境、意识形态话语和社会氛围的制约。女性作品被经典排斥并不是因为美学价值的欠缺，而是由于掌控经典评价标准的男性批评家们对这些女性作品有着先天性的歧视，他们对于其中所再现的社会人群的生活经验持一种贬抑态度。

  如何克服作者身份的焦虑，在作品的创作过程中有效地建立起属于自己的作者身份与权威是每一个时代的女性作家都必须直面的困境和挑战。修正既有的文学观念，使女性写作得到公正客观的评价并且进入经典的行列，则是女性作家与女性主义批评家们孜孜以求的目标。如果我们对西方女性写作传统进行追溯的话，尤其是当我们将目光聚焦于女性作家对源自父辈传统的阴影进行积极的回应与挑战，并且试图通过对伟大传统的创造性修正来建构合格的作者身份并将自己的作品经典化时，我们将与克里斯蒂娜·德·皮桑相遇。

  玫瑰论战对皮桑中晚期的写作产生了深远影响，皮桑与男性学者们在玫瑰论战中争辩的焦点之一便是女性的作者身份与权威。在科尔兄弟看来，皮桑作为一个依附于宫廷的女性作家在莫恩这样一个学者型男性作家的面前是毫无权威可言的，皮桑的批评只不过是一个无知女性的嫉妒和歇斯底里。在玫瑰论战中，皮桑与她的论敌就作者身份的合法性与权威性而展开的论辩，在很大程度上是由中世纪晚期的文化传统对于作者身份的多层次定义所导致的。在漫长的中世纪，西欧思想界对于作者身份的定义不仅不同于当代，而且在近千年的文化发展历程中，学者阶层对合格作者身份的界定也并非一成不变，而是经历了三个主要发展阶段。对于合格作者身份的三种不同定义既反映了在中世纪晚期，由于文学逐步与神学分离而带来的文学观念的转换，也展示了西欧从信仰的时代走向人文主义精神复兴的历史发展轨迹。

  西欧的思想与文化领域在中世纪晚期经历了一系列重大转折，12世纪的十字军东征为西欧社会打开了通向古典知识的大门。这一时期的穆斯林、犹太教和基督教学者齐心协力，将希腊语、阿拉伯语以及希伯来语的作品翻译为拉丁语，通过他们的努力，那些一度失传的古代典籍再度进入欧洲学者的视野。古希腊哲学与科学的重要遗产——亚里士多德全集，成为欧洲大学的研究对象。在这一过程中，那个一度充斥着不确定性、神话和恶魔的世界，慢慢地显现出清晰的轮廓，成为一个更容易为人感知的世界——一个被上帝创造、被逻辑支撑、被人类理解的世界。①社会生活的转型，尤其是思想领域的急遽变革使得中世纪晚期各个阶层的人士都要开始面对身份的不稳定性。对于从事写作的学者阶层而言，作者身份的定义在12至15世纪经历了重大变化。

中世纪早期对于作者身份的探讨源自圣经阐释学，上帝被视为《圣经》的终极作者，是世间万物的创造者，亦是尘世一切作品的作者。②亚里士多德在《形而上学》中以四因说——质料因、形式因、动力因、目的因——来阐释物质世界的生成、运动和转化过程。中世纪晚期盛行的经院哲学在一定程度上试图调和基督教神学与亚里士多德的哲学体系。自13世纪开始，中世纪的《圣经》阐释学受到经院哲学的影响，开始逐步关注区别于神圣作者上帝的尘世人类作者。上帝被视为第一动力因，尘世作者被视为第二动力因，对动力因的关注赋予尘世作者以神圣性，对于形式因的研究则使得学者将研究目光投向圣经的文本形式。在作为终极动因的上帝与作为最终结果的《圣经》之间存在着一个具有自主性意图的个体——尘世人类作者。《圣经》的尘世作者借此分享了上帝的神圣性，他们的作者身份也具有了内在的权威性。

中世纪晚期古典文化的复兴不仅影响了神学阐释学，而且还使得一系列古典哲学、文学经典进入欧洲学术正典的行列。出于对古典作家、作品的仰慕和尊崇，中世纪晚期的学者坚信只有古代伟大作家的作品才具有真正的价值。③这种观念还渗入了中世纪晚期的教育体系当中，无论是大学中教授的博雅七艺还是应用性学科（例如医学、法学）都以发掘前人的权威性文本为己任，要求学生去理解前人作品中的微言大义。这种对于前人经典作品顶礼膜拜的态度使得中世纪晚期的许多作者都以在自己的作品中摘录、评注古人作品为荣，他们甚至借助对古

---

① 朱迪斯·M. 本内特、C. 沃伦·霍利斯特：《欧洲中世纪史》，杨宁、李韵译，上海：上海社会科学出版社，2007，第314页。

② A.J.Minnis, *Medieval Theory of Authorship: Scholastic Literary Attitudes in the Later Middle Ages*, Philadelphia: University of Pennsylvania Press, 1988, p.36.

③ Ibid., p.12.

代作家经典作品的援引来建构自身的作者身份与权威。

亚里士多德的四因说使得神学阐释学将尘世人类作者视为第二动力因，对于形式因的关注使得《圣经》的阐释者将《圣经》的文本形式视为一个具有功能性的文本构成因素，而人类作者恰恰是这一具有能动性的文本形式的创造者。① 这种文学观念加上学者阶层对于古代经典作家的推崇，使得尘世的人类可以拥有作者身份与权威的观念日益为大众所接受。自15世纪开始，一些作家不再将自己的写作归结于上帝的神圣意志而视自己为作品的终极动因，例如15世纪的英国作家奥斯本·伯肯汉姆（Osbern Bokenham）在《圣女传奇》（*Legendys of Hooly Wummen*）中便不再提及他的写作源自彼岸的神圣意志。② 这种对尘世作者身份与权威的确认接近于近代以来对作者身份的定义，但是在中世纪晚期它和前两种作者身份的定义并存于文学传统当中，直至文艺复兴时期才成为占据主导地位的文学观念。

玫瑰论战堪称性别与文学的双重论战，在论战的表层，参与论辩的双方似乎将目光聚焦于《玫瑰传奇》的内容和修辞手法，但是在深层次上，双方论战的核心是合格作者身份的定义。1401年9月，贡蒂耶·科尔在反驳皮桑指责莫恩违背了中世纪传统的文学修辞手法与文学评价标准的信件中，他一再强调莫恩是一位知名学者，天然地具有作者身份与权威。皮桑作为一个无知的女性，根本无权质疑《玫瑰传奇》与莫恩的作者权威。1402年夏末，另一位参与玫瑰论战的学者皮埃尔·科尔在致皮桑的信件中指出，她对于莫恩的批评是胆大妄为的僭越。皮埃尔还认为那些被皮桑批评的鄙俗下流的性描写是莫恩对于前人作品的援引，他无须为此承担任何责任。他说道："应当首先去批评那些被引用作品的作者而不是引用它们的人。"③ 皮桑在1402年10月致皮埃尔的回信中对这一观点做出了针锋相对的反驳。她认为莫恩对奥维德的援引代表了他对于奥维德作品中所包含的厌女思想的认同，所以莫恩要对笔下的每一个字负责。

在玫瑰论战中，皮桑的论敌认为莫恩的学者身份确保了《玫瑰传奇》的合

---

① A.J.Minnis, *Medieval Theory of Authorship: Scholastic Literary Attitudes in the Later Middle Ages*, Philadelphia: University of Pennsylvania Press, 1988, p.118.

② Ibid., pp.164-165.

③ Christine de Pizan, *Debate of the Romance of the Rose*, David F. Hult ed. & trans., Chicago: The University of Chicago Press, 2010, p.152.

法性与权威性，但是莫恩又不必对作品的内容负全部责任。皮桑则宣称稳固的作者身份源自于写作实践和作品，所以作者必须文责自负，那些具有高尚的道德水准并且有益于读者的作品才能够使作者获得合法的作者身份与权威。在这个意义上，笔者认为玫瑰论战反映了中世纪晚期古典文化的复兴与人文主义思想的兴起所带来的学者阶层对于究竟应当如何定义作者身份这一问题的探索与反思。皮桑在1402年之后便不再以信件的方式参与玫瑰论战，但是由玫瑰论战所引发的对于作者身份的辩论，以及父权制文化传统对女性作者身份的质疑和嘲弄成为皮桑这一时期关注的核心问题。在1405年，皮桑完成了她的两部代表作《女性之城》与《克里斯蒂娜·德·皮桑的幻象》。《女性之城》作为皮桑在经过深思熟虑之后对玫瑰论战做出的全面回应，其中包含了她对于如何建构女性作者身份与权威的思考和论述。在作为君主之鉴的《克里斯蒂娜·德·皮桑的幻象》中，皮桑尤为强调女性从事政治写作的合法性。通过对道德与信仰的追问，皮桑将以政治议题为核心内容的君主之鉴升华为人类之鉴，而且她还在写作过程中尝试为自己建构出难于撼动的作者身份与权威。

二、《女性之城》：在隐性自传中完成作者身份的建构

（一）历史传记与自传的结合

皮桑的代表作《女性之城》是一部包含在寓言性框架中的历史传记作品，她在其中讲述了古往今来以出众的德行而流芳百世的女性的故事。笔者认为《女性之城》既是一部历史传记作品同时也是一部具有强烈自传色彩的隐性自传。在《女性之城》的开篇出现了手持宝镜的理性女神，她手中反映世间万物真实本性的镜子是统摄整部作品的一个重要意象。象征理性女神手中真理之镜的《女性之城》不仅映射出女性群体的真实面目，同时它也是属于皮桑个人的"镜子"。《女性之城》中众多女性的故事宛如碎裂的镜面，如果读者将它们细心地拼接起来就可以从中看到通过隐性自传呈现出的皮桑的人生历程，并且在此基础上认识到她创作《女性之城》时的良苦用心——通过这面女性之鉴来建构女性的作者身份与权威。

自传是一个被当代文学研究者关注的重要文类，人们试图通过自传来解答关于自我存在的问题，并以此来展示心灵的深度真实。在这个意义上，皮桑的《女性之城》是一部将对于女性群体的思考和对于女性个人命运的揭示有机地融合在

一起的女性传记作品。学者辛西娅·侯（Cynthia ho）认为"她将自己作为女性群体中的一部分，同时就她个人而言，她自己又是一个完整的自我。"①皮桑运用这种方式来完成自传性写作的原因，可以同时在西欧中世纪的文化传统与当代女性主义传记理论当中得到阐释和论证。

首先，皮桑因为其意大利血统和对于意大利文化的仰慕，所以非常推崇但丁的作品。皮桑不仅敬仰但丁，而且她也是法国第一个向但丁开创的伟大文学传统学习的作家。②在《女性之城》中，读者可以从统摄全篇的寓言式框架结构，以及极具神学象征意味的三位女神的形象中感受到《神曲》的影响。皮桑选择在《女性之城》这部历史人物传记中以隐喻和象征的方式再现自己的形象，使其成为自己的隐性自传，在某种程度上也可以被视为皮桑在向《神曲》这部伟大的作品致敬。在《神曲·天国篇》的结尾，但丁在贝娅特里奇的引领下上升到最高天中去静观上帝的本质，他感叹道："在那光的深处，我看到，分散在宇宙的一切都被集结在一起，被爱装订成一卷：各实体和各偶然性以及它们之间的相互关系，好像以如此不可思议的方式熔合在一起，致使我在这里所说的仅仅是真理的一线微光而已。"③但丁从基督教信仰的立场出发，阐述宇宙间的万事万物因为上帝广博的圣爱而聚合在一起。皮桑在《女性之城》中借鉴了但丁的这一理念，但是她又从人文主义的角度对其进行了修正。在皮桑笔下，高尚出众的德行而非信仰才是女性能否进入女性之城的唯一标准，在这一点上她超越了中世纪盛行的宗教狭隘主义的观念。皮桑认为是美德将古往今来归属于不同的信仰、种族、阶级的女性齐聚在一处，她们因内在的德行而被装订成一卷《女性之城》。身为作者的皮桑自然也被包含在这卷神圣之书当中，但是皮桑为了彰显谦逊的美德，并未将自己作为单独的一页呈现在读者的面前。皮桑灵活运用中世纪盛行的象征和隐喻的文学手法，将自己的生平与其他女性的故事相融合，使得她的自传不单独出现却又存在于《女性之城》的众多故事当中。

其次，皮桑以历史人物传记与自传相结合的方式来建构《女性之城》的文

---

① Cynthia ho, "Communal and Individual Autobiography in Christine de Pizan's *Book of the City of Ladies*", in *CEA Critic: An Official Journal of the College English Association*, 57.1, 1994, p.32.

② Maureen Quilligan, *The Allegory of the Female Authority: Christine de Pizan's Cité Des Dames*, Ithaca, N.Y.: Cornell University Press, 1991, p.28.

③ 但丁：《神曲·天国篇》，田德望译，北京：人民文学出版社，2006年，第201页。

本既是出于向但丁的经典作品致敬的意图,同时也表达了她对玫瑰论战中合格作者身份这一议题的回应。皮桑在第一封批评莫恩的信件里指出,莫恩在《玫瑰传奇》中对中世纪传统的文学手法——隐喻、象征、寓言进行了降格式的运用。她认为这既是对正统文学观念的颠覆与破坏,同时也是对社会伦理道德的悖逆。在致皮埃尔·科尔的信件中,皮桑再一次重申了自己对文学修辞手法的态度,她在信中将但丁的《神曲》与《玫瑰传奇》进行比较,强调她对中世纪正统文学修辞手法的尊崇。皮桑在《女性之城》中大量运用了隐喻、象征、寓言的写作手法,她一方面以此来显示自己对中世纪正统文学技巧的精通,另一方面借此来反击玫瑰论战中论敌对于她的作者身份的质疑和嘲弄。

《女性之城》的寓言式框架结构不仅被皮桑赋予了内在的道德意味,而且它还与中世纪的阐释学传统有着深层次的联系。皮桑写作于1399年的《奥泽致赫克托尔的信》是一部典型的中世纪神话集,这部作品遵循了中世纪的阐释学方法对经典神话文本进行多层次的解读。这部作品的每一个小节都对一篇经典神话故事做出道德评注和神学寓意解读,所以每一节都包含三个部分:文本(Text)、评注(Gloss)、讽喻(Allegory)。皮桑在写作《女性之城》时,将这种阐释学原则运用到这部作品的文本结构当中。《女性之城》的第一部分讲述了那些名垂青史的女性们的事迹,对应于文本部分。第二部分是对女性在尘世生活中展现出的种种德行的描述,对应于道德评注。第三部分则是对女性圣徒的赞颂,皮桑将她们视为基督教信仰中三超德的化身,对应于神学寓意解读。①皮桑之所以用这种方式来构建《女性之城》的文本,是为了使得自己的作品能够进入中世纪的正典行列当中。同时,她还以对经典修辞手法的娴熟运用来为自己建构合格的作者身份。皮桑将《女性之城》的结构与中世纪文学阐释学法则紧密联系在一起的目的,在于提醒她的读者应当从象征和讽喻的角度来对这部作品进行解读。此外,她还希望读者们通过寓意解读法来发掘隐藏在女性历史传记之下的作者的隐性自传。

再次,皮桑在《女性之城》中将自传写作与历史人物传记相互交融的写作手法,也受到了西欧中世纪晚期特有的文学体裁——圣徒行传式自传

---

① Rosalind Brown-Grant, *Christine de Pizan and the Moral Defence of Women: Reading Beyond Gender*, Cambridge: Cambridge University Press, 2003, p.167.

（Autohagiography）的深刻影响。在中世纪的文学观念中，自传不是一个独立的文类，它往往与其他文学体裁结合在一起，自传写作的目的在于揭示人生历程的意义——政治的、神学的，而非仅仅关注个人生平。①在中世纪晚期盛行的女性神秘主义者的灵性自传当中，女性作家的生平经历往往成为用来传递信仰与启示的隐喻和寓言。在中世纪的文化观念里，个体的人生经验是不具备宗教价值和权威性的，那些具有内在道德训诫作用的作品才符合中世纪的文学价值评判标准。学者格林斯潘认为："女性作家的圣徒行传式自传为全体人类的尘世生活提供了一个可资借鉴的范例。"②皮桑在创作《女性之城》时借鉴了同时代女性神秘主义写作的范式，将自己的生平融入一个极具象征意味的寓言框架内，并且与历史中其他女性的故事结合在一起，使得自己的人生体验能够在历史的、神学的框架内得到升华。通过这种写作手法，皮桑的自传写作获得了内在的神圣性与权威性。

《女性之城》所呈现出的历史传记与自传相互交融的写作风格同样可以在当代传记文学研究的视域中得到合理的阐释和说明。当代传记文学理论认为传记作者在努力站在传主的立场上理解传主的同时，又会不自觉地将自己的处境、情感与动机投射到传主身上，从而形成传记的"自传性"特质。③这一过程被称为传记写作中的"移情"现象。近年来学术界开始进一步探讨精神分析学说中"反向移情"这一概念对于传记文学的影响，关注传主对传记作家情感的投射和渗透。"移情"和"反向移情"这对术语描述了传记作者和传主之间更为辩证、更为复杂的一种主体间的互动关系。在这一过程中，既没有纯粹的"再现"，也没有纯粹的"表现"。④皮桑写作《女性之城》的主要意图是以传记的方式来重述女性的故事，并以此来反驳厌女言论加诸在女性身上的莫须有的污名。通过前文对玫瑰论战的分析，我们可以发现皮桑本人亦是厌女思想的受害者之一，所以她在写作过程中必然会出现"移情"与"反向移情"的心理状态。这种写作时的情绪和精神状态使得皮桑采用了将自传与历史传记相互交织的写作手法。她以女性历史

---

① Kate Greenspan, "Autohagiography and Medieval Women's Spiritual Autobiography", in *Gender and Text in the Later Middle Ages*, Jane Chance ed., Gainesville: University of Florida Press, 1996, p.219.

② Ibid., p.232.

③ 赵山奎:《精神分析与西方现代传记理论》，北京：中国社会科学出版社，2010年，第174页。

④ 同上书，第184页。

人物传记来驳斥荒谬绝伦的厌女言论，同时又借助这些女性的故事为自己构筑出镜像式的隐性自传，最终实现建构女性作者身份与权威的写作意图。

我们除了可以从"移情"与"反向移情"的角度来理解《女性之城》中传记与自传交织共生的复杂关系，当代女性主义文学批评也对女性传记文学中呈现出的这一现象做出了解读。美国女性主义精神分析学者南希·乔多罗（Nancy Chodorow）在继承弗洛伊德和拉康的精神分析理论的基础上，站在女性主义的立场对其进行修正，并将其运用到对于女性心理的研究当中。她在代表作《母亲角色的再生：精神分析与性别的社会学》（*The Reproduction of Mothering: Psychoanalysis and the Sociology of Gender*）中指出，母女之间前俄狄浦斯关系的存在使得女性的心理构成不同于男性。她认为："女孩在成长过程中不断通过与他者间的关系来界定自我，她们对于自我的感知包含了一种更具有弹性和渗透性的自我界限。男孩则更倾向于通过分离和区别来界定自我，他们拥有一个刚性的自我界限。女性对于自我的基础性感知与外部世界紧密相连，男性的基本感知则是与他者分离的。"①

西方一些女性文学研究者将乔多罗的精神分析理论引入对女性传记文学的研究中，借此来阐释女性传记写作中自传与传记共生的文学现象。苏珊·斯坦福·弗里德曼（Susan Stanford Friedman）认为，传统传记理论对于独立自我的关注没有考虑到群体性身份对于女性和少数族裔的重要性。这种对于独立性的强调也忽略了男女两性在建构社会化的性别身份时的差异。弗里德曼指出，女性的自传写作是一个被女性用来进行自我建构的文学传统，"在女性自传中对于自我的建构往往基于（但并不仅限于）一种群体意识——将某个女性个人的命运与对文化类别中'女性'意义的觉察结合在一起。"②梅森（Mary G. Mason）在《另一种声音：女性作家的自传》（*The Other Voice: Autobiographies of Women Writers*）中将目光投向欧洲中世纪的女性自传写作，她认为在具有自传色彩的女性神秘主义写作中，"对于女性自我的揭示往往与对于他者的确认相联系。……

---

① Nancy Chodorow, *The Reproduction of Mothering: Psychoanalysis and the Sociology of Gender*, Berkeley and Los Angeles: University of California Press, 1978, p.169.

② Susan Stanford Friedman, "Women's Autobiographical Selves: Theory and Practice, in *Women*", in *Women, Autobiography, Theory: A Reader*, Sidonie Smith and Julia Watson ed., Madison: University of Wisconsin Press, 1998, p.76.

在发现和揭示他者的过程中发现和揭示自我。"①在《女性之城》中，皮桑所运用的将个体消融于群体当中，又通过群体来折射出个体精神特质的女性传记文学写作方式，暗合了当代女性主义精神分析理论提出的女性独特的、极具主体间性的心理特质和精神发展历程。

以上的论述说明了为何我们应当将《女性之城》视为历史人物传记与皮桑自传的复合体，以及皮桑运用这一写作手法的深层次意图——通过自传来建构女性作者身份与权威。在中世纪晚期，人们通过考察写作者与彼岸上帝的关系、写作者对古代传统的继承以及写作者的道德水准与学识来判定作者的身份。皮桑在《女性之城》中将不同历史时期的女性作为自己的镜像式形象，分别从这三个方面来为自己建构合格的作者身份。

（二）自传中的镜像式寓言

在漫长的欧洲中世纪，最具权威性的作者身份莫过于《圣经》的作者。中世纪晚期的神学阐释学在接受亚里士多德的四因说之后，开始关注《圣经》的人类作者，将其视为《圣经》文本形成过程中的第二动力因。13世纪的多米尼克会修士理查德·费什艾克在他的《圣经》评注中指出，《圣经》应当被视为由上帝和尘世人类作者共同完成的作品。方济各会的神学家圣波纳文图拉在评注《路加福音》时认为《圣经》的作者可以被区分为三重不同的动力因：圣灵、神圣的恩典与福音书的作者。同一时期巴黎的多米尼克会修士尼古拉斯·加兰以及剑桥的多米尼克会修士约翰·拉塞尔认为《启示录》的动力因有四重：圣父、基督、在帕特莫斯岛造访圣约翰的天使以及圣约翰本人。②这一时期的神学文献表明《圣经》的尘世人类作者身份开始逐步得到认同和关注。他们虽然是次于彼岸上帝的第二动力因，但是人类作者身份的合法性与自主性开始在西欧思想界得到普遍承认。

由于《圣经》及其作者享有绝对的神圣性与权威性，所以中世纪各个文类的

---

① Mary G. Mason, "The Other Voice: Autobiographies of Women Writers", in *Women, Autobiography, Theory: A Reader*, Sidonie Smith and Julia Watson ed., Madison: University of Wisconsin Press, 1998, p.321.

② A.J.Minnis, *Medieval Theory of Authorship: Scholastic Literary Attitudes in the Later Middle Ages*, Philadelphia: University of Pennsylvania Press, 1988, pp.78-81.

写作者都试图效仿《圣经》的作者。他们通过确立自己的写作与彼岸上帝之间的关系来赋予作品以神圣性，并以此来建构作者的身份与权威。皮桑在写作《女性之城》时也运用了这一写作策略。在玫瑰论战中科尔兄弟曾经肆无忌惮地攻击皮桑的女性作者身份，这促使她在《女性之城》中将那些蒙恩的圣女作为自己的镜像人物，借助她们与彼岸世界的神圣联系来为自己建构出具有内在权威性的作者身份。

《女性之城》作为皮桑的隐性自传，其中许多女性的故事都与皮桑本人的人生经历形成了镜像式的对应关系，最具有代表性的是《女性之城》第三部分中讲述的皮桑的主保圣人——圣克里斯蒂娜的故事。皮桑通过她的故事来反驳厌女言论，在皮桑看来由神圣上帝赋予女性的话语权是不容辩驳的，即使面对那些博学多才的学者们，女性的话语也因为包含着神启的权威而战无不胜。在圣克里斯蒂娜殉教的故事中，皮桑将女性的话语权展示得淋漓尽致。圣克里斯蒂娜因为信仰基督教而惨遭迫害，但是她坚贞不屈，在法庭上与那些异端辩论。因为无法驳倒圣克里斯蒂娜，法官对她使用割掉舌头的残酷刑罚。圣克里斯蒂娜在圣灵的恩宠下对那些迫害她的异端做出反击，"她将被割下的舌头吐到暴君的脸上，击瞎了他的一只眼睛。然后，她像从前一样清晰流利地对他说道：'暴君……我的舌头有充分的理由使你瞎掉一只眼睛，因为你从一开始就不相信我的言辞。'"① 皮桑以殉教圣女克里斯蒂娜的故事充分展示了女性，尤其是接受了彼岸神启的女性所拥有的不可撼动的话语权。

圣克里斯蒂娜所遭受的被割去舌头的酷刑，象征了在父权制和厌女思想的双重绞杀之下女性身心所受到的极大摧残。皮桑本人的名字便是克里斯蒂娜，那些男性权威在玫瑰论战中对她的恶意攻击，以及对她的话语权的压制和蔑视，都将圣克里斯蒂娜的殉教和皮桑在现实世界中的遭遇联系在了一起。圣克里斯蒂娜即便被邪恶的男性统治者割去了舌头，来自彼岸的神圣恩典依然让她口齿清晰地反驳异端的信仰。联系到皮桑在《女性之城》的第一部分借理性女神之口指责那些诋毁女性的言论无异于异端邪说的情节，读者可以清晰地感受到皮桑将自己的形象与圣克里斯蒂娜的形象重合到了一起。在《女性之城》中，皮桑以自己与圣克

---

① Christine de Pizan, *The Book of the City of Ladies*, Rosalind Brown-Grant trans., London: Penguin Books, 1999, p.223.

里斯蒂娜之间通过隐性自传建立起的镜像关系，为自己建构出了一个源自神圣彼岸的作者身份。

如果说圣克里斯蒂娜的抗争与殉教是皮桑通过写作来反抗厌女言论的镜像的话，那么她在《女性之城》的开篇再现《路加福音》中圣母领报的神圣一幕，则是为了将自己的写作与中世纪至高的神秘——基督的道成肉身相联系，使得《女性之城》能够分享《圣经》的神圣地位。此外，皮桑还试图以这种方式将圣母玛利亚作为自己作者身份的镜像之一，借此来建构作者身份与权威。通过将《女性之城》的第一节与《路加福音》中圣母领报的情节进行对照式阅读，读者可以发现三位女神扮演了大天使加百列的角色，皮桑则取代了童贞女玛利亚的身份。在作品的开篇序幕中，皮桑对于三位女神的翩然降临，由惊惧转为欣喜，随后她在女神们的教导之下欣然接受了来自彼岸的神圣任务：

> 我究竟做了什么使得你们告诉我，我被拣选去承担在大地之上建造一座新城的任务呢？……然而，可敬的女神们啊，尽管我对于即将承担的非凡任务感到胆怯不安，但是我知道上帝是无所不能的。……我衷心感谢上帝和你们信任我并且将如此高贵的工作指派给我，我满怀欣喜地接受它。看哪，你的使女已经准备好服从你的召唤了。①

玛利亚经由圣灵感孕而使基督道成肉身的计划得以实现，并使得上帝对于人类的救赎成为现实。在《女性之城》中，皮桑接受三位女神所传达的彼岸神启，她通过书写建立女性之城的工作被等同于圣母玛利亚由于获得上帝的恩典而孕育诞生圣子。这座被理性女神预言将永不坍塌的女性之城，也可以被视为基督渴望在尘世建立的不朽的、公义的上帝之国的化身。

除了文字内容的表述，在《女性之城》初版的插图中也体现出了皮桑借用《圣经》文本为自己的写作赋权的意图。皮桑非常关注自己作品中的插图，她聘请了当时法国最负盛名的女插图画家阿娜斯塔西娅来为《女性之城》绘制一幅幅

---

① Christine de Pizan, *The Book of the City of Ladies*, Rosalind Brown-Grant trans., London: Penguin Books, 1999, p.16.

精美的插图。①在表现作品开篇场景的插图中，皮桑身披蓝色的外衣在自己的书房里安静的沉思，桌上摆放着被翻开的书籍，三位衣着高贵华丽的女神飘然而至。插图画家对于这一幕的表现会让中世纪的每一位读者联想起圣母领报的情景。在这一时期的基督教圣像画中，圣母总是披着蓝色的外袍，因为那象征着辽阔的天空，棕红色的内衣象征着安宁的大地，圣母静默的沉思象征着她的贞洁与谦逊，手边翻开的书页象征着圣母在信仰上的坚定与无瑕。借助文本与插图的配合，皮桑以双重的方式唤起读者对基督教神圣传统的回忆。通过在《女性之城》中再现《路加福音》，皮桑试图以自己与圣母玛利亚之间的镜像关系赋予《女性之城》以基督教正典的神圣性，而且使得她本人能够分享福音书作者的权威身份。皮桑运用这一写作策略的意图在于遵循中世纪神学阐释学的传统，将上帝的神圣意志作为《女性之城》的第一动力因，并借此来建构自己的作者身份与权威。

在皮桑生活的时代，古典文化对西欧社会的渗透不再仅限于学术研究和大学教育，而是广泛进入社会文化生活的各个方面。中世纪晚期盛行的厌女文学作品可以被视为古典文化传统进入世俗文化的例证之一。那些在市井中流通的包含厌女思想的俗语文学作品，往往以援引古典文学中厌女言论的方式来建构自身的合法性。此外，在那些学者笔下的神学、哲学、文学著述里亦不乏此种论调。在玫瑰论战中，《玫瑰传奇》的支持者们就以莫恩对古典传统的继承为例，来维护他的作者身份与权威。针对这种状况，皮桑在《女性之城》中用了相当的篇幅来探讨厌女文本如何以引用和重复的方式来建构自身的权威与合法性。理性女神这样说道："还有一些人这么做是为了以此来夸耀他们的博学：他们在书中看到这些观点并且乐于在自己的作品里援引那些他们所阅读的作者。"②随后皮桑借理性女神之口讽刺了那些自以为是的文人的愚昧和可笑，"他们的学说不再是'哲学'（philosophy）而成为'愚学'（philofolly）。"③以这种方式，皮桑彻底否定了那些持厌女观念的学者们所宣称的源自古代典籍的权威性。

---

① Rosalind Brown-Grant, *Christine de Pizan and the Moral Defence of Women: Reading Beyond Gender*, Cambridge: Cambridge University Press, 2003, pp.146-147.

② Christine de Pizan, *The Book of the City of Ladies*, Rosalind Brown-Grant trans., London: Penguin Books, 1999, p.18.

③ Ibid., p.19.

皮桑虽然驳斥了那些写作厌女文本的男性作家以援引古典文学的方式来建构作者身份的行径，但是这并不代表她反对这种通过对古代优秀文化传统的继承，来为自己的作品和作者身份赋权的文本策略。相反，皮桑通过理性女神之口阐述了自己的写作与继承传统之间的关系："站起来吧，女儿，让我们一刻也不要耽搁，现在就一道前往文学的田野。我们将要在一片平坦肥沃的原野上营造女性之城，那里硕果累累、清泉流淌，是一处美好之物蓬勃成长的地域。"①在《女性之城》中，皮桑也大量援引了古代文化典籍，以此来建构合格的作者身份。值得指出的是，皮桑与其他男性作家最大的不同在于，她所援引的是那些被父权制文化放逐、消音的女性写作传统。皮桑因此成为西方历史上第一位对女性文学传统进行发掘与钩沉的学者，她以这种方式来对抗厌女思想对女性作者身份的质疑和消解。皮桑运用的这种抗辩性写作策略对男性主导的思想文化体系产生了巨大的颠覆作用，而且还被后世的诸多女性作家们继承沿用。在20世纪的女性主义批评论著《阁楼上的疯女人》中，两位作者以玛丽·雪莱探访库迈的女先知西比尔的洞穴并找到女先知残存的书卷为例，来探讨女性作家在父权制社会中感受到的作者身份的焦虑，以及她们通过追溯、钩沉女性写作谱系来建构作者身份与权威的文本策略。吉尔伯特和古芭指出："在这个寓言中，玛丽·雪莱从象征意义上说已经将自己描画成消失了的女巫，那位最早出现的女预言者的女儿，正是从这位女巫和女预言者身上，神奇地孕育出了后来所有的女性艺术家。"②

《女性之城》作为皮桑的镜像式自传，她有意识地将那些曾经为人类文化艺术的发展做出杰出贡献的女性艺术家们塑造为自己的镜像。通过这种方式，皮桑使得自己能够融入古典文化传统当中，成为伟大传统的继承者。古罗马女诗人普萝芭是皮桑的镜像式人物之一，皮桑通过她肯定了自己在《女性之城》中大量运用的修正式写作策略。对于普萝芭的诗歌艺术，皮桑强调的是她对于前人诗歌的创造性修正，这种修正化解了来自于父辈文学传统的阴影。对既有文学传统的修正，是皮桑和她的众多女性前辈们经常采用的写作策略。她们通过表面上的顺

---

① Christine de Pizan, *The Book of the City of Ladies*, Rosalind Brown-Grant trans., London: Penguin Books, 1999, p.16.
② 桑德拉·吉尔伯特、苏珊·古芭：《阁楼上的疯女人：女性作家与19世纪文学想象》，杨莉馨译，上海：上海人民出版社，2015年，第123页。

从，一方面获得了父权制社会话语系统的认可和准入，另一方面又在暗中动摇乃至摧毁了压抑、否定女性身份和价值的厌女文化传统。皮桑是这样描写普萝芭的文学创作过程的：

> 她借助维吉尔的作品《牧歌》《农事诗》和《埃涅阿斯纪》来创作自己的诗篇，她有时会借用完整的诗节，有时则借用一些短小的片断。通过令人惊叹的技巧和艺术天赋，她能够从原始素材中创造出全部的诗行并且将它们重组和连缀成篇，所有诗句都遵循拉丁诗体的规则、惯例、结构和格律而且没有任何错误。……她改写的维吉尔的作品与《圣经》如此相契合，以至于不知道真正原文的人会将维吉尔视为一位预言家，如果不将他视作一位福音主义者的话。①

在中世纪的文化观念中，维吉尔被认为是一位预言了基督的降临与救赎的恩典的伟大诗人，这使得他拥有了世俗与神圣的双重权威。在《神曲》中，但丁将维吉尔视为带领他走出地狱和炼狱的向导，他在《炼狱篇》里借诗人卢卡努斯之口来赞美维吉尔对于基督教信仰的贡献。但是在《女性之城》中，皮桑通过描述普萝芭对维吉尔的诗篇所进行的创造性改写和修正，把维吉尔对于基督教信仰的贡献转移到了女性作家的写作和文本中来。皮桑借此来表彰女性的创作行为对于人类社会文化发展进程做出的贡献。此外，她还以女性作家对男性经典的创造性修正来反抗源自父辈文学传统的阴影，并为女性写作进行积极赋权。在皮桑的笔下，普萝芭的写作融合了基督教信仰和古典传统，而这也是中世纪晚期的文化氛围在《女性之城》中的体现。皮桑不仅以此来调和欧洲的两大文化传统，而且还试图使得自己的写作成为对这两个伟大传统的继承和发扬。

当代女性主义批评家卡伦·奥芬（Karen Offen）认为，对于女性主义运动而言，最严重的问题不是女性主义传统的欠缺，而是遗忘，所以女性主义者们应当自觉地追溯传统。②中世纪晚期作者身份的定义，要求作者必须通过在作品中继承和再现古典文化传统来建构作者身份与权威。皮桑在自己的创作实践中，遵循

---

① Christine de Pizan, *The Book of the City of Ladies*, Rosalind Brown-Grant trans., London: Penguin Books, 1999, pp.59-60.

② Sarah Gwyneth Ross, *The Birth of Feminism: Woman as Intellect in Renaissance Italy and England*, Cambridge: Harvard University Press, 2009, p.1.

了这一传统但又从本质上修正了其中所包含的父权制意味。皮桑在《女性之城》中自觉地发掘被掩埋的女性写作谱系,她将那些伟大的女性先辈作为自己在文本中的镜像,并以此来完成女性作者身份的建构。

在14、15世纪之交的中世纪晚期,随着意大利人文主义思潮在欧洲大陆的广泛传播,学者阶层开始普遍接受人文主义思想所提倡的某些价值观念,例如对于人类尘世德行的嘉许和推崇。基督教信仰中的三超德——信、望、爱依旧被视为一切美德的顶点,但是统领人类尘世生活的四枢德——智慧、节制、勇敢和正义也开始日益为人们所重视,并且成为这一时期文学艺术探讨的主题之一。人们对于尘世生活中的美德以及理性认知能力的认可,使得在中世纪晚期的合格作者身份定义中,德行与知识逐步成为重要的判定标准。

在中世纪的文学观念中,作品的权威性和作者身份的合法性与作家的写作意图之间存在着直接关联,任何写作都必须满足揭示真理和进行道德教化的神圣目的。学者艾伦(Judson Boyce Allen)在批评论著《中世纪晚期的道德诗学》(*The Ethical Poetic of the Later Middle Ages*)中指出:"对于中世纪而言,文本的意义可以是多层次的,但是绝不能是随意的或者难以预期的,意义存在于一个可能的序列当中"[1]这个可能的序列往往意味着伦理道德和宗教讽喻的序列。中世纪晚期西欧思想界对于人类作者身份的认可与对于文本和道德之间关系的重视,使得作者身份的确立与作家的写作意图以及文本所具有的教化功能之间呈现出紧密的关联性。这一时期对于作者身份的定义除了关注作者的道德水准,作者的学识亦是建构合格作者身份的重要标准之一。这一新兴观念与12世纪之后欧洲大学教育的启动以及学者阶层的兴起和壮大有着密切关系,它代表了世俗知识分子的权威开始与源自启示和信仰的教会学术权威分庭抗礼。

受到中世纪晚期这一系列学术观点的影响,在玫瑰论战中,皮桑和她的论敌之间围绕着莫恩的作者身份展开了一场激烈辩论,莫恩的道德水准和学识成为双方争论的焦点。皮桑在1401年6月和1402年10月的两封信件中都指出了莫恩和《玫瑰传奇》在道德水准上的极大欠缺。她认为以莫恩的学识和才华本可以创作出伟大的杰作,但是他对于情欲的放纵使得他的作品功败垂成。皮桑所秉持的是

---

[1] Judson Boyce Allen, *The Ethical Poetic of the Later Middle Ages*, Toronto, Buffalo and London: University of Toronto Press, 1982, p.104.

源自古罗马的文学批评理念，她希望文学作品承担起寓教于乐的道德教化使命。但是莫恩笔下的《玫瑰传奇》恰恰与这一评判标准背道而驰。为了回击皮桑从道德层面对莫恩和《玫瑰传奇》发起的进攻，皮桑的论敌选择从教育和学识的角度攻击皮桑，强调她与莫恩在学术地位上的天壤之别。在玫瑰论战中双方对于作者身份界定标准的辩论，使得我们可以清晰地看到中世纪晚期的世俗学者阶层开始将关注的目光逐步转移到作者个人身上，德行与学识成为这一时期判定作者身份最为重要的标准。从伦理道德层面驳斥厌女言论并且通过钩沉女性文学谱系来为女性写作赋权，是皮桑在写作《女性之城》时着重运用的抗辩性写作策略。为了实现建构作者身份的写作意图，皮桑将以上两点结合在一起，通过一系列女性的故事塑造出有别于中世纪传统伦理道德序列中所宣扬的女性之德——学识之德。

人文主义思想在西欧诸国的传播，使得一部分接受了这种先进思潮的学者开始关注女性的教育问题，并将其与女性的德行联系在一起。在14、15世纪，学识渊博的父亲在家庭内部亲自教导自己的女儿成为一个日益成熟的文学主题。14世纪晚期的法语文学作品《塔中骑士之书》（*The Book of the Knight of the Tower*）在法国、英国和德意志地区都拥有广泛的受众。这部作品讲述了一位才德兼备的骑士教育他的三个女儿读书识字，以使得她们能够更好地明辨是非的故事。在15世纪，古罗马哲学家西塞罗的书信集被多次再版并且成为畅销书。在这些信件中，西塞罗一再赞美女儿图莉娅的贤淑聪慧，她以她的善解人意来安慰父亲命运多舛的晚年。朱迪斯·哈勒特（Judith Hallett）指出，在古罗马时代的精英阶层当中，人们往往认为贵族女性的出众才德彰显了她的父亲和宗族的德行与才智。西塞罗就曾在其书信中称女儿图莉亚为"我的面容、言辞与思想的映像"[1]。这种家庭内部的知识传承方式以及父女之间亦师亦友的关系模式在中世纪晚期的俗语文学中一再出现，并日益成为被学者阶层所接受的家庭教育方式。

皮桑在写作中取得的一系列成就证明了她直接受益于这种家庭内部的教育模式。皮桑的女性身份导致她无法进入学校接受正规教育，但是其父托马索自她年幼起就给予她良好的家庭教育，在他的指导下皮桑熟练掌握了法语、意大利语和拉丁语的读写。早年良好的家庭教育使得皮桑能够在成年之后成为欧洲历史上第

---

[1] Sarah Gwyneth Ross, *The Birth of Feminism: Woman as Intellect in Renaissance Italy and England*, Massachusetts: Harvard University Press, 2009, p.12.

一位以写作为生的职业女作家，而且她还清楚地认识到学习和教育对于女性精神成长的重要意义。在《女性之城》中，皮桑参照新兴的人文主义思潮对于女性教育的积极态度，并结合自身的学习成长经历，尝试从女性与学识的关系来定义和建构女性的作者身份与权威。皮桑将知识分子家庭中父女之间的知识传承关系作为一个寓言模式，并在历史中追溯这种家庭教学关系的谱系。同时，她还将自己的人生经历杂糅于其间，使得作品中出现的那些青史留名的知识女性成为自己的镜像，并且成为她建构作者身份的有力手段。

在《女性之城》中，皮桑多次谈到教育对于女性的心智与德行发展的重要意义，她一再悲叹男性对女性受教育权的剥夺。在皮桑看来，教育不仅使得女性能够识文断字，更重要的是能够增进她们的德行，使之更好地履行自己的社会职责。皮桑认为女性通过接受教育获得丰富的知识本身就是一种美德，而且这种学识之德会进一步促进女性其他德行的增长。她借理性女神之口说道："上帝赐予每个女人一副聪慧的头脑，如果她愿意的话，能够将其充分运用到所有最博学、最著名的男性所活跃的领域当中。如果女性渴望去学习，这些领域对于她们而言不会比对于男性来说更难，她们可以通过付出必要的努力来为自己赢得美名，就如同最卓越的男人们那样。"①

在玫瑰论战中，皮桑的论敌以她没有进入大学接受过正规教育作为质疑皮桑作者身份的论据。在《女性之城》里，皮桑以历史中杰出的女性学者通过家庭内部的学术传承来获得渊博知识的故事，回击那些男性学者对于女性学习能力的贬低和嘲讽。由于皮桑本人就是这种家庭教育方式的受益者，所以这些女性可以被视为她在文本中的镜像式人物，而且她们的故事构成了她的隐性自传的一部分。在《女性之城》的第二部分，皮桑以一节的篇幅专门论述女性接受教育将会给家庭和社会带来的诸多益处。正直女神告诉皮桑："的确，教育和知识毫无疑问能够纠正人们的恶行并且提升他们的道德。一个人如何能相信通过良好的教育和劝诫，竟有人会因此变得更邪恶？"②随后，女神以皮桑同时代的杰出女性诺维拉

---

① Christine de Pizan, *The Book of the City of Ladies*, Rosalind Brown-Grant trans., London: Penguin Books, 1999, p.59.

② Ibid., p.140.

为例,来论证良好的家庭教育对于女性自身德行的促进作用,以及女性的美德和学识的增进对于家庭乃至社会的良性推动作用。

诺维拉的父亲乔万尼·安德烈亚是博洛尼亚大学的法学教授,他是中世纪晚期的知名学者。一些研究者认为皮桑的父亲也曾一度执教于博洛尼亚大学,所以皮桑极有可能是从她父亲那里听说诺维拉的故事的。[1]安德烈亚并不认为对于女性的教育会有损她们的心智与德行,他通过家庭教育使得聪慧的女儿诺维拉成为一位杰出的法学学者。诺维拉的学识如此优秀,以至于"当他因为事物繁忙而无法亲自给学生授课时,他就让女儿代替他坐在教授的席位上给学生讲课。……她以这样的方式减轻了父亲的负担并且使得他从一些职责中解脱出来。"[2]为了纪念学识卓越的女儿,安德烈亚选择以女儿诺维拉(Novella)之名来命名他写作的一本重要的法学论著——*La Novella*。

在讲述完诺维拉的故事后,正直女神的话题转向了皮桑本人的求学经历。"你的父亲是一位声名卓著的占星家和哲学家,他不相信科学知识会有损于女性的价值。确实如你所知,当他看到你如此迅捷地学习知识时,这带给他巨大的欣慰。"[3]皮桑虽然在求学之路上遭遇到不少阻碍——她一再面对社会习俗对于女性的偏见,但是无人能够扼杀她对于知识的光明之路的渴望。所以正直女神用谚语"我们天性中的事物无人能够剥夺"[4],来嘉许皮桑对知识和真理的追求。通过这样的对比,皮桑将自己的人生历程与诺维拉的故事形成镜像式的对照。她以诺维拉站上大学讲台并且成为权威性学术论著的书名为例,来论证女性完全可以通过在家庭接受教育,继而成为优秀的学者。皮桑以女性学者身份中所包含的学识与德行之间相辅相成的关系,来反驳玫瑰论战中那些秉持厌女思想的男性学者对于她的作者身份的质疑。此外,皮桑还将自己纳入以诺维拉为代表的,通过家庭教育而成为杰出学者的女性教育传统当中,并借此来建构自己的作者身份与权威。

---

[1] Sarah Gwyneth Ross, *The Birth of Feminism: Woman as Intellect in Renaissance Italy and England*, Cambridge: Harvard University Press, 2009, p.21.

[2] Christine de Pizan, *The Book of the City of Ladies*, Rosalind Brown-Grant trans., London: Penguin Books, 1999, pp.140-141.

[3] Ibid., p.141.

[4] Ibid.

镜子是《女性之城》中具有统摄作用的核心意象，理性女神手持的真理之镜赋予《女性之城》以破除异端邪说、映射真理之光的神圣意味。在这个意义上，皮桑将这部历史传记作品作为既反映女性在人类发展历程中呈现出的真实面貌，同时又展示出皮桑本人心路历程的女性之鉴，使其成为历史人物传记与自传的有机复合体。笔者认为，皮桑虽然没有用镜子一词来命名这部作品，但是开篇出现的真理之镜的意象向读者们表明《女性之城》可以被视为一面"文本之镜"。读者应当遵循中世纪的阐释学原则来对这部内容丰富的作品进行解读，它的内容不应仅仅被视为单纯的历史叙述，而应当将其看作是具有多重意义的象征性寓言。只有通过这种阅读方式，皮桑赋予《女性之城》的多重寓意才能够得到充分展示，她借助这部作品来建构作者身份与权威的写作意图才能够最终获得实现。

三、《克里斯蒂娜·德·皮桑的幻象》：从君主之鉴到人类之鉴

成书于1405年的《克里斯蒂娜·德·皮桑的幻象》（下文简称为《幻象》）是皮桑的代表作之一。《幻象》被当代研究者们视为皮桑笔下最复杂、最神秘，同时也是最难以阐释的一部作品，因为其中涵盖了皮桑对于历史、社会正义、哲学和神学的思考。[①]《幻象》作为皮桑最重要的自传性作品受到众多学者的关注，对于这部扑朔迷离的作品的文类属性历来就存在着诸多争议。有的学者认为《幻象》这部神秘主义作品效仿了圣奥古斯丁的《忏悔录》以及彼特拉克的《秘密》中的自传性写作，并借此来建构女性作者的权威。[②]研究者威拉德指出，作品中的自传性内容以及自我提升的写作意图揭示了皮桑作为早期人文主义者的身份。[③]还有一些学者认为，这部作品具有明显的政治指向，他们将作品的成书年代引入对作品的考察中，指出这部作品与1405年的巴黎围城事件息息相关。他们推论出这部晦涩的《幻象》是皮桑对法国国内的政治危机做出的批判与反思，所

---

① Bonnie A. Birk, *Christine De Pizan and Biblical Wisdom: A Feminist-Theological Point of View*, Milwaukee: Marquette University Press, 2005, p.89.

② Ibid., p.90.

③ Charity Cannon Willard, *Christine de Pizan: Her Life and Works*, New York: Persea Books, 1990, pp.153-163.

以应当属于政治写作，可以被归入君主之鉴这一文类。①近年来，不少学者开始重新反思《幻象》，例如克里斯蒂娜·瑞诺和莉莲·德莱克认为这部作品作为一个错综复杂的综合体，对于它的阐释应当是多元的、开放的，研究者可以从历史、政治、性别、神学等多个视角对这一文本进行分析与解读。②

虽然众说纷纭，但是《幻象》的自传性却得到了当代研究者的一致认同，而且它被视为第一部用法语写作的自传性作品。③笔者认为《幻象》中的自传性内容不应被简单地理解为皮桑对于自己人生历程的追忆和呈现，自传在这部晦涩复杂的作品里扮演了多重角色。皮桑的自传既揭示了她在丧失亲人之后生活历程的苦难艰辛，同时也是法国风云变幻的历史时期底层人民水深火热生活的缩影和写照。此外，皮桑还通过与观点女士和哲学女士的交谈，赋予她的自传以哲理性和普世性，使之成为人类灵魂朝圣之旅的象征性表达。正如学者布朗–格兰特所言："这部作品不应仅仅被当作自传来阅读，其目的在于教导统治阶层的读者们将讽喻化阅读的能力视为救赎的方法。"④这部意蕴深邃的作品同时涵盖了对于法国的政治救赎，对于个体的道德救赎，以及对于全体人类灵魂走向上帝的救赎之路的思索与寻觅。以这种方式，皮桑将《幻象》由关注政治议题的君主之鉴转化为探讨人类灵魂上升与救赎之道的人类之鉴。值得指出的是，皮桑对玫瑰论战的反思同样存在于这部作品当中，这使得自传性内容也成为皮桑建构作者身份与权威的有力手段。

《幻象》开始于皮桑的灵魂在睡梦中离开身体来到一个美丽幽静的山谷。她看见一个名为"混沌"（Chaos）的巨人，他的胃部容纳着整个世界，由一位名为自然的女性给他喂食。自然用胆汁、蜂蜜、铅和羽毛为皮桑造了一个新的身

---

① Rosalind Brown-Grant, "*L'Avision Christine:* Autobiographical Narrative or Mirror for the Prince?", in *Politic, Gender, and Genre: The Politic Thought of Christine de Pizan*, Margaret Brabant ed., Boulder and Oxford: Westview Press, 1992, pp.95-111.

② Christine Reno and Liliabe Dulac, "*The Livre de l'advision Cristine*", in *Christine de Pizan: A Casebook*, Barbara K. Altmann and Deborah L.McGrady eds., New York: Routladge, 2003, pp.199-214.

③ Ibid., p.201.

④ Rosalind Brown-Grant, "*L'Avision Christine:* Autobiographical Narrative or Mirror for the Prince?", in *Politic, Gender, and Genre: The Politic Thought of Christine de Pizan*, Margaret Brabant ed., Boulder and Oxford: Westview Press, 1992, p.96.

体，随后她让皮桑通过巨人的口进入他的胃部。在巨人胃部漫游的皮桑看见一棵大树和坐在树下的面容哀愁、头戴冠冕的女性利波拉（Libera），皮桑在与她的交谈中得知利波拉和树皆为法国的化身。利波拉向皮桑讲述了法国的兴衰史，她悲叹统治者的失职和昏聩导致了大树的枯萎，并以寡妇的身份自居。利波拉以《但以理书》中的尼布甲尼撒为例论证不义的君主必将受到上帝的惩罚，她还要求皮桑将她的悲泣和预言转告给她的孩子——法国的统治者们。在交谈的过程中，利波拉让皮桑看到了被欺诈、淫邪和贪婪囚禁的理性女神。被束缚的女神与失落的真理之镜象征着法国统治者丧失了了解民间疾苦的途径，他们被自己的种种欲望和罪恶蒙蔽了双眼。通过与利波拉的交谈，皮桑将自己塑造为法国国家利益的代言人与底层民众的传声筒。此外，皮桑还以利波拉和她交谈时对她表现出的信任与倚重，为自己塑造出宫廷秘书的形象。皮桑说道："现在感谢上帝，我成为这位公主的亲密朋友，她向我披露心中的秘密以表达她对我的青睐和眷顾。她不介意赐予作为女人的我，被任命为书记员的荣耀，去记录下她从前经历的奇遇"①。皮桑以她与利波拉之间的融洽关系赋予自己对法国政治事务发表意见的合法性，进而为自己建构出通过写作介入社会公共事务的作者身份。

在作品的第二部分，皮桑来到一所学校（影射巴黎大学），为数众多的学者在其中就各种问题争论不休。皮桑发现在学者们的头顶上漂浮着一个巨大的女性形态的阴影，这片阴影由无数颜色各异的小碎片组成，每一个碎片都对应着某一个学科及其分支。她惊讶地发现似乎正是这些碎片和阴影导致了学者们无休止的争论，而且这片包容各个学科的巨大阴影还笼罩着整个世界。这片阴影随后化身为观点女士（Lady Opinion）与皮桑进行交谈。她自称为无知的女儿，诞生于人类的求知欲，她的天性在于激起人们对问题的探讨，但又不断干扰人们的正常思考。观点女士向皮桑列举了一系列古代哲学家的学说，同时指出她是如何在世界起源这一问题上对他们进行误导的。在《幻象》的第一部分中，皮桑仅仅是利波拉的倾听者。但是在第二部分里，她与观点女士展开了积极的交谈，并且在两人的谈话中引入自传性内容。

通过与观点女士谈论自己的作品，皮桑借观点女士之口批驳了文化思想领域

---

① Christine de Pizan, *The Vision of Christine de Pizan*, Glenda Mcleod and Charity Cannon Willard trans., Cambridge: D. S. Brewer, 2005, p.22.

中盛行的厌女言论，并且为自己的女性作者身份进行辩护。观点女士指出，那些认为真理不可能源自女性的观念是有违《圣经》的，因为《圣经》中记载了许多优秀出众的女性先知。观点女士告诉皮桑不必在意那些指责她的作品过于晦涩的人，因为没有哪一个作家可以取悦所有读者。那些负面判断有可能源自于嫉妒，而嫉妒会给世界带来极大的混乱和灾难。皮桑在此借观点女士之口驳斥了科尔兄弟在玫瑰论战中对她的中伤，他们认为皮桑批判《玫瑰传奇》不是出于道德良知，而是源于对莫恩的嫉妒。皮桑在此指出她从未嫉妒过任何人，恰恰是她自己遭受到了他人的嫉妒和攻击。

　　观点女士指出尽管出于各种原因读者给予皮桑的作品以不同的评价，但是随着时间的流逝，在未来会有更多的人认可和感激她的作品，她鼓励皮桑永远不要放弃写作。观点女士说道："在未来，比起现在将会有更多的人谈论起你的作品。……在你百年之后，将会出现一位充满勇气与智慧的君主，他——因为你的作品的内容——会真诚地希望你能够生活在他的时代并且热切地期望和你相识。"[1]皮桑以和观点女士谈论自己写作生涯的自传性内容，一方面驳斥了那些嘲讽女性作家的荒谬言论，另一方面她以观点女士对作品的赞誉来为自己建构作者身份与权威。皮桑对于自己作品在未来的接受状况的预言，充分表达了她对自己作品的自信心和自豪感。

　　在《幻象》的第三部分，皮桑在高塔之中向哲学女士（Lady Philosophy）讲述自己波澜起伏的一生。皮桑首先追忆了童年和青年时代无忧无虑的欢乐生活，她和父母之间的温暖亲情，以及与丈夫之间的伉俪情深。但是，父亲和丈夫的相继过世使得皮桑的人生发生了天翻地覆的变化，在寡居生活中她"成为一个失去船长，却仍旧驾船航行在暴风雨当中的女舵手。"[2]命运似乎有意折磨这个只留下孤儿寡母的家庭，皮桑在亲人尸骨未寒之时又陷入一连串涉及遗产和债务纠纷的官司当中。"我在巴黎的四个法庭成为官司和诉讼的女辩护人。"[3]面对无耻的诽谤和暗无天日的司法体系，身单力薄的皮桑一时之间走投无路。在《幻象》

---

[1] Christine de Pizan, *The Vision of Christine de Pizan*, Glenda Mcleod and Charity Cannon Willard trans., Cambridge: D. S. Brewer, 2005, p.86.

[2] Ibid., p.96.

[3] Ibid., p.97.

和《淑女的美德》中，皮桑都表达了无依无靠的女性在独立面对腐败的司法体系时的悲怆与绝望，以及她对于法国司法制度的辛辣讽刺。官司败诉之后，皮桑不得不挑起一家六口的生存重担，她所面对的不仅仅是经济上的拮据，同时还有因为人情冷暖所带来的尴尬和屈辱。生活的艰辛困苦却意外地为皮桑打开了通往文学殿堂的大门。作为欧洲第一位以写作谋生的女作家，皮桑时刻处于厌女言论的包围当中。曾有男性嘲讽皮桑对于知识和写作的追求，他说："一个博学的女人是不合时宜的，因为那太少了。"[①]皮桑随即针锋相对地反击道："一个无知的男人是不得体的，因为那太多了。"[②]

在听了皮桑的倾诉之后，哲学女士告诉皮桑她的确失去了很多，但是她同样得到了补偿，其中最重要的便是她继承自父母的高尚品德、健康的身体和审慎睿智的头脑，以及聪明美丽的孩子们。此外，哲学女士认为皮桑不应仅仅在横向的尘世物质生活层面来理解自己的不幸，而应该在纵向的人类救赎历史中来解读自己和全人类的命运。在哲学女士的阐释中，皮桑的悲惨遭遇使得她与在第一部分中出现的利波拉的形象合而为一，成为苦难深重的法兰西民族的化身，她的不幸是对腐败堕落的统治阶层的控诉与批判。《幻象》作为一部君主之鉴，其中所包含的自传性内容在文本中的功用是以此来强调个人、国家、世界之间的相互依存关系。在皮桑看来，法国作为一个小宇宙应当反射出彼岸天国的和谐秩序，君主作为国家的核心，他的德行必然会直接影响到国家的稳定和民众的利益。与皮桑同时代的学者热尔松（Gerson）认为君主有三个不同层次的自我，分别是：个人的、政治的和道德的。[③]皮桑持与之相类似的观点，她认为如果要推动国家在政治领域的健康发展就必须首先提升个人的道德水准和自我控制能力。正是在这个意义上，皮桑才将她的自传性写作纳入《幻象》当中。她一方面以个人的不幸经历向统治者揭示来自民间的不满和反抗的声音，另一方面她又以自己在道德与信仰上的自我提升作为未来国家统治者可资借鉴的范例。通过与哲学女士的一番交谈，皮桑的人生历程成为理解人类救赎历史这一宏大叙事的注解，作

---

① Christine de Pizan, *The Vision of Christine de Pizan*, Glenda Mcleod and Charity Cannon Willard trans., Cambridge: D. S. Brewer, 2005, p.104.

② Ibid.

③ Rosalind Brown-Grant, *Christine de Pizan and the Moral Defence of Women: Reading Beyond Gender*, Cambridge: Cambridge University Press, 2003, p.98.

为君主之鉴的《幻象》在一定程度上成为人类灵魂走向彼岸上帝的朝圣之旅的缩影。

在交谈中，哲学女士将皮桑对于文学创作的热爱和天赋归结于女性的天性，她还将其比拟为女性的生育和母职。她说道：

> 当你在子宫中孕育胎儿时，你会为了生育他们而体验巨大的痛苦。现在我希望你将在未来"生育"出新的作品，它们将会在人类的记忆中留下比尘世君主们更为久远的印迹并且会传播到世界的每一个角落。……尽管这伴随着痛苦和辛劳，就如同女性在生育孩子之后一听见婴儿的啼哭就会忘记她生育时所遭受的痛苦一样，你也会在听见你的作品的声音时忘记所有为之付出的代价。[1]

哲学女士的劝慰不仅给予皮桑的写作以极高的评价，而且她将通常由男性把持的写作行为与最具有女性气质的怀孕、生育和母职结合在一起。皮桑一方面借哲学女士之口认可了自己的作者身份，另一方面彻底颠覆了写作与性别之间的传统关系，她以女性的子宫作为文学领域中无穷创造力的体现和象征。

通过对《幻象》三个部分的分析与解读，笔者认为皮桑的自传性内容既是她的生平写照，同时还被赋予了深层次的目的和意图。首先，皮桑借自传性内容为建构女性作者的身份与权威服务。皮桑分别借观点女士和哲学女士之口驳斥厌女言论对于自己的污蔑和嘲讽。她指出女性可以通过写作行为获得和男性作家一样的作者身份与权威，而且她还认为写作与女性气质之间存在着内在的相通之处。其次，皮桑为了生存而苦苦挣扎的底层生活经历以及她面对腐败黑暗的法国司法体系时的彷徨与无助，使得她的人生历程成为理性女神手中反映现实的"真理之镜"。皮桑借此来告诫法国最高统治者应当聆听来自民间的声音，实施仁政并保护社会弱势群体的利益，唯有这样国家方能长治久安，百姓才能安居乐业。再次，《幻象》作为君主之鉴，其写作目的在于为国家的统治阶层提供可资借鉴的榜样。在这部作品中，皮桑提供给法国王太子学习的榜样不是某个历史或神话传说中的英雄，而是身为女性的皮桑本人。在自传性内容中，皮桑将自己塑造为

---

[1] Christine de Pizan, *The Vision of Christine de Pizan*, Glenda Mcleod and Charity Cannon Willard trans., Cambridge: D. S. Brewer, 2005, p.105.

一个具有强烈道德感和社会使命感，在困境中不屈不挠地追寻自己人生理想的女性知识分子形象。皮桑认为德行是不分性别的，有德之人无论男女都可以成为他人的榜样。瑞诺和德莱克在《克里斯蒂娜的幻象》一文中指出，"皮桑为了将自己塑造为君主的道德榜样而有意淡化自己的性别气质。"[1]但是，笔者认为这种观点是有待商榷的。皮桑确实有意将自己塑造为国家统治者的道德榜样，但是她不仅没有淡化自己的性别气质，相反她通过将女性写作与生育进行类比的表达方式，进一步强化了自己的性别特质。皮桑从不以女性身份和女性气质为耻，她终其一生以此为荣。

在具有镜子功能的《幻象》文本中，皮桑将自传性内容与镜子的意象紧密相连，借此来赋予这部作品多重意蕴。首先，《幻象》作为君主之鉴使得皮桑的自传拥有了政治与道德层面的意义和价值。通过这面君主之鉴，映射出皮桑作为一位具有道德意识和社会使命感的学者的形象。其次，通过写作君主之鉴，皮桑将自己塑造为法国底层民众与国家利益的代言人，从而赋予她通过写作介入社会公共空间并干预国家政治事务的身份与资格。再次，《幻象》既是君主之鉴又在一定程度上具有人类之鉴的特质，意在指导全体基督徒通过道德层面的自我约束和自我完善来获得彼岸的恩典与救赎。以这种方式，皮桑的写作被赋予了宗教信仰领域的权威和神圣性。此外，在作为"镜面"的《幻象》当中，皮桑还借助一系列关于写作的论述为自己成功地建构出了难以撼动的女性作者身份与权威。

第三节 互文中的性别博弈

皮桑之所以被后世的文学研究者尊称为中世纪的原女性主义者，因为她是西方历史上第一位对父权制社会中弥漫的厌女思想做出直接回应和驳斥的女性作家。在这个意义上，皮桑被视为欧洲女性意识觉醒的标志和自觉开拓女性文学传统的先驱者。玫瑰论战使得皮桑充分意识到厌女思想对于女性精神与情感的戕害，以及它对于和谐的两性关系乃至于政治伦理的干扰和侵蚀。不同于在玫瑰论战中以直白的方式来挑战厌女言论，皮桑通过在自己的作品里重述那些在中世纪

---

[1] Christine Reno and Liliabe Dulac, *"The Livre de l'advision Cristine"*, in *Christine de Pizan: A Casebook*, Barbara K. Altann and Deborah L. McGrady eds., New York: Routledge, 2003, p.204.

耳熟能详的神话，来颠覆其中所蕴含的厌女思想，而且她还尝试以此来重构人们一度被扭曲的对于神话和历史的记忆。通过与男性经典文本形成多层次的互文关系，皮桑在中世纪晚期的文学领域中完成了一场意义深远的，旨在重估女性价值、重塑女性身份的性别博弈。

一、厌女症、神话与记忆

厌女症是欧洲中世纪文化思想领域中一个具有强烈时代特征的现象，它弥漫于神学、哲学、文学以及世俗文化的方方面面。在中世纪晚期，厌女症发展成为一套专门针对女性，并以贬抑、诋毁、侮辱女性为目的的话语系统，它是父权制思想观念在社会文化领域的集中体现。欧洲中世纪厌女思想的源头主要有两个，分别是古典文化传统与基督教神学传统。亚里士多德在《论动物生成》中，从动物生育繁衍的角度论述了雄性的优越性，他将两性之间的生理差异扩大为质料与形式、肉体与灵魂之间的二元对立："雄性为运动和生成的本原，雌性是质料的本原。……雄性和雌性借助各自所具备的不同潜能在逻各斯或本质上相互区别"。雄性凭借其优越性为质料赋型，"在生成方面雌性给子代提供的东西不同于雄性……它需要某种本质，为质料提供运动并确立质料的特性。"①

古希腊医学家盖伦在其医学论著中视女性为阴冷潮湿的物质，劣于具有干燥温暖属性的男性："正如同人类是动物中最完美的物种一样，就人类而言，男性要优于女性。他的优势在于他拥有更多的热量，而热量是自然的首要动因……由于女性比男性的体质要冷，故而女性劣于男性也就不足为奇了。"②盖伦的论述援引了哲学领域中二元对立的性别观，又从医学和生理学的双重角度再度强化了两性之间的差异和对立。古罗马诗人奥维德在中世纪的西欧社会拥有很高的声望，其作品中所包含的厌女言论被广泛地引用和复制，一些在中世纪耳熟能详的厌女格言，很多都来自于奥维德笔下的诗作。他在代表作《爱的艺术》里，将神话与传说中伟大英雄的陨落归咎于女性。奥维德这样说道："所有这一切，全都

---

① 亚里士多德：《论动物生成》，崔延强译，田力苗主编《亚里士多德全集》第五卷，北京：中国人民大学出版社，1997年，第205—206、244页。

② Galen, "On the Usefulness of the Parts of the Body", Margaret Tallmadge May trans., in *Woman Defamed and Woman Defended: An Anthology of Medieval Texts*, Alcuin Blamires ed., New York: Oxford University Press, 1992, p.41.

是女人不加节制的欲望造成的恶果啊。她们的欲望比起我们男人,来得更加猛烈,更加疯狂!"①

基督教的《圣经》同样是中世纪厌女思想的理论支柱之一。伊甸园的神话使得后世所有女性都不得不背负夏娃的罪孽,她们被视为人类堕落的始因。大卫与所罗门的故事也被认为揭示了女性内在的危险性,她们总是在扮演诱惑者的角色。奥古斯丁在《创世纪字义》(The Literal Meaning of Genesis)中提出:"我们必须坚信甚至在女性犯下原罪之前,她们就是被创造出来接受丈夫的管辖并谦恭地服从于他的。"②中世纪晚期经院哲学的集大成者托马斯·阿奎那在他的代表作《神学大全》(Summa Theologiae)中从神学和哲学的双重角度来论述厌女思想:"女性因其天性而在才智和能力上劣于男性,就如同奥古斯丁所言,积极的因素总是优于消极的因素。……胎儿发育成女性的过程是积极力量衰弱的结果,或是因为不合适的质料,或是由于外部影响所导致的改变,例如潮湿的南风,就如同亚里士多德告诉我们的。"③

7世纪的塞维利亚大主教伊西多尔的《词源学》(Etymologies)是中世纪早期百科全书式的著作,它在随后的几个世纪里被人们广泛援引。在这一部著作当中,伊西多尔从语言学的角度去论证厌女思想的合理性。他写道:"男人(vir)之所以被如此命名,因为他的力气(vis)要大于女人(feminis),同时也源自力量(virtus)一词,或者说男人被如此命名是因为他能够强有力地(vi)控制女人(feminam)。女人(mulier)的称谓则来自柔软(mollitie)一词。"④

欧洲中世纪的厌女言论在本质上是一个不断自我复制的话语体系,一些陈词滥调被反复循环使用,成为约定俗成的套话。中世纪晚期兴起的俗语文学将这些原本存在于哲学和神学领域当中的厌女思想以世俗文学的方式加以广泛传播,

---

① 奥维德:《爱经》,曹元勇译,南京:译林出版社,2012年,第18页。

② St. Augustine, "The Literal Meaning of Genesis", John Hammond Taylor trans., in *Woman Defamed and Woman Defended: An Anthology of Medieval Texts*, Alcuin Blamires ed., New York: Oxford University Press, 1992, p.79.

③ St. Thomas Aquinas, "Summa Theologiae", Edmund Hill OP trans., in *Woman Defamed and Woman Defended: An Anthology of Medieval Texts*, Alcuin Blamires ed., New York: Oxford University Press, 1992, p.92.

④ Isidore of Seville, "Etymologies", Alcuin Blamires trans., in *Woman Defamed and Woman Defended: An Anthology of Medieval Text*, Alcuin Blamires ed., New York: Oxford University Press, 1992, p.43.

例如被皮桑深恶痛绝的俗语文学经典《玫瑰传奇》。皮桑之所以在1401年挑起玫瑰论战，就是为了反驳这些针对全体女性的无耻诽谤。神话是中世纪文学创作领域当中一个举足轻重的组成部分，同时也是一个传播和复制厌女思想的重要途径。它与这一时期兴起的俗语写作相结合，使得贬抑、诋毁女性的厌女言论甚嚣尘上。

在中世纪的人们看来，神话并非仅仅被视为一种文学体裁，来自异教的经典神话经由学者们的评注和阐释成为他们理解世界、历史、道德乃至于信仰的载体。学者柯辛斯基（Renate Blumenfeld-Kosinski）指出，在中世纪晚期的文化观念中"神话决定了一个社会如何思考自身"①。在中世纪早期，教会学者通过自己的写作试图消解异教神话中有伤风化的粗鄙内容，使其适应基督教的道德原则。圣杰罗姆称异教神话为"令人愉悦的异教俘虏"，经过改写和修正之后，能够成为正统信仰的一部分。圣奥古斯丁认为异教神话在被基督徒重新创作之后，可以为宣传教义服务。在中世纪复杂漫长的文化发展历程中，并非所有的作者都在写作过程中将异教神话基督教化。在中世纪晚期，拉丁语修辞学和语法学教育的兴盛，使得越来越多的学者频繁接触到古代异教作家和他们的经典文本。从12世纪开始，西欧各国的俗语作家们开始广泛接受异教神话的影响，通过对这些经典神话进行翻译和阐释，将其融入自己的创作当中。柯辛斯基指出，这一时期的俗语作家对于神话的态度已经由阐释变为一种再创作，他们对异教神话中所包含的"爱"与"关注现世"的主题表现出极大兴趣。以这种方式，作家们复原了那些神话中所隐含的，但在基督教道德的框架内被消解了的恐惧和焦虑。②

12世纪的学者索尔兹伯里的约翰在他的《元逻辑》（*Metalogicon*）中探讨了如何在创作和教育中运用异教神话的法则。在约翰的论述中翻译处于核心地位，以这种方式大量的古代文学资源涌入了中世纪晚期的俗语写作之中，它们不仅成为俗语文学创作的资料库而且对其产生了巨大的推动作用。在翻译之外，这一时期的学者还关注对于古代异教神话的多层次评注和阐释。中世纪早期的学者们，例如富尔根提乌斯（Fulgentius）和塞维利亚的伊西多尔（Isidore of Seville），他

---

① Renate Blumenfeld-Kosinski, *Reading Myth: Classical Mythology and Its Interpretations in Medieval French Literature*, Stanford: Stanford University Press, 1997, p.206.

② Ibid., p.3.

们都对中世纪晚期的神话阐释与评注方法产生了深远影响。富尔根提乌斯追随马可比乌斯（Macrobius）在《西庇阿之梦的评注》（*Commentary on the Dream of Scipio*）中采用的方法，力图发掘神话中的哲学内涵并将其运用到哲学和道德教育中去。富尔根提乌斯在评注维吉尔的《埃涅阿斯记》时指出，应当以寓意化的方式来解读这部史诗，从虚构的情节走向道德哲学的领域。[①]他认为那些异教作家在创作时并未充分意识到其作品当中隐藏的意蕴，所以对文本进行阐释的权力完全归属于阐释者所有。

中世纪晚期的学者对于异教神话背后的道德、哲学以及神学意蕴的发掘，最终形成了一种对古代神话进行编目分类的写作模式，他们将同一类型的神话聚集在一起，在道德的维度下对其进行解读和阐释。任何一位作家对古代异教神话的阐释在本质上都是与前人理解之间的对话，其中不乏修正和颠覆。随着时代精神的变迁，中世纪晚期的作者与读者对于神话的写作、阅读和阐释不再局限于道德和信仰的维度当中，对神话资料的运用逐步成为一种艺术创作上的自觉态度，并且引发了世俗读者阐释的欲望。在这一时期，俗语文学与神话的结合促成了一种"去神话化"（demythisization）的趋势，人们将那些经典史诗视为历史的一部分并将其作为本民族历史的开端。[②]与此同时，一部分作家开始拒绝在传统的框架内对神话进行寓意化的运用，而是要求读者在作品所建构出的阐释空间内对神话进行阅读和理解。在中世纪晚期的俗语写作中，神话日渐成为帮助读者理解新的文学作品的工具。

除了赋予古典神话以道德、神学、历史和政治的寓意，中世纪晚期大量的俗语文学作品还借助神话来表达对于两性关系的探讨。但是其中大部分作品都不可避免地笼罩在厌女思维模式当中，这使得神话成为向读者传播厌女思想的有力工具，《玫瑰传奇》便是这一类型作品的代表。在《玫瑰传奇》中，莫恩将奥维德笔下的神话故事与中世纪的神话阐释学传统以及自己创作的新神话交织在一起，从而在作品中构建出了一个全新的神话体系。柯辛斯基认为，《玫瑰传奇》提供了一种在全新的寓言框架内以非寓言式的方法来运用神话的写作模式，即不是通

[①] Renate Blumenfeld-Kosinski, *Reading Myth: Classical Mythology and Its Interpretations in Medieval French Literature*, Stanford: Stanford University Press, 1997, p.7.

[②] Ibid., p.10.

过作品来评注神话,而是借助神话来阐释这部俗语传奇作品。①《玫瑰传奇》中出现的大量古代神话虽然看似与作品的主线并无直接关系,但是它们却起到了将读者带入作者所营造的神话氛围中的作用,而且还在一定程度上扩展了作品的内涵。莫恩在《玫瑰传奇》中既再现了大量的古代神话,又创作了一批全新的神话故事,但是他却将它们与厌女思想结合在一起,使得这部作品成为中世纪厌女言论的"百科全书"。

在《玫瑰传奇》中出现的第一个古代神话是纳西索斯的故事,纳西索斯对水中倒影的爱对应于作品中恋人对禁闭于苑囿中的玫瑰的爱。两位作者都将其视为人类爱欲的象征,而且将这个神话意象贯穿于作品的始终。但是,莫恩在《玫瑰传奇》的结尾改写了这篇古典神话的道德寓意,他将传统中对于虚妄之爱的讽刺和劝诫转化为男性对女性的侵凌和占有。正是这个反传统的结局导致了玫瑰论战中皮桑和热尔松对莫恩的批判,他们认为在本该反映作者道德态度的结尾部分,莫恩不仅没有做出应有的价值判断,相反他在煽动人类的情欲和占有欲。在《玫瑰传奇》中另一个与爱欲主题密切相关的神话是爱神维纳斯的故事,这个神话人物被作者赋予了明显的厌女色彩。在《玫瑰传奇》的第一部分,维纳斯被视为纯洁的敌人,她象征着轻浮和放浪的女人。在《玫瑰传奇》的第二部分,莫恩讲述了维纳斯与战神玛尔斯偷情被抓的故事,他借此来诋毁女性与婚姻。莫恩认为女性就其自然本性而言无一例外地渴望偷情和通奸,而婚姻在本质上无非就是两性间的相互欺骗。他说道:"据我所知,没有哪一个男人的妻子是安全的,无论他怎样严密地去监视和看管她,哪怕他长了一千只眼睛。……你们女人全都是,将是,并且曾经是,行为或思想上的放荡者;因为即使女人的这种行为可以被阻止,但无人能够压制这种欲望。"②

除了借用来自古典作家笔下的神话,莫恩还在《玫瑰传奇》中创作了新的神话体系,其中最重要的代表是理智女士(Lady Reason)这一形象。在中世纪的文学传统中,理智往往被拟人化为一位高贵端庄的女性,她象征了人类天赋的智

---

① Renate Blumenfeld-Kosinski, *Reading Myth: Classical Mythology and Its Interpretations in Medieval French Literature*, Stanford: Stanford University Press, 1997, p.53.

② Guillaume de Lorris and Jean de Meun, *The Romance of the Rose*, Frances Horgan trans., New York: Oxford University Press, 2008, p. 140.

慧之德。但是在莫恩的笔下，理智的形象被彻底颠覆了，这位女性口出秽言，毫不掩饰地谈论人体隐私和性行为。莫恩之所以将理智塑造得如此反传统，其目的之一就在于宣扬他所主张的文学阐释方法。莫恩借理智女士之口说道："一会儿我将给你两个词，你必须从字面上来准确地理解它们，无须做出任何评注。"① 莫恩借此表达了他对盛行于文学领域中的讽喻解读法所带来的过度阐释，以及由此导致的虚伪的反感。莫恩虽然不满于对神话和文学作品的过度阐释，但是他的《玫瑰传奇》依旧陷入了这一窠臼当中。莫恩在作品里对古代神话做出的厌女解读无疑是一种荒谬绝伦的过度阐释，这种对于阐释行为的错误应用导致了皮桑在玫瑰论战中质疑并否定莫恩的作者身份与权威。

在中世纪晚期的文学领域，除了《玫瑰传奇》，另一部对古典神话及其阐释原则产生了深远影响的著作是《道德化奥维德》（*Ovide Moralisé*）。方济各会修士皮埃尔·波西耶（Pierre Bersuire）于1316—1328年间翻译、编纂完成了这部对奥维德的代表作《变形记》进行解读和评注的作品。这部作品是《变形记》的第一个法语全译本，它为其他作家的写作提供了大量可资借鉴的材料，而且对后世的法语文学创作产生了持久的影响。自12世纪以来，奥维德成为西欧最受欢迎的古典作家之一，他的作品被众多俗语传奇作者和诗人广为援引。在这一时期，对于奥维德作品的翻译在本质上是一个阐释的过程，译者们从各自的立场出发对那些神话故事进行道德层面、寓意层面、历史层面以及宗教层面的多元解读。

在这部阐释《变形记》的作品里，波西耶力图将中世纪释经学中形成的阐释法则运用到对异教神话的解读中去。他从字面义、寓言意、道德义和神秘义这四个维度来揭示神话故事的深层次意蕴。波西耶的意图在于以神话故事中展现出的灵性寓意给予读者启示，他希望能够借此来促进读者道德和信仰的提升。在波西耶的笔下，对于神话的阐释有时并非与文本的字面义直接对应，他有意识地进行发散，使得阐释行为完全成为作者表达其思想和理念的工具。对于《变形记》中密尔拉故事的解读鲜明地体现了波西耶的阐释原则。在奥维德笔下，贵为公主的密尔拉被丧伦败行的情欲所蛊惑，趁母亲外出主持祭祀之机，欺骗自己的父亲

---

① Guillaume de Lorris and Jean de Meun, *The Romance of the Rose*, Frances Horgan trans., New York: Oxford University Press, 2008, p.109.

第六章　克里斯蒂娜·德·皮桑：道德视域中的性别与政治 | 191

并且与之同床共枕。在东窗事发后，她因为无地自容而祈求神灵将其变成了一颗没药树。在《道德化奥维德》中，波西耶并没有从传统的角度对其做出道德层面的讽喻和训诫，而是告诉读者还可以从灵性的视角来解读这个悲惨的异教神话故事。他认为密尔拉在文本层面是一个沉溺于乱伦情欲的可耻女性，但是在这个故事的灵性层面却又可以将其解读为圣母玛丽亚的象征。[①]波西耶所运用的这种超越于文本字面义的解读方法，直接影响了皮桑创作的君主之鉴《奥泽致赫克托尔的信》。在这部神话集当中，皮桑以相较于传统而言更加自由的方式，对100篇异教神话做出了道德、政治以及性别的多元阐释。

对于经典神话的阐释与再创作之所以受到学者和作家的关注，是因为在这一时期的文化观念中神话与记忆之间存在着深层次的联系。在当代社会，对于人类记忆的探讨往往归属于心理学和生理学的范畴。但是在欧洲中世纪，对于记忆的训练被纳入修辞学的传统当中，其意图不仅在于提供一种文法教育，更被视为一种道德训练。这一训练过程的主要目的旨在为人类社会行为提供一种智力和道德层面的指导。[②]对中世纪的读者而言，阅读、记忆与伦理道德之间存在着复杂的共生关系。阅读带来的不仅仅是知识的积累，同时也是个性的成长，人类通过记忆获取审慎之德。在中世纪被称为统领人类尘世生活的四枢德之一的审慎之德，被西塞罗视为由记忆、才智和深谋远虑共同构成。[③]中世纪的学者们坚信经由记忆，人们的行动可以获得审慎之德的指导与协助，记忆成为通往道德与智慧的途径。在中世纪的文化观念中，以评注和阐释经典神话为主要内容的神话集既是一种文学批评模式，与哲学和语法学有着深厚的联系，同时它也被视为承载记忆和道德训诫的工具。在这个意义上，中世纪的学者与作家们才会不厌其烦地对那些经典神话进行注释和重述。

中世纪文学传统对于神话及其阐释原则的关注深刻影响了皮桑的写作。在她的两部重要代表作《奥泽致赫克托尔的信》（以下简称为《奥泽的信》）与《女

---

① Renate Blumenfeld-Kosinski, *Reading Myth: Classical Mythology and Its Interpretations in Medieval French Literature*, Stanford: Stanford University Press, 1997, p.129.

② Betsy McCormick, "Building the Ideal City: Female Memorial Praxis in Christine de Pizan's *Cité des Dames*", in *Studies in the Literary Imagination*, 36.1, Spring 2003, p.152.

③ Mary Carruthers, *The Book of Memory: A Study of Memory in Medieval Culture*, Cambridge: Cambridge University Press, 2008, p.191.

性之城》中，皮桑对于政治问题与性别问题的探讨都是通过评注神话和重述神话来完成的。在《奥泽的信》中，皮桑对100篇经典神话做出道德评注和神学寓意的阐释，以此来为法国王太子提供政治启蒙教育读物。针对莫恩在《玫瑰传奇》中对经典神话做出的具有厌女倾向的解读，皮桑选择在她的这部作品里向波西耶的《道德化奥维德》学习。她有意识地与传统阐释路径拉开距离，淡化神话中的性别意味。在这部神话集中，皮桑将道德视为凌驾于人类性别差异之上的存在，反对将道德与某一性别捆绑，而是强调美好的德行值得所有人孜孜以求。在道德基础上的两性和解与阶级调和是皮桑政治伦理的核心之所在。

如果说《奥泽的信》是皮桑对于神话评注传统做出的修正，那么《女性之城》则是皮桑有意识建构出的全新的女性神话体系。在中世纪，神话被视为伦理道德的载体并且被赋予了对读者进行道德训诫的责任。然而，厌女思想的肆虐不仅使得神话的道德训诫功效受到人为的影响，而且还干扰了人们对于历史和神话的记忆。阅读那些包含厌女思想的神话，不仅无益于读者的心灵和德行，相反还会导致人们在认知层面的偏差，进而引发一系列的社会伦理问题。在《女性之城》中，皮桑对薄伽丘笔下不乏厌女论调的《名女》进行了系统的修正和改写。她有意识地通过重述神话在作品中建构出以女性之德为核心的人类文明发展史，以此来修正读者被厌女思想扭曲了的记忆。《女性之城》是一部旨在反击厌女言论的抗辩性文本，但是皮桑对于神话体系的修正和重述，使得它突破了为女性进行辩护的写作意图，成为两性重新发现彼此，走向和谐共处的启示录。此外，当代研究者认为《女性之城》还是一部针对宫廷女性读者的女性之鉴（Mirror for Women）。①皮桑在其中借助神话来重塑女性的社会身份，并且在此基础上探讨女性在社会公共空间的角色和价值。

对于皮桑而言，无论是《奥泽的信》抑或是《女性之城》，其中都不乏对于前人文本的引用和改写，这并非是皮桑的写作欠缺原创性的表现，而是中世纪独特的文学观念使然。从表面上看，这两部作品中杂糅了大量的他者文本，模仿大于独创。但是由于其价值立场的迥异，皮桑使得整部作品呈现出一种鲜明的创新激情和建构女性话语的强烈欲望。C.S.路易斯在其批评论著《一部中世纪作品的

---

① Rosalind Brown-Grant, *Christine de Pizan and the Moral Defence of Women: Reading Beyond Gender*, Cambridge: Cambridge University Press, 2003, p.179.

第六章　克里斯蒂娜·德·皮桑：道德视域中的性别与政治

诞生》中曾指出：

> 我们既可以说我们的中世纪作家是人类中最没有创意的，也可以说他们是最具创意的。他们没有创意，因为他们几乎不会尝试写作以前没有写过的东西。但他们又是如此叛逆地强求原创，倘若不依靠自己激烈的直观及情感想象进行加工，不把抽象的东西转换成具体的东西，不使静态的活动变得骚动，不用红色与金色覆盖住一切没有颜色的东西，他们就无法在以前作品的基础上写出一页文字。……换句话说，我们所认为的"作者—作品"模式对中世纪来说并非都能奏效。有时我们开始怀疑作品甚至不是在这个模式里；那些不断被重复叙述的内容在复述时永远不会是一模一样的。[①]

在这个意义上，《奥泽的信》与《女性之城》体现了最为典型的欧洲中世纪文学文本的构成方式。皮桑强烈的性别平等观念还使得她的作品在中世纪晚期的俗语写作中彰显出独特的性别视角。当代西方女性主义文学批评也提倡女性通过戏仿男性文本来达到反抗父权制象征秩序的目的。桑德拉·吉尔伯特与苏珊·古芭在她们的论著《阁楼上的疯女人》中，揭示了父权制文化体系中女性作家所运用的抗辩式写作策略："当然，当我们在与其潜藏的内容的关系之中思考女性写作的'古怪之处'时，我们开始发现，一旦女性没有模仿男性，或者接受那只'欧芹编织的花环'，她们或许已经开始尝试通过修正男性文类并以乔装的形式使用它们记录自己的梦想和故事的方式，来超越作者身份的焦虑了。"[②] 通过对经典神话的改写与重述，皮桑在自己的作品里以互文的方式完成了一场性别博弈，她还尝试在此基础上重构人们对于性别、神话和历史的记忆。皮桑笔下的性别博弈并非仅仅指向厌女言论和两性关系，神话中所承载的道德与神学意蕴还赋予了皮桑的作品以性别之外的指向和价值。

[①] C. S. 路易斯：《中世纪和文艺复兴时期的文学研究》，胡虹译，上海：华东师范大学出版社，2010年，第57—58页。

[②] 桑德拉·吉尔伯特、苏珊·古芭：《阁楼上的疯女人：女性作家与19世纪文学想象》，杨莉馨译，上海：上海人民出版社，2015年，第94页。

二、《奥泽致赫克托尔的信》：对经典神话的多元阐释

成书于1399年的《奥泽的信》被后世研究者视为皮桑创作的第一部严肃的散文体作品。这部神话集归属于君主之鉴这一文类，同时它也被一部分学者视为在玫瑰论战爆发之前，皮桑对于《玫瑰传奇》中的厌女言论做出的批判性反思。① 皮桑是欧洲中世纪第一位女性神话作者（Mythographer），她也被当代研究者视为第一位女性文学理论家。②皮桑在14、15世纪之交的法国、英国以及意大利的宫廷中享有盛誉。在皮桑的笔下，《奥泽的信》兼具政治与道德的双重内涵，她以对经典神话的道德评注和寓意阐释来为政局动荡的法国寻觅一条走向公义和稳定的政治道路。此外，皮桑对于神话人物的叙述与评注也和这一时期西欧国家民族意识的兴起有关。在《奥泽的信》中，皮桑评注了一系列与特洛伊王室有关的神话，这是因为在中世纪晚期法国王室视自己为埃涅阿斯的后裔。皮桑对于这些神话的阐释一方面追溯了法国王室先祖们悠久的历史和光荣的伟业，另一方面也不乏劝诫统治者以史为鉴的写作意图。

《奥泽的信》假借代表审慎之德的女神奥泽与特洛伊王子赫克托尔之间的通信，来展开对100篇经典神话的评注和阐释。整部作品除了序言，共有100个小节，每一个小节都由三部分组成：来自异教古典神话中的关于某一神话人物的诗体片段（text）；对于神话文本的道德评注（gloss）以及援引自古典哲学家的论述；对神话故事的讽喻解读（allegory）并且将之与神学家的著述联系起来。《奥泽的信》是皮桑的第一部政治写作，她在作品的序言中表达了自己创作时微妙复杂的心态。皮桑一方面以谦卑的口吻自称为："我，一个微不足道的人，一个未接受正规学校教育的女性"。③另一方面她又以其父的声望来为自己的写作行为赋权，她骄傲地自称为知名哲学家、医生托马索·德·皮桑的女儿，并宣称自己从父亲那里获得了智慧与学识。皮桑说道："我，名叫克里斯蒂娜，一个无足轻重的女人，为了承担起这项意义非凡的工作，学习了大量知识"④。

---

① Rosalind Brown-Grant, *Christine de Pizan and the Moral Defence of Women: Reading Beyond Gender*, Cambridge: Cambridge University Press, 2003, p.54.

② Christine de Pizan, *Christine de Pizan's Letter of Othea to Hector*, Jane Chance trans., Newburyport: Focus Information Group, Inc., 1990, p.1.

③ Ibid., p.33.

④ Ibid., p.34.

第六章 克里斯蒂娜·德·皮桑：道德视域中的性别与政治

作品的第一个小节是对女神奥泽进行评注和阐释，以这种方式，皮桑为整部作品奠定了价值取向的基调。皮桑称奥泽为代表审慎之德的女神（Goddess of Prudence），视她为教导特洛伊王位继承人赫克托尔的老师。奥泽说道："我希望通过信件给你提供教导，并且去谈论和宣讲那些对于勇气而言不可或缺的事物……现在把我将要向你描述的事情妥善地保存在你的记忆当中。"①在对奥泽的道德评注中，皮桑指出奥泽在古希腊被视为女性智慧的象征。她认为古代先民将那些聪慧的女性奉为女神，奥泽就是她们当中的一员。除了将其视为女性智慧的化身，皮桑还强调奥泽代表了审慎之德。在对奥泽的神学寓意阐释中，皮桑说道："就如同审慎与智慧是一切德行的母亲与女向导，离开了它们其他的德行就无法被有效地统辖，这对于骑士精神而言是必不可少的，审慎之德会使之添色。正如同圣奥古斯丁在《论教士的独特性》中所言，无论审慎在哪里被发现，人们都可以轻易地终结并击败悖逆之事；但是在蔑视审慎之处，邪恶将会统治一切。"②在这一小节的结尾处，皮桑引用《箴言》（2：10—11）中对智慧与审慎的赞美来支持自己的上述论证。

通过第一小节对于奥泽这一虚构形象的道德评注和神学阐释，皮桑向她的读者表明了她对于来自女性的智慧之德和审慎之德的赞美与推崇。皮桑以奥泽这一完全由她原创的神话人物作为整部作品的开篇，而且将其贯穿于文本的始终，表明她不愿意再追随传统的神话阐释法则。皮桑渴望另辟蹊径，在《奥泽的信》中创建出属于自己的神话阐释体系。皮桑之所以在道德评注中一再强调奥泽的女性身份，并且将其与智慧和审慎之德相联系，是因为在中世纪的厌女思想中，女性往往被男性贬抑为智力低下而且恣意妄为的生灵。皮桑以女性来象征作为众德之母的智慧与审慎，既是对厌女言论的直接回击，又是其政治思想的一种表达。在皮桑生活的年代，法国因为统治者的骄奢淫逸和争权夺利而导致政局混乱、民不聊生，在她看来这一切皆源自于男性统治者对个人情欲的放纵。皮桑希望能够以具有女性气质的智慧和审慎来节制男性的放纵与暴力，进而将国家带入公正清明的正轨当中。

---

① Christine de Pizan, *Christine de Pizan's Letter of Othea to Hector*, Jane Chance trans., Newburyport: Focus Information Group, Inc., 1990, pp.35-36.

② Ibid., p.38.

在《奥泽的信》中，皮桑一方面通过道德评注和神学阐释，消解了经典神话被传统阐释模式所赋予的厌女倾向；另一方面她又通过自己的评注与阐释塑造出一个极具道德使命感的作者形象，以此来建构她在政治写作领域中合格的作者身份与权威。在随后的99篇神话评注当中，皮桑尝试赋予这些历久弥新的神话以性别和政治的双重意味，使之在驳斥厌女言论的同时向读者传达她的伦理和政治诉求。

对于那些包含厌女言论的神话阐释文本，皮桑在《奥泽的信》中灵活运用各种修正策略，在完成性别博弈的同时，将对于性别问题和伦理问题的探讨与政治写作完美地结合在一起。针对莫恩在《玫瑰传奇》中对于经典神话做出的具有厌女倾向的过度阐释，皮桑在《奥泽的信》中有意识地对那些被莫恩扭曲了的神话进行重新解读，以此来驳斥莫恩的荒谬之言。在《玫瑰传奇》中，莫恩借理智女士之口指出读者不应对文本进行深层次的寓意阐释，而应从字面上进行阅读和理解，但是他对于一系列古典神话的解读却明显违背了他提出的这一阐释原则。他将维纳斯和玛尔斯偷情被抓的故事，作为所有女性放荡天性的证明，这无疑是一种脱离了字面义的过度阐释。为了对抗莫恩的言论，皮桑在《奥泽的信》中对于许多涉及两性情欲的异教神话故事进行了全新解读。她引导读者将关注的焦点由有违人伦的情欲，转向道德劝诫和政治寓意。在第7小节中，皮桑讲述了维纳斯的故事：

> 不要将维纳斯视作你的女神，
> 也不要期待她的许诺。
> 对于她的追求是痛苦的，
> 没有荣誉且充满危险。①

皮桑和中世纪的大多数学者一样，对于司掌尘世男女爱欲的维纳斯女神并无多少好感，但是她反对将对于这个神话人物的厌恶投射到所有女性身上。在紧随其后的评注和阐释中，皮桑将读者的注意力牵引到对于这个神话人物的象征寓意的解读上。皮桑借奥泽之口指出，因为维纳斯是一个美丽而又不忠的女人，所

---

① Christine de Pizan, *Christine de Pizan's Letter of Othea to Hector*, Jane Chance trans., Newburyport: Focus Information Group, Inc., 1990, p.45.

以她象征了放荡的恶行,正直的骑士不应将其视为女神,就如同赫尔墨斯所言:"放纵的恶行玷污一切美德。"①在神学寓意阐释中,皮桑将维纳斯等同于自负和虚荣,并指出"良好的精神不应当让自己沾染任何虚荣。"②在这一小节的结尾,皮桑引用了《诗篇》(30:7)和神学家卡西奥多鲁斯(Cassiodorus)的著作来进一步强调在信仰领域中虚荣与自负的危害。以这种方式,皮桑修正了莫恩在《玫瑰传奇》中对维纳斯神话做出的厌女阐释,她将维纳斯的故事彻底寓言化,强调其中所蕴含的道德和神学寓意。

在《玫瑰传奇》中,莫恩将闲散无聊作为恋人进入花园的条件之一,皮桑则明确反对他的这一观点。在皮桑看来,这种无所事事的状态不仅会导致放纵的生活模式,而且还有可能对国家的政治生活产生不良影响。在《奥泽的信》中有几个小节都与帕里斯的故事相关,皮桑认为帕里斯因为放纵情欲而做出的错误选择不仅导致了他个人的悲惨命运,而且还为他的国家和人民招致了灭顶之灾。在《玫瑰传奇》的开篇,恋人因为在水面中看见了玫瑰的倩影而陷入执迷的爱欲,他因此展开了一系列冒险之旅。神话中帕里斯因为迷恋上他人的妻子而犯下罪孽,最终使得自己的国家陷入万劫不复的灾难中。皮桑通过重述帕里斯的故事来批判莫恩在作品中对于非法情欲的大肆渲染,她反复强调可能由此而导致的伦理和政治层面的恶果。

皮桑首先在第42小节中重述了海伦的故事,她一反前人视海伦为红颜祸水的陈腐腔调,在道德评注中将这个故事视为对年青骑士的道德劝诫。她说道:"这个故事旨在告诉高尚的骑士,一旦他开始陷入荒唐当中,对他而言最好是远离是非,寻求安宁胜过追求虚妄之物,这样罪恶就不会最终降临到他身上。"③在对这则神话的神学阐释中,皮桑引用十诫中不可贪恋他人妻子的训诫以及《马太福音》(5:28)中基督的言论来斥责那些放纵情欲之人。通过海伦的故事,皮桑一方面批评了莫恩在《玫瑰传奇》中对于非法情欲的宣扬,另一方面她将女性从各种非难和指责中解放出来,强调男性而非女性才是特洛伊政治悲剧的始作俑者。

---

① Christine de Pizan, *Christine de Pizan's Letter of Othea to Hector*, Jane Chance trans., Newburyport: Focus Information Group, Inc., 1990, p.45.

② Ibid.

③ Ibid., p.73.

在作品的第68小节和第75小节，皮桑重述了帕里斯的故事。在第68小节中，她是这样讲述这个故事的：

> 不要将一切建筑在一个预言性的梦境之上，
> 也不要倚靠一个愚蠢的幻觉。
> 一项伟大的事业，无论正确抑或错误，
> 都应谨记帕里斯的教训。①

皮桑以帕里斯在梦境中占有海伦进而导致他前往希腊掠夺海伦的故事，来讽刺《玫瑰传奇》中恋人被玫瑰的倒影所迷惑，并由此陷入重重风险当中的情节。皮桑将这个故事的道德寓意引申为人们在做任何事情之前都应该深思熟虑一番，而非盲目地服从本能。在对神学寓意的揭示中，皮桑认为这一则神话告诫了读者，任何虔诚谦卑的灵魂都不应当滥用上帝的恩典或是因此而傲慢自大。在这一节的结尾，皮桑引述了《箴言》（8:13）以及圣格列高里在《道德》（*Morals*）中提出的观点，以此来支持自己的解读和阐释。在第75小节中，皮桑辛辣地嘲讽了帕里斯在情场中的得意和在战场上的懦弱无能，并要求所有骑士都应当以此为戒。在对这则神话的寓意阐释中，皮桑认为这个故事告诫人们不应像帕里斯那样轻易地挑起战端，因为"高尚的灵魂只向往天国的骑士精神，应当完全从尘世生活中退出并且选择沉思默想的生活。"②就如同《路加福音》（10:42）中的马利亚一般，选择那上好的福分且不能被夺取。

通过评注关于特洛伊之战的神话故事，皮桑既修正了莫恩在《玫瑰传奇》中对于世俗情欲的张扬以及其中潜藏的厌女言论，同时她又赋予这些神话故事以强烈的政治批判性。法国王室视自己为特洛伊王室的后裔，皮桑在《奥泽的信》中描述了帕里斯在政治领域和军事领域中的昏聩无能，她以此来借古讽今。此外，在对特洛伊神话的讽喻解读中，皮桑教导法国的统治阶层以信仰和道德来进行自我约束，同时以他们在政治生活中的公正清明来获取上帝的恩典与救赎。

在《奥泽的信》中，皮桑还尝试站在女性的立场来创建一种全新的神话阐释

---

① Christine de Pizan, *Christine de Pizan's Letter of Othea to Hector*, Jane Chance trans., Newburyport: Focus Information Group, Inc., 1990, p.93.

② Ibid., p.100.

体系，使得异教神话与基督教信仰达成完美的融合。在第13、14、15小节中，皮桑分别重述了米涅瓦、帕拉斯与米涅瓦以及彭忒西勒娅的故事。在第13小节中，皮桑称米涅瓦为智慧和战争女神，并且将能征善战的赫克托尔称为米涅瓦之子，她还视米涅瓦为基督教三超德中信仰之德的化身。在第14小节中，皮桑称赞智慧女神米涅瓦的发明与创造，将其视为骑士精神中必不可少的希望之德的象征。在第15小节中，皮桑讲述了亚马孙女王彭忒西勒娅的故事。她以女王对赫克托尔纯洁真挚的情感来表达自己对于爱情的看法，即高贵的骑士应当爱慕并赞颂品德高尚之人。在对这篇神话的寓意阐释中，皮桑将彭忒西勒娅视为三超德中爱德的化身，她引用圣保罗在《哥林多前书》（13：4—5）中对于爱德的赞美来结束这一小节。

除了借助道德评注和神学阐释来将异教神话中的女性形象与基督教信仰中的三超德结合在一起，皮桑还将一组异教女神与神圣的三位一体相提并论。在第23小节中，皮桑将异教的童贞女神狄安娜视为高尚骑士在品格与行为上纯真无瑕的象征。皮桑还将其比拟为至高的上帝，她说道："我们视狄安娜为天国之神是因为她从未被不洁之爱所玷污，对于天国与尘世的缔造者而言，他不接受任何滋生于罪孽的事物"[①]。第24小节讲述了大地女神刻瑞斯的故事，皮桑以大地对人类的无私馈赠来比拟高贵骑士的慷慨之德。在她看来，刻瑞斯也象征了道成肉身的基督对于人类广博的救赎之爱。第25小节中的埃及女神伊西斯被皮桑视为农耕女神，她代表了骑士对于美德的培育和对于罪恶的摒弃。在神学寓意层面，伊西斯象征了在人类灵魂当中播撒信仰的圣灵。

通过道德评注与寓意阐释，皮桑将异教神话里的女性形象融入基督教信仰体系当中，她以女性展现出的高尚德行作为三超德与圣三一的象征。以这种方式，皮桑驳斥了源自教会的厌女言论，并将女性之德纳入基督教信仰的核心当中。在这部不乏政治意味的神话集里，皮桑打破了传统的神话阐释原则，她从道德、政治、信仰等多个层面来解读神话中的女性形象以及她们所承载的寓意。在《奥泽的信》里，皮桑不仅建立起了一个以女性价值为核心的神话阐释体系，而且还以全新的评注与阐释来修正读者被厌女言论所扭曲的记忆。

[①] Christine de Pizan, *Christine de Pizan's Letter of Othea to Hector*, Jane Chance trans., Newburyport: Focus Information Group, Inc., 1990, p.59.

三、《女性之城》：在神话与历史中重塑女性身份

由于受到文体的限制，皮桑在《奥泽的信》中对于经典神话的阐释和重构都以片段的形式出现，所以无法在作品里彻底重建一个以女性之德为核心的神话体系。但是在代表作《女性之城》中，皮桑对于神话和历史的重述不再是片段式的，而是将它们纳入一个被精心安排组织的结构当中。通过在文本中营造女性之城，皮桑借助一系列在中世纪耳熟能详的神话和历史传说来重塑女性的身份，并且在此基础上重估女性在人类文明发展史当中的地位与价值。皮桑对于政治事务的关注，使得《女性之城》既是一部探讨性别问题的作品，同时也是一部以神话和历史来表述政治有机体理念的准政治写作。《女性之城》潜在的政治意图表达了皮桑对社会公义与和平的追寻。

成书于1405年的《女性之城》是皮桑写作生涯的巅峰和代表作，其中包含了她对于性别问题、道德问题以及社会问题的探讨和思辨。《女性之城》中城市的意象不仅指向由作品的三个部分所建构出的类似于现实中城市的结构，同时还包含了深邃的神学意味。皮桑在命名《女性之城》时无疑受到了圣奥古斯丁的《上帝之城》的影响。《上帝之城》写作于公元413年—426年，是作者对公元410年西哥特人洗劫罗马城这一历史事件做出的反思。在这部神学巨著中，上帝之城与世俗之城的区分不仅仅是为了阐释一个历史事件，它还包含了一套完整的国家和社会学说，同时又蕴含着深邃的神学思辨与哲理内涵。圣奥古斯丁是这样来定义和区分这两座城市的："所以两座城是被两种爱创造的：一种是属地之爱，从自爱一直延伸到轻视上帝；一种是属天之爱，从爱上帝一直延伸到轻视自我，因此，一座城在它自身中得荣耀，另一座城在主里面得荣耀；一座城向凡人寻求荣耀，另一座城在上帝那里找到了它的最高荣耀。"①

圣奥古斯丁显然是从伦理和信仰的角度来区分上帝之城与世俗之城的。一个社会的精神生活和物质生活不是彼此隔离的两个部分，所以上帝之城与世俗之城也不是彼此独立的两个政治实体或社会群体。在圣奥古斯丁的定义中，两座城是一种隐喻性的说法，不能将其理解为教会与世俗国家之间的对立。实际上，这两座城在现世中是相互交织在一起的。圣奥古斯丁是这样来论述的："这两座城在

---

① 奥古斯丁：《上帝之城》，王晓朝译，北京：人民出版社，2006年，第631页。

这种暂时状态中都使用善物，也都受到邪恶的伤害，但它们在这样做的时候有着不同的信仰、不同的盼望、不同的爱，直到它们在最后的审判中被分别开来，各自到达自己的目的地。"①在这个意义上，圣奥古斯丁认为将两座城区别开来的不是任何外在的标准，而是内在的生活态度——信、望、爱。

皮桑在建构自己的女性之城时借鉴了圣奥古斯丁的双城观，即将女性之城与外界区别开来的不是信仰、种族、阶级等外在特质，而是那些女性内在的美德。正是凭借着高尚的德行，女性之城中的众多女性才齐聚一处，并最终获得灵魂的救赎。在这一点上，皮桑超越了同时代人的普遍观念，她笔下的女性之城囊括了古往今来归属于不同的信仰、种族和阶级的女性，她们不再因为外在的差异，尤其是信仰的差异（基督徒与异教徒之间的差异是欧洲中世纪最为重要的身份判别标准），而被人为地区别开来。此外，皮桑笔下的《女性之城》还具有鲜明的抗辩性色彩，通过与男性经典文本之间的博弈性对话，展开对厌女思想的实质性论战。

在《女性之城》中，从文本的框架结构到具体的内容情节，读者都可以感受到明显的互文特质。皮桑运用这一写作手法不是出于抄袭和剽窃的目的，而是受到中世纪特定文化氛围的影响所致。在这一时期的文学观念中，在自己的文本里再现经典作家的作品是建构作者权威的合法途径。②所以《女性之城》中才会留下众多经典作家的深刻印迹。皮桑从自己的写作意图出发，对古代经典文本进行了细心的甄选，从中截取有利于自己的内容并将其融入《女性之城》当中。以这种方式，皮桑借助经典作家的权威为自己的作品赋予了神圣性。

古罗马哲学家波爱修斯的代表作《哲学的慰藉》对中世纪的西欧思想界产生了深远影响，以至于人们将10世纪至12世纪称为波爱修斯的时代。这部著作的主要内容是身陷囹圄的作者通过与哲学女神的对话而从迷惘走向彻悟，最终在信仰中获得宁静和自由的心路历程。皮桑在《女性之城》中借用了《哲学的慰藉》的这一总体性框架。在《女性之城》的开篇，端坐在书房里的皮桑被充斥着厌女言论的书籍所包围。这些作品对女性人格与尊严的肆无忌惮的攻击和侮辱使得

---

① 奥古斯丁：《上帝之城》，王晓朝译，北京：人民出版社，2006年，第894页。
② A. J. Minnis, *Medieval Theory of Authorship: Scholastic Literary Attitude in the Late Middle Ages*, Philadelphia: University of Pennsylvania Press, 1988, p.174.

皮桑悲伤不已，她认为自己身为女人是世间最大的不幸。皮桑不禁悲叹道："当我回忆起所有写作过这一主题的作家时，他们的名字犹如一道无止境的水流涌入我的大脑。于是我得出了一个结论，当上帝创造女人时，产生的是一个邪恶的生灵。……这种想法激起了我巨大的憎恶和悲伤，使得我因为女人在天性上的偏差而开始鄙视自己和全体女性。"①

正当皮桑悲愤不已时，三位女神飘然而至，她们分别是理性女神、正直女神和正义女神。她们拜访皮桑的目的是为了破除笼罩在她心头的迷思。女神说道："因为你一直渴望通过献身于你的学业而获得真正的知识，这使得你与世隔绝，当你感到悲伤和沮丧之时，我们前来安慰你。是你的努力付出为你赢得了这个奖赏。你很快就会清楚地看到为什么你的心灵和大脑会如此困惑苦恼。"②在《女性之城》开篇的这一幕中，皮桑以互文的方式唤起了她的读者对于《哲学的慰藉》的回忆。皮桑与三位女神的交谈是对波爱修斯和哲学女神之间对话关系的再现，通过与经典文本形成互文关系，皮桑为《女性之城》赋予了哲学与信仰的神圣性。在《哲学的慰藉》中，哲学女神对波爱修斯的启发和感召既是一个抚慰的过程，也是一个思辨的过程，最终的结局是信仰战胜了迷惘。皮桑通过借用《哲学的慰藉》的总体性框架，使得自己与哲学家波爱修斯的形象合一。她笔下驳斥厌女言论的写作还与波爱修斯通过哲学思辨战胜世间苦难，并最终在信仰里找到智慧和宁静的心路历程相互呼应。在《女性之城》中，皮桑多次借三位女神之口斥责厌女言论，而她的写作则是在执行上帝的意志，其目的在于清扫异端邪说，帮助人们恢复失落的判断力，为尘世生活带来秩序与和谐。

《女性之城》的框架结构不仅借鉴了波爱修斯的《哲学的慰藉》，还借鉴了但丁的《神曲》。《女性之城》在文本的表层结构上分为三个部分，第一部分是女性之城的基石，由理性女神引导皮桑探讨女性在尘世生活中展现出的种种美德。第二部分是女性之城的城墙和房屋，由正直女神与皮桑讨论女性的孝顺与贞洁、对家庭和丈夫的爱，以及那些使得人类尘世生活获益的女性。第三部分是在正义女神引领下的圣母玛利亚的入城仪式，皮桑讲述了一批为信仰而慷慨赴难

---

① Christine de Pizan, *The Book of the City of Ladies*, Rosalind Brown-Grant trans., London: Penguin Books, 1999, pp.6-7.

② Ibid., p.11.

的殉教贞女的传奇故事。《女性之城》从尘世过渡到天国的递进性结构无疑借鉴了但丁笔下的地狱、炼狱，天国的三界结构。除了递进性结构，皮桑还借鉴了但丁塑造的贝娅特里齐这一神秘深邃的人物形象。在皮桑的笔下，三位女神与她一路相伴，她们不仅消除了皮桑脑海中错误的厌女思想，而且帮助她完成上帝的嘱托，在文字的原野上建造出一座宏伟的女性之城。这一系列情节与贝娅特里齐为了拯救但丁的灵魂而不辞辛劳上天入地的内容存在着互文关系。伯克指出，皮桑在《女性之城》中通过再现贝娅特里齐这一形象赋予了三位女神以内在的神圣性，使得她们成为上帝圣智（Sophia/Sapientia）的女性人格化身。[①]

但丁的《神曲》虽然采用了中世纪梦幻文学的形式，但是却具有强烈的现实指向性，三界之旅充满了作者对于现实世界的嘲讽。但丁对现实生活的介入式批判，深刻影响了皮桑的写作风格。《女性之城》中的每一块基石和砖瓦都讲述了神话、历史或者现实生活中女性的故事，皮桑通过这些故事表达了她对于厌女言论的愤慨。此外，她还指出弥漫于社会生活中的厌女思想既是对无辜女性的伤害，同时也干扰了正常的社会秩序。皮桑对于厌女思想的批判并没有仅仅停留在为女性辩护的阶段，她还从更加广阔的社会层面来看待两性关系的失序对于整个社会的安宁与稳定的破坏。这种写作手法使得《女性之城》具有了开阔的社会视野，皮桑在探讨女性问题的同时还为后世读者提供了一幅中世纪晚期的历史画卷。

皮桑通过借鉴和模仿将经典作家的文本以互文的方式纳入《女性之城》当中，极大地丰富了这部作品的内涵。无论是《哲学的慰籍》还是《神曲》，皮桑都并未对它们进行简单的模仿和抄袭。她灵活运用了这些经典作品中的成功元素，对其进行巧妙剪裁，使得这些来自于男性大师经典文本中的互文内容，为《女性之城》的写作意图服务。值得指出的是，皮桑所面对的是一个强大的厌女文化传统，这使得她对于任何经典作品的借鉴都必然伴随着对其中所包含的厌女言论的修正。就如同奎林根（Maureen Quilligan）所言："认识到这一点非常重要——如同其他试图进入经典行列的作者一样——她必须完成对于经典的重

---

① Bonnie A. Birk, *Christine De Pizan and Biblical Wisdom: A Feminist-Theological Point of View*, Milwaukee: Marquette University Press, 2005, pp.131-132.

写,这是一个能够让她进入其中的途径。"①在《女性之城》中,皮桑对那些包含厌女思想的素材进行了大幅度的改写,她通过这种方式不仅使得自己的作品能够进入经典的行列当中,而且还实现了经由互文博弈来重塑女性身份的写作意图。

与《女性之城》在互文关系上最为密切的一部作品是意大利作家薄伽丘的《名女》。《名女》是西方历史上第一部女性传记作品,同时也是皮桑写作《女性之城》时最主要的资料来源,《女性之城》中约有六成左右的内容来自于《名女》。但是,《名女》所包含的厌女思想使得皮桑对于来自其中的素材进行了大幅度的修正和改写,以使之符合《女性之城》的写作意图。《名女》的结构是相对松散的,大致上遵循的是以历史先后排序的方式。薄伽丘将神话和文学中的女性形象与女性历史人物混合在一起,其中既包含被作者褒扬的女性,也不乏被批判的负面人物。这种安排反映了薄伽丘的创作目的:"实际上,我并未打算对'著名'这个词做出那样严格的界定,以致它总是意味着'富有美德'。相反,承蒙读者的慨然应允,我采用了该词更宽泛的含义,遂将因任何行为而闻名于世的女子均称为名女。"②

《女性之城》作为一部为女性进行辩护的抗辩性作品,皮桑为了使得作品的内涵和主旨与作品的结构达成天衣无缝的融合,她采用了一个本身即具有深邃意蕴的框架式结构。从作品的表层来看,《女性之城》的三个部分分别代表了基石、城墙和房屋,塔楼和穹顶,一一对应于现实中的城市。《女性之城》的每一个部分都在一位女神的引导之下探讨女性天赋的美德。布朗-格兰特认为这种划分法源自于亚里士多德的实践哲学,将人的行为划分为三个层次:政治的(个人与国家的关系)、经济的(个人与家庭的关系)、道德的(作为独立个体的人),皮桑在《女性之城》中将第三个层次的道德替换为神学。③皮桑以这种伦理道德上的有序性代替了《名女》的散漫结构,使得作为女性美德象征的《女性之城》展示出严谨的递进性结构,而且她还赋予这种严谨有序的结构以深层次的

---

① Maureen Quilligan, *The Allegory of the Female Authority: Christine de Pizan's Cité Des Dames*, Ithaca, N.Y.: Cornell University Press, 1991, p.26.
② 薄伽丘:《名女》,肖聿译,北京:中国社会科学出版社,2003年,第6页。
③ Rosalind Brown-Grant, *Christine de Pizan and the Moral Defence of Women: Reading Beyond Gender*, Cambridge: Cambridge University Press, 2003, p.163.

道德意味。皮桑写作《女性之城》的目的之一是反驳以《玫瑰传奇》为代表的厌女文化传统，以及由此而引发的两性之间的敌视与对抗的失序状态，她认为这种两性间的对立会破坏社会伦理道德体系。皮桑在《女性之城》中以具体的例子表明，两性关系的失序是如何通过扰乱家庭的和睦进而对整个社会的道德伦理乃至政治秩序产生强烈的冲击。在这个意义上，《女性之城》所具有的严谨有序的结构与皮桑反驳厌女言论、为女性进行辩护、呼唤和谐共处的两性关系的写作目的是高度统一的。

《女性之城》的文本结构除了具有性别与道德层面的意蕴，它还具有深层次的政治意味。如果我们从更加广阔的社会历史角度来看待《女性之城》的话，就可以发现皮桑写作这部作品的年代正是法国政局风雨飘摇的动荡时期，这种外部的失序性与《女性之城》所表现出的严谨有序的结构形成了一种鲜明的对比。《女性之城》在深层次上表达了对于以男性为主导的父权制社会的一种批判，因为皮桑认为正是男性统治者的贪婪与暴力使得世界陷入苦难的深渊当中。皮桑的不满与愤慨不仅通过作品中的论述部分——对于男性暴君的揭露和鞭笞以及对于贤明的女性统治者的赞美——表现出来，这部作品所具有的严谨有序的结构也是对外部世界政治失序的一种反讽和批判。

城市是《女性之城》中的核心意象并且贯穿于作品的始终。皮桑之所以在自己的作品里如此强调城市的寓意，一方面是因为文本的表层结构模仿了人类现实生活中的城市；另一方面在于她将城市所象征的人类德行以及城市作为人类文明结晶的内涵一并赋予了《女性之城》，使其与为女性辩护的写作意图达成一致。皮桑试图在《女性之城》中建构出一座严谨有序同时具有深邃道德意味的美德之城，并且以此来为女性之德正名，因此她必然要对《名女》的松散结构进行改写。皮桑对取自《名女》的原始素材进行精心剪裁，通过文本的深层结构再现了作为人类文明象征的城市的发展历程，使得城市这一意象在《女性之城》中同时得到了共时性与历时性的双重呈现。

皮桑用不同历史时期的女性故事和它们所代表的女性美德在共时性层面上建构出了一座女性之城。《女性之城》中三个部分的递进结构既符合现实中城市的建造规则，同时也象征着女性德行的递进性发展——从尘世之德过渡到信仰之德。此外，皮桑还从《名女》中选取了源自神话和历史传说的刻瑞斯、狄多以及塞米拉米斯的故事，对它们进行修正和改写，使得原本互不相关的故事产生了深层次的联系。通过这三个故事，皮桑在历时性的层面上再现了女性与城市，女性与人类文明发展历程之间的关系。这三个来自于《名女》的故事，在薄伽丘的笔下被用来表达他对于女性的批判态度。皮桑则对其进行了颠覆性重写，使得《女性之城》的主题——女性与德行的关系被包含在这一组结构当中。在对女性与城市关系的历时性描述中，皮桑展示了中世纪道德体系中四枢德（智慧、节制、勇气、正义）与三超德（信仰、希望、爱）之间的递进关系。皮桑以对人类历史中城市演进历程的象征性演绎，来赋予《女性之城》以性别、道德、政治的多重意味。

在中世纪的父权制文化语境中，女性往往被等同于肉体和物质化的自然，男性则被视为具有强烈的文化与精神属性的文明的化身。[1]自然与文明形成了一组二元对立的结构，文明是对自然的超越和征服。自然与文明的二元关系还被引入性别的二元对立当中，并进一步强化了两性间的性别等级制度。女性与自然一道成为男性征服、改造和利用的对象，同时也成为文明这一强势话语中无言的他者。人类在男性的引领下由未开化的、蛮荒的自然走向文明、城市、国家的发展历程是父权制社会中盛行不衰的宏大叙事。皮桑在《女性之城》中试图颠覆这一父权制神话，她将人类社会的历史演进过程与女性杰出的创造力和美德相联系。皮桑通过揭示女性在人类文明发展历程中所扮演的重要角色，来证明女性并非人类文明的局外人。在她的笔下，源自女性的智慧和美德成为人类社会发展的重大推动力量。皮桑在反抗厌女神话的同时，还为人类的文明发展历程构造出了一个女性谱系。

农耕技术的发明是人类进入文明时代的重要标志之一。在《女性之城》中，皮桑认为引领人类进入文明时代的乃是拥有杰出智慧的古代女性："克瑞斯是远古时代西西里王国的女王。感谢她杰出的创造力，是她发明了农业的科学和技术以及耕种所需的各种工具。……她就这样将人类带出了原始状态，并且引领他们过上更加文明、理性的生活。"[2]除了赞美克瑞斯的智慧之德，皮桑还描述了一批

---

[1] Caroline Walker Bynum, *Fragmentation and Redemption: Essays on Gender and Human Body in Medieval Religion*, New York: Zone Books, 1992, p.202.

[2] Christine de Pizan, *The Book of the City of Ladies*, Rosalind Brown-Grant trans., London: Penguin Books, 1999, pp.68-69.

在语言文化领域做出杰出贡献的女性,是她们的才智为人类点燃了文化创造的火种。尼科斯特拉塔发明了拉丁语的拼写法和语法,萨福是杰出的女诗人,发明农作物嫁接技术的伊西斯同时也是法律制度的创立者。这些女性在人类思想文化领域中表现出的惊人创造力,使得人类在通过农耕将自己的肢体从无休止的劳动中解放出来的同时,能够借助语言和艺术升华自己的情感,表达自己的心灵,从而使得人类真正从野蛮走向文明。此外,皮桑还将女性在原始社会时期做出的贡献覆盖到人类社会生活的各个方面:农耕技术彻底改变了人类四处迁徙的生活方式;剩余劳动产品的出现促进了人类文化艺术的产生与发展;在人类定居生活的基础上形成的原始公社推动了法律制度的形成。在经济、文化、法律制度的发展过程当中,人类的城市乃至国家的雏形开始出现。

在《名女》中,薄伽丘并不否认克瑞斯发明农耕技术的贡献,但是他却将由私有制带来的罪恶归结到无辜的女性发明家身上。他是这样评价刻瑞斯的:

> 天啊!我几乎不知道究竟应当赞美还是谴责她们的发明。……由此,原先共有的土地便开始被用壕沟标出了边界。由此,产生了耕作和劳动分工的种种烦恼。由此,出现了"你的"和"我的"这些字眼,它们显然不利于公共及私人的安宁。由此,出现了贫困和奴役,出现了纷争、仇恨,残酷战争,燃烧的妒火像闪电一样疾速蔓延。用于收割的弯弯镰刀,不久前刚刚被打造出来,这些罪孽却将它变成了笔直的利剑,用于杀戮。①

薄伽丘的反思并非毫无道理,但是其思想根源却来自于包含厌女思想的黄金时代(Golden Age)的神话。②在皮桑看来,薄伽丘的论述在本质上体现了厌女思想对于女性智慧之德的污蔑与诋毁。在《女性之城》中,皮桑通过讲述克瑞

---

① 薄伽丘:《名女》,肖聿译,北京:中国社会科学出版社,2003年,第14—15页。
② 黄金时代的神话源自于古罗马作家奥维德的《变形记》,他认为人类最初生活在一片大地无须耕种就能够产出丰饶的五谷的时代,同时那也是一个没有法律、国家和战争的时代。但是由于世代的更替,使得黄金时代永远地消逝了,并且成为后世赞美和怀念的对象。波爱修斯在《哲学的慰藉》中将黄金时代的失落归结为人类始祖在伊甸园中的堕落。在欧洲中世纪,黄金时代日渐成为一个神话原型,并逐步与厌女思想结合,成为厌女言论贬低、诋毁女性的例证之一。参见H. David Brumble, *Classical Myths and Legends in the Middle Ages and Renaissance: A Dictionary of Allegorical Meanings*, Westport: Greenwood Press, 1998, pp.126-128.

斯的故事成为欧洲中世纪第一个对黄金时代的神话做出反思和批判的作者。[①]皮桑说道："是她将粗俗野蛮的先民转化为文明开化的城邦居民，并且将人类的思想由懒散、不成熟和被无知遮蔽的状态转变为有能力进行更适宜的思考，并且去沉思默想更高的事物。她以这种方式充实提升了人类。"[②]通过这种驳论，皮桑表明由女性带来的文明与教化不仅不是人类罪恶的起因，相反这是人类灵魂获得救赎的必由之路。正如布朗-格兰特所言："《女性之城》将人类文明发展和进步的观念融入了基督教的救赎观念当中。"[③]在皮桑笔下，女性的智慧之德与基督教的信仰与希望之德达成了沟通，它们共同开启了人类从世俗生活走向虔诚信仰，并最终获得救赎的艰难伟大的朝圣之旅。通过重述克瑞斯的故事，皮桑不仅驳斥了《名女》中荒谬绝伦的厌女言论，同时她还为女性的智慧之德赋予了彼岸的神圣灵光。

　　皮桑认为女性不仅引领人类走出蛮荒，跨入文明，而且有赖于女性的审慎与节制之德，城邦才能够建立，国家才得以稳定。《女性之城》成书的时代，正是英法百年战争的胶着阶段。在法国国内，贵族利益集团之间为了争权夺利而彼此厮杀，内战和分裂的阴影笼罩并威胁着每一个人。在皮桑看来，国家的动荡不安皆源自于统治者无法控制的欲望和冲动，而审慎与节制之德正是克制欲望的利器。在中世纪晚期，法国王室视自己为特洛伊王室的后裔。在男性作家的笔下，迦太基女王狄多在埃涅阿斯的漫游经历中扮演了一个试图以爱情束缚伟大英雄的负面的女性形象。但是皮桑笔下的理性女神是这样评论狄多的："她在非洲建造了一座名为迦太基的城市并且成为那里的女王和统治者。她建造这座城市的过程以及获得那块土地的方式，都证明了她拥有非凡的勇气、高尚的心灵和出众的德行，对于任何渴望审慎行事的人而言，这些品质都是不可或缺的。"[④]在《女性

---

① Rosalind Brown-Grant, *Christine de Pizan and the Moral Defence of Women: Reading Beyond Gender*, Cambridge: Cambridge University Press, 2003, pp.160-161.

② Christine de Pizan, *The Book of the City of Ladies*, Rosalind Brown-Grant trans., London: Penguin Books, 1999, p.71.

③ Rosalind Brown-Grant, *Christine de Pizan and the Moral Defence of Women: Reading Beyond Gender*, Cambridge: Cambridge University Press, 2003, p.162.

④ Christine de Pizan, *The Book of the City of Ladies*, Rosalind Brown-Grant trans., London: Penguin Books, 1999, p.82.

之城》中，皮桑首先讲述了狄多是如何与自己邪恶贪婪的哥哥斗智斗勇并最终获胜的故事。狄多的哥哥因贪图钱财而谋杀了她的丈夫并且准备掠夺狄多的财富，狄多凭借智慧逃出了暴君的魔掌并乘船来到了非洲。在这片陌生的土地上，狄多再次施展了她心灵中的审慎与节制之德，以一张牛皮为自己的族人换取了一片面积惊人的土地。随后狄多用自己的财富召集工匠修建了一座光辉坚固的城市，她将其命名为迦太基。通过这种修正式叙述，皮桑使得长期以来被视为痴情弱女子的狄多女王恢复了身为审慎节制的女性统治者的本来面目。此外，皮桑使得借狄多的故事反讽了现实世界中的法国王室贵胄们。他们自称为代表理性与节制之德的埃涅阿斯的后裔，但是却为了各自的私利而罔顾国家民族的利益，不惜在战场上同室操戈。在这个意义上，皮桑重述狄多的故事不仅是为了褒扬女性君主的审慎与节制之德，其中还隐含了潜在的政治批判意味，她试图以狄多为例来劝诫那些为了争权夺利而厮杀不已的法国权贵们。

在《女性之城》中，女性不仅奠定了城邦的基石，而且也是国家的忠诚保卫者，亚述女王塞米拉米斯正是这个勇敢与正义之德的代表。女性的勇敢之德在皮桑笔下是女性之城的第一块基石，被赋予了崇高的地位。这一方面因为皮桑营造女性之城的意图在于保护女性免受厌女言论的攻击；另一方面，在英法百年战争时期，期望统治者拥有保卫国家的勇敢之德是皮桑最为迫切的政治诉求。但是在《名女》中，就如同描写克瑞斯时运用欲抑先扬的手法一样，薄伽丘认可塞米拉米斯的英勇无畏，但是他却将中世纪文学中惯常出现的女扮男装的情节强加在女王身上，暗示了男性对于女性气质的压抑和否定。他在《名女》的序言中开宗明义地指出："若考虑到几乎所有的女性都被赋予柔弱的身体和迟缓的头脑，那么，当她们具备了男子的精神，表现出杰出的智慧和勇敢，并敢于做出对于男子来说亦极为困难的壮举时，当有多少女子值得赞颂呢？"[①]在薄伽丘看来，只有当女性抛弃了低劣的女性特质——柔弱与迟缓，也即女性唯有压抑自己与生俱来的女性气质之后，她们才能够与男性相提并论。如果女性想要名垂青史就必须舍弃自己的女性身份，以一个伪装出的男性身份去建功立业。在薄伽丘的笔下，塞米拉米斯在丈夫亡故且儿子又年幼的情况下，为了维持帝国的统治，她只有"隐瞒了自己的性别"，才最终"维护了王权，维持了军纪"，"完成了许多唯有最强有力的

---

① 薄伽丘：《名女》，肖聿译，北京：中国社会科学出版社，2003年，第6页。

男人才能完成的伟大业绩。"①

皮桑对塞米拉米斯的故事和形象进行了全新的修正与改写，她在《女性之城》中完全删除了塞米拉米斯女扮男装的情节。书中描写道，当接到地方反叛的消息时，女王正在梳理自己的秀发，她未等装束完毕，就立即召集军队进行平叛。在大获全胜之后，她为自己塑造了一尊铜像：她身着铠甲，手持宝剑，头上的发辫一半散乱、一半齐整。这种意象并置明白无误地显示了女性气质并非与勇敢相冲突，相反，在塞米拉米斯女王的身上，它们有机地统一在一起。在《女性之城》中，读者看到的塞米拉米斯是一个英勇无畏的女英雄，而不是一个否定并压抑自己性别气质的女扮男装者。皮桑以亚述女王塞米拉米斯以及历史上其他以勇敢著称的女性统治者为例，将女性与中世纪政治观念中被视为统治者首要德行的勇敢紧密联系在一起。在这个意义上，她借塞米拉米斯的故事揭示了女性作为城市与国家的守护者的政治身份。

在《女性之城》的前两部分中，皮桑通过刻瑞斯、狄多和塞米拉米斯的故事，从历时性的层面展现了女性在人类文明发展进程中扮演的重要角色——女性是人类城邦文明的开创者，是城市与国家的建立者，同时也是国家和城市文明的保卫者。从第三部分开始，皮桑借助一系列殉教贞女的故事来论述女性与城市关系的第四个阶段——女性是天国之城的神圣居民。通过描述在正义女神引导之下的圣母玛利亚和天国圣女们进入女性之城的入城仪式，皮桑指出一切宗教信仰上的美德都与作为四枢德之首的正义之德密不可分。在她的笔下，以刻瑞斯、狄多，塞米拉米斯为代表的尘世女性和沐浴在神光中的女圣徒们，都在不同层面上展现了人类的正义之德。在中世纪的神学观念中，圣母玛利亚被称为新耶路撒冷与上帝之城。皮桑借助玛利亚的这种身份赋予女性之城以彼岸的神性之光，使得女性之城具有了上帝之城的神圣意味，城中的众多女性居民也被她视为三超德——信、望，爱的化身。学者理查兹认为，以重述女性和三超德之间关系的方式，皮桑在《女性之城》中提出了一种女性神正论（female theodicy）的观点，并在此基础上构造出以女性价值为核心的普世性历史（universal history）。②

---

① 薄伽丘：《名女》，肖聿译，北京：中国社会科学出版社，2003年，第5页。
② Earl Jeffrey Richards, "Somewhere Between Destructive Glosses and Chaos: Christine de Pizan and Medieval Theology", in *Christine de Pizan: A Case Book*, Barbara K. Altann and Deborah L. McGrady eds., New York: Routledge, 2003, p.46.

在皮桑的笔下，女性之城同时承载着人类的尘世之德与信仰之德。从地基到房屋，直至塔楼和穹顶，女性之城的每一砖、每一瓦无不象征了女性在人类文明发展历程和灵魂救赎历史中做出的伟大贡献。通过重述女性与代表人类文明的城市之间的关系，皮桑在《女性之城》中不仅驳斥了贬抑女性的厌女言论，而且为那些在经典神话和历史传说中被歪曲的杰出女性恢复了本来面目。此外，皮桑在这部重述神话与历史的作品当中，还尝试以修正记忆的方式来为女性建构出新的社会身份。和《奥泽的信》一样，皮桑在《女性之城》中通过改写充斥着厌女思想的神话来帮助她的读者创建全新的记忆。学者克拉瑟斯（Mary Carruthers）指出，在中世纪的文化观念里，"记忆是构成审慎之德的组成部分之一，它使得道德判断成为可能。……在对于记忆的培养中，人们得以建构品格、判断力、公民的身份以及虔敬之心。"[1]皮桑相信唯有当人们清除了记忆当中的糟粕，并且获得了审慎与判断力之后，他们才能够建构出稳固的社会身份。在《女性之城》的开篇，皮桑因为泛滥的厌女言论而无法正视自己的性别身份和价值。但是在三位女神的帮助之下，她通过写作来涤清自己被厌女思想侵扰的记忆，最终借助《女性之城》为全体女性塑造出坚实可靠的身份。

《女性之城》毋庸置疑是一部以探讨性别问题为主旨的作品，但是皮桑对伦理与政治问题的关注，使得她对于神话和历史的颠覆性修正与重述具有了超出性别博弈之外的道德和政治层面的价值与功效。皮桑将盛行于中世纪政治思想领域当中的政治有机体观念引入《女性之城》中，将对于女性身份的塑造与她的政治诉求结合在一起。[2]政治有机体观念强调所有的社会成员无论出身与等级都应当聚合为一个不可分割的有机整体。《女性之城》里的众多女性来自于社会的各个阶层，她们各司其职并共同建构出一个和谐稳定的女性城邦，皮桑以此为例来论证女性在家庭和社会公共事物当中的重要性。她认为当人们评判女性的社会价值时，应当看到女性为人类的共同利益所做出的不可磨灭的贡献。此外，皮桑将政治有机体理论所主张的社会成员一道参与社会分工的观念，引申为男女两性

---

[1] Mary Carruthers, *The Book of Memory: A Study of Memory in Medieval Culture*, New York: Cambridge University Press, 2008, p.11.

[2] Rosalind Brown-Grant, "Christine de Pizan as a Defender of Women", in *Christine de Pizan: A Case Book*, Barbara K. Altann and Deborah L. McGrady eds., Cambridge: Routledge, 2003, p.92.

同样应当在社会事物上进行分工协作。她试图以此来破除隔绝私人空间与社会公共空间的藩篱，让女性读者经由阅读来重塑自我并且逐步走向广阔的社会公共空间。

第四节　女性社会身份的重构

皮桑在代表作《女性之城》中，以充满激情的抗辩性书写为女性建构出一座抵御厌女思想的文学乌托邦。《女性之城》在皮桑生前身后所获得的广泛赞誉足以证明她在文学创作领域中的才华和成就。皮桑对于性别问题的关注和探讨并未仅仅停留在语言与文学的层面，她一贯将性别伦理视为社会政治伦理的有机组成部分之一。这种观念使得她在中晚期的写作中将对于女性社会身份的反思与建构，纳入对国家政治问题以及民族身份的思索中来。在《淑女的美德》中，皮桑的性别写作与政治写作达成了高度的融合与统一。借助对社会政治议题的探讨，皮桑将女性带入广阔的社会公共空间当中，使得女性的社会身份能够突破私人空间的束缚，在政治生活和经济活动中得到展现和张扬。此外，英法百年战争以及法国政局的动荡不安还使得皮桑尤为关注民族身份的建构，她有意识地通过自己的文学创作来唤醒法兰西民众沉睡的民族意识。在《贞德之歌》中，皮桑借助贞德这一光辉圣洁而又充满诗意的人物形象来表达她对于法兰西民族身份的设想与建构。贞德在国家和民族陷于危亡之际挺身而出的义举，使得她成为皮桑的性别理念与政治思想相互交融的最高典范。

一、《淑女的美德》的写作背景

在《奥泽的信》与《女性之城》中，皮桑通过对经典神话的修正与改写在文学领域里重塑了女性的形象与身份。但是，皮桑对于现实生活的关注使得她对性别问题的思考和探索从未仅仅停留在由文本构筑出的文学乌托邦里。在成书于1405年的《淑女的美德》中，皮桑探讨了女性在人类的尘世生活中所扮演的社会角色，她尝试在此基础上重构女性的社会身份。这部作品是皮桑献给勃艮第公爵之女玛格丽特与王太子路易大婚的礼物，其目的在于教导一位贵族少女成长为法国未来的王后。这部作品的另一个写作背景是1405年的巴黎围城事件，这使得皮桑将她的政治理念系统地融入了这部女性教育手册当中，她在这部作品里尤为关注女性在国家政治生活中扮演的角色和潜在的积极意义。

查理五世亡故之后，其继任者查理六世患有间歇性精神疾病，导致他无法履行统治者的职责。国家的统治权由此落入奥尔良公爵和勃艮第公爵之手，这两大权贵为了争夺国家的最高统治权而明争暗斗，厮杀不已。在15世纪初叶，法国一方面陷入百年战争的泥潭当中，另一方面国内时刻处于分裂和内战的阴影之下，人民大众的生活暗无天日，求告无门。1405年，勃艮第公爵与奥尔良公爵带着各自的军队在巴黎城下兵戎相见，内战一触即发，首都巴黎乃至法国都有分崩离析的危险。国家民族的危难与人民的苦痛都深深影响了皮桑的写作与思考。面对巴黎城下兄弟阋墙的政治悲剧，皮桑上书法国王后巴伐利亚的伊莎贝尔，请求她出面调停并承担仲裁者的责任，拯救国家和人民于水深火热之中。1405年10月5日皮桑致信王后伊莎贝尔，她代表饱受磨难的底层民众恳请王后出面调停争端，以避免内战。皮桑恳切地诉说道："您能够在这两位尊贵的王子之间寻求并促成和平，他们是血缘关系上的堂兄弟和天生的朋友，但是现在却因为奇异的命运而彼此争斗。"①

在这封言辞恳切的信中，皮桑以《旧约》中拯救犹太人的以斯帖王后以及天国的王后圣母玛利亚为例恳请伊莎贝尔承担起她的政治职责，为法国消弭争端，带来和平。皮桑指出，如果王后能够履行自己的职责，不仅会有益于她的灵魂的救赎，而且还会有利于她的儿子并使得法国人民永远感激她的仁慈和德行。在信件的结尾皮桑写道："我将以祈求陛下您欣然接受并应允，我代表您不幸的、忠诚的法国人民所提出的饱含热泪的愿望，来结束这封信。"②虽然巴黎围城事件在西西里国王和纳瓦拉国王的干预和调停之下以和平的方式解决了，但是这一政治事件却在皮桑的人生和写作当中留下了深刻的印迹。法国政局的动荡与危急促使皮桑将女性的政治身份视为女性社会身份中最重要的组成部分，而且这也和她一贯主张的政治有机体理念相一致，即所有社会成员不分出身、性别与等级都必须履行和承担自己的政治义务。

---

① Christine de Pizan, *The Writings of Christine de Pizan*, Charity Cannon Willard ed. & trans., New York: Persea Books Inc., 1994, p.270.

② Ibid., p.273.

成书于同一年的《女性之城》与《淑女的美德》被很多当代研究者视为姐妹篇。在《女性之城》开篇中出现的手持真理之镜的理性女神为这两部作品定下了共通的基调，即《女性之城》与作为续篇的《淑女的美德》都是皮桑提供给女性读者的女性之鉴。相较于同时代的其他女性教导手册，皮桑站在女性的立场，强调女性作为社会人的价值和意义。她笔下的女性不再是被禁锢于狭小家庭当中的"房中天使"，而是能够积极参与社会事务，通过自己的努力为人类社会带来福祉的拥有智慧与理性的生灵。在《女性之城》中，皮桑通过讲述那些在社会生活领域做出杰出贡献的女性的故事，驳斥了厌女言论对于女性心智和社会活动能力的贬低和污蔑。在《淑女的美德》中，皮桑以具体的事例来论证女性如果进入一向排斥她们的社会公共空间，参与政治和经济领域的社会事务，将不仅有利于女性自身的精神成长，而且能够给人类社会带来一系列的利益和福祉。在这部充满现实指向性的女性教导手册中，皮桑从政治和经济这两个角度出发，致力于建构女性的社会身份。

二、女性的政治身份与社会职责

通过《女性之城》这面"真理之镜"，皮桑驳斥和破除了虚妄无稽的厌女言论，接下来她又在三位女神的引领之下开始创作《淑女的美德》。皮桑试图通过这面女性之鉴展示女性在尘世生活中的价值，并以此来建构女性的社会身份。《女性之城》中洋溢着皮桑激情的呐喊和辩论，在《淑女的美德》中，她采用了一种细腻务实的笔调。这是一部面向社会各阶层女性日常生活方方面面的实用指南，其中不乏充满智慧的幽默感。在这部著作问世之前，西欧中世纪不乏林林总总的女性教导手册，但是这些男性写作的书籍中往往充斥着厌女思想。在如何教导女性的问题上，这一时期许多男性学者笔下的作品和布道文都试图以阴森恐怖或淫秽不堪的故事来恐吓女性。① 皮桑明确反对这一做法，这与她一贯视女性为理性智慧的生灵的看法相一致。布朗-格兰特认为："克里斯蒂娜不断呼吁她的女性读者们运用自己的理性来寻求灵魂的救赎。《淑女的美德》提倡一种'混合

---

① Rosalind Brown-Grant, *Christine de Pizan and the Moral Defence of Women: Reading Beyond Gender*, Cambridge: Cambridge University Press, 2003, p.187.

型生活'（mixed life）以及全体女性追求德行的普遍状态。"①

皮桑所提倡的"混合型生活"是指女性从理性的思考和判断出发，一方面积极介入人类尘世生活的各个领域，凭借自己的努力为人类社会带来福祉；另一方面借助虔诚的信仰净化灵魂，期盼彼岸的救赎。在《淑女的美德》的开篇，皮桑为女性读者指出了两条通往天国的道路："一种是在上帝脚前安静等候的生活，另一种是为上帝忙碌的生活。"②第一条道路固然圣洁无瑕，但是皮桑更为推崇的是第二条道路，她说道："为上帝忙碌的生活则是另外一种服侍上帝的方式。在这种生活中，一个人因着上帝的爱，甘心为每一个人付出她的时间和精力。……正如你所看到的，这种为上帝忙碌的生活比前一种对世界更有用。"③

皮桑抛弃了中世纪的传统观念，她从政治有机体理念出发认为每一个人都应当自觉承担起自己的社会责任和义务，反对女性为了寻求彼岸救赎而放弃尘世生活中的职责。在皮桑看来，为了信仰而弃世在本质上是一种自我沉溺（self-indulgence）的行为，④积极的尘世生活同样可以为灵魂带来救赎。

在论及女性的尘世生活时，皮桑最为关注的是女性的政治职责，这可以被视为1405年巴黎围城事件在她的作品中留下的印迹。皮桑在《淑女的美德》中一再强调贵族女性应当承担起她的政治义务，不应为了信仰而弃绝尘世。在她看来，一位富有德行的淑女在尘世中最重要的职责便是充当国家的和平使者。皮桑认为女性所具有的仁慈与审慎之德使得她们在参与政治事务时能够更好地平息争端，促进和平。"这位淑女因此具备了纯洁、温柔，良善的品格，成为调解她的丈夫——无论国王还是王子，和她的人民之间的和平的使者。"⑤除了去调解人民与君主之间的争端，贵族女性的另一项重要政治职责是竭尽所能地避免战争并维护和平。经历了巴黎围城事件后的皮桑深知战争的恐怖和血腥，所以她在《淑女的美德》中详细探讨了女性在维护国家和平上应尽的职责和义务。当女性发觉

---

① Rosalind Brown-Grant, *Christine de Pizan and the Moral Defence of Women: Reading Beyond Gender*, Cambridge: Cambridge University Press, 2003, p.188.

② 克里斯蒂娜·德·皮桑：《淑女的美德》，张宁译，南昌：江西人民出版社，2009年，第22页。

③ 同上书，第23页。

④ Renate Blumenfeld-Kosinski, "'Femm de Corps et Femme par Sens': Christine de Pizan's Saintly Women", in *Romanic Review* 87.2 (Mar. 1996), p.160.

⑤ 克里斯蒂娜·德·皮桑：《淑女的美德》，张宁译，南昌：江西人民出版社，2009年，第30页。

战争的隐患时,她应当及时劝阻她的丈夫,避免事态进一步恶化,"她会劝说国王和大臣慎重考虑这件事,向他们陈说后果的严重性。……更恰当的做法是寻找一条合适的途径来达成协议。"①皮桑之所以如此看重女性在维护国家和平方面的能力,是因为她将这与女性内在的精神气质联系在一起。"作为和平的使者劝免战争,是一位王后当尽的责任。淑女们在这方面有特别的恩赐。因为男人通常是好战、勇猛的动物,渴望报仇的个性使得他们常常忽略战争带来的罪恶和危害。"②女性天生的温柔、审慎的性格是阻止战争的有力手段。鉴于女性在维护国家和平与安定中扮演的重要角色,皮桑对于那些出色完成和平使者职责的女性做出了极高的评价:"哦上帝,那些在敌人之间、国王和伯爵之间,领主和叛乱的人民之间建立和平的公主和王后们给这个世界带来多么美好的祝福!……国家因为有了这些公主和王后而得福……不仅因为她是他们的主母,更因为她是他们在地上的希望和信念,她是国家和平的使者。"③

在皮桑看来,贵族女性除了要尽力维护国家的和平,她还应该在内政事务中发挥积极的作用。在《女性之城》中,皮桑通过古代女性君主的事例探讨了女性的审慎和节制是如何体现在女性的执政能力当中的。在《淑女的美德》中,皮桑进一步详细论述了女性在处理国家政务时应当遵循的准则:"如果这位淑女还担负着处理政务的责任,她就需要准时出席参议会。她在那里一切的表现和礼仪都要周全,要符合她的地位,使得在座的每个人都因她的权柄而尊重她。……当有人来和她讨论什么的时候,她权衡轻重,智慧地应对。"④除了审慎,女性在履行政治职责时还应保持谦逊的品德,因为在皮桑看来水能载舟,亦能覆舟。她建议贵族女性应当主动和自己的人民接近,亲切地和他们交谈,倾听他们的心声,凭借自己的德行获得人民衷心的拥戴。皮桑在《淑女的美德》中还提出,女性特有的温柔和慷慨能够安抚人心乃至消解矛盾与冲突,因为她们往往在慷慨这一美德中加入悲悯和体恤,从而产生更好的效果。皮桑认为女性的仁慈有很多种表现形式,并不仅仅存在于对别人的施舍当中,也存在于女性以温柔的话语来安慰、

---

① 克里斯蒂娜·德·皮桑:《淑女的美德》,张宁译,南昌:江西人民出版社,2009年,第34页。
② 同上书,第35页。
③ 同上。
④ 同上书,第47页。

帮助他人之中。"慷慨并不仅仅以物质的形式出现,如同一位智者所说,慷慨也体现在安慰的话语中,她要劝勉他们,让他们对明天仍然抱有希望。"①

皮桑除了对公主与王后这类有可能执掌国家大权的女性提出要求她们承担政治职责的请求和建议,对于那些生活在封地和庄园中的女领主们,她也提供了一系列的务实指导。"对于这些女性,她们理应更加的审慎和明智。……这意味着她不应只在闺房内接受教育,也不应只被教授那些女性的美德。"②在这一时期的西欧社会,男性贵族一旦出征,封地上的一切大小事务将悉数交由女性来管理。皮桑在《淑女的美德》中为这些女性领主们提供了管理封地与庄园的策略和技巧。皮桑建议女性领主们熟悉法律制度以维护自己的利益,同时她还应当与封地上的各级官吏保持良好的合作关系。在处理和领地上民众的关系时,她应做到言行一致而又宽宏大量,尽可能地避免过度压榨百姓,使得领地上的人民能够安居乐业。

皮桑的这一番论述使得读者可以清楚地感受到她对于女性政治身份的高度关注。《淑女的美德》无疑受到法国时势和政局的影响,男性贵族之间因为争权夺利而导致国内政局动荡,这使得皮桑迫切希望王后能够出面以女性的审慎来化解政治危机。此外,皮桑在《女性之城》中,系统地展示了古代杰出女性政治家的功绩,这使得她对于女性介入社会政治事务持乐观积极的态度。皮桑反对传统女性教导手册对于女性的束缚和压抑,她以历史中和现实中积极有为的女性政治家为例,论证了女性参与社会政治事务的合法性。她指出女性的仁慈与审慎之德如果能够在政治领域得到充分施展的话,那将给人类社会带来极大的利益与福祉。皮桑还在《淑女的美德》中反思和修正了传统的宗教信仰模式,她明确反对女性为了追寻灵魂的救赎而弃绝尘世的义务和职责。皮桑认为女性应当在虔诚信仰的同时为人类尘世生活贡献自己的力量,这种"混合型生活"才是受到上帝嘉许的人生之路。

《女性之城》和《淑女的美德》是皮桑奉献给所有女读者的女性之鉴,她在写作时还借鉴了君主之鉴这一盛行于中世纪的政治文类的写作手法和素材,赋予这两部作品以潜在的政治意味。在这两部女性之鉴中,皮桑将女性视为具有理

---

① 克里斯蒂娜·德·皮桑:《淑女的美德》,张宁译,南昌:江西人民出版社,2009年,第74页。
② 同上书,第128页。

性和智慧的生灵，认为她们只要获得恰当的教育就可以和男性一样承担起社会政治职责。这两部作品一方面破除了厌女言论对于女性的妖魔化，另一方面借用镜子的意象使得作品服务于女性社会身份的建构。在象征真理之镜的女性之鉴中，皮桑展示了女性最为本真的一面，她试图让全体女性意识到她们的社会身份应当是多元的。除了成为虔诚的女信徒、温柔的妻子、慈爱的母亲，她们天赋的德行和智慧还能够在广阔的社会公共空间当中得到施展。女性对于社会政治职责的履行不仅有益于人类的尘世生活，而且还能够为她们带来上帝的恩典和彼岸的救赎。

三、女性经济身份的价值与意义

皮桑在《女性之城》和《淑女的美德》中对于女性的政治职责，尤其是女性统治者如何管理封地和国家的论述，可能使得一部分读者误以为这两部女性之鉴仅仅面向贵族阶层的女性。其实不然，皮桑从政治有机体理论出发，认为社会各阶层的成员彼此之间密不可分，应当不分贵贱地共同承担起社会责任和义务。她在论及女性政治职责时主要涉及贵族女性是因为在西欧中世纪的封建社会里，只有贵族阶层才能够参与社会政治管理事务。在《女性之城》与《淑女的美德》中，皮桑选择从两个角度来论述女性的社会身份，其一是女性的政治身份和女性应当承担的政治职责，其二是女性的经济身份。

学者凯瑞·J.奈德门（Cary J. Nederman）认为皮桑是欧洲中世纪第一个对经济行为的复杂社会作用做出反思的学者，她意识到人们的经济行为深刻地改变了中世纪晚期的社会面貌。[①]皮桑对中世纪晚期社会面貌急遽变化的敏锐洞见直接源自于她个人的生活经历。在1390年前后，皮桑连遭丧父、丧夫的沉重打击，这不仅是对于她情感的重挫，而且还彻底改变了皮桑的生活状态。在此之后皮桑必须以辛勤的劳作来养活包括自己在内的六口人，生活的艰辛使得她认识到经济行为在人类社会生活当中的重要性。皮桑为了谋生而和处于社会第三等级的工商业阶层有着长期频繁的接触和交往，她看到了工商业阶层的崛起和这个阶层所蕴

---

① Roberta L. Kuieger, "Christine's Treasure: Women's Honor and Household Economies in the *Livre des trios vertus*", in *Christine de Pizan: A Case Book*, Barbara K. Altann and Deborah L. McGrady eds., New York: Routledge, 2003.p.102.

含的强大生命力以及他们对于封建等级制度的颠覆作用。这种生活体验促使皮桑开始反思传统观念中对于金钱和财富的论述。在两部女性之鉴中，皮桑对经济行为和物质财富持正面的肯定态度，她舍弃了中世纪视金钱与财富为罪孽的传统观点，转而认为积极的、活跃的经济行为能够成为人类社会向前发展的巨大推动力量。正是基于这样的认识，皮桑在《女性之城》和《淑女的美德》中对各个阶层的女性参与社会经济活动都给予了正面评价，她认为经济身份是女性社会身份的核心组成部分之一。

在《女性之城》中，皮桑虽然没有直接论述她对于金钱和财富的观念，但是她通过探讨女性的慷慨这一命题涉及了女性对金钱和财富的态度。皮桑驳斥了厌女言论将女性与贪婪和吝啬联系在一起的谬论，她指出女性在其经济行为中往往展现出审慎之德。由于男性常常表现出看似慷慨实则浪费挥霍的行为，这使得女性不得不在经济问题上深思熟虑，小心翼翼。皮桑对于财富和经济活动持一种谨慎节俭的态度，但是这种节俭绝不意味着吝啬。相反，皮桑对女性合理地运用金钱进行慈善行为给予了极高的评价："我知道一些和我同代的女性曾欢快地对那些能够妥善运用金钱之人说道：'来，拿着这个'，这远比那些攫取金钱并将它们贮藏在宝库中的吝啬鬼所获得的快乐要多得多。"①通过《女性之城》中这一段关于女性对待金钱态度的论述，皮桑为女性塑造出审慎理智但绝不贪婪吝啬的经济行为主体的形象。

在《淑女的美德》中，皮桑以一种更为直接的方式来谈论她对于金钱和财富的态度。皮桑开诚布公地驳斥了传统观念对于财富的负面看法，她指出财富的多寡与个人的道德品质并没有直接关联，真正的德行体现在一个人对于金钱的态度和使用方式中。皮桑站在第三等级的立场重新定义了财富与信仰以及救赎的关系，她这样说道：

> 上帝以不同的方式拯救每一个人。当他说富人不能进神的国时，指的是那些空有财富却缺乏美德，也不将他的财富分给穷人的人……至于上帝所祝福的穷人，指的是虚心的人。即便一个很有钱的人，如果他不以地上的财富夸口，或者用这些钱财去救济穷人或服侍上帝，也不因着他的财富自视甚

---

① Christine de Pizan, *The Book of the City of Ladies*, Rosalind Brown-Grant trans., London: Penguin Books, 1999, p.193.

高,他就是虚心的人,天国就是他的。①

从对于金钱的态度出发,皮桑进一步论述了女性应当如何合理地分配和运用财富,因为在金钱问题上的审慎和理智不仅有利于女性的尘世生活,还能够促进德行的提升乃至于帮助她获得上帝的恩宠和救赎。在皮桑看来以合法的收入支付生活之所需既是人之常情也不违背上帝的意志。"合理合法的收入并没有错,重要的是她要如何支配这笔钱。……存钱以备不时之需、将收入的一部分支付仆人的工资、逢年过节的时候购买礼物、所欠的债也要及时还上,这些都没有错。"②此外,皮桑还建议女性应当克制自己对于奢侈品的欲望,用节省下来的金钱从事慈善行为,这既有利于美德的培养,同时也是为自己在天国积攒永恒的财富。透过皮桑在《女性之城》和《淑女的美德》中对于金钱与财富的论述,读者可以清楚地感受到中世纪晚期贸易的繁荣和资本主义生产方式的萌芽,对于社会各阶层的经济观念都产生了重大影响。皮桑敏锐地捕捉到社会思潮的变迁,并且将之纳入自己对于女性社会身份的建构当中。皮桑将经济行为视为各阶层女性在尘世生活当中最重要的社会活动之一,同时她还赋予女性的经济活动以宗教信仰上的合理性。

在《淑女的美德》中,皮桑对社会各阶层的女性都提供了有益的建议和教诲。针对统治阶层的女性,皮桑认为王后应当主动承担起管理财政收支的任务,就如同她应当承担其他的政治职责一样,这也是她作为女性统治者的义务和责任。"王后不要对询问收支不好意思,在某些时候有必要请管理财政的大臣当面汇报财政情况。"③此外,皮桑还建议王后应清楚宫内的一切开支,尽力做到开源节流,收支平衡,同时严令属下不得掠夺百姓的财产以及用空洞的许诺欺诈愚弄人民。对于那些代替出征的丈夫管理封地和庄园的女性领主们,皮桑也提出了一系列务实的建议。女性领主应当学会如何打理自己的领地和庄园,通过合理运作来增加收入和财产。在皮桑看来最重要的一点是女性管理者必须精通法律和财税制度。"这位夫人要非常清楚当地的风俗和法律,特别是关于封地、次封地、免役税、地租、各样租税以及她权限下的各样事情,这样就没有人可以随意欺骗

---

① 克里斯蒂娜·德·皮桑:《淑女的美德》,张宁译,南昌:江西人民出版社,2009年,第26页。
② 同上书,第39页。
③ 同上书,第72页。

第六章 克里斯蒂娜·德·皮桑：道德视域中的性别与政治

她。"①皮桑明确指出女性管理者亲自仔细核对收支账簿绝非可耻之事，相反这是女性的审慎之德在经济行为中的体现。皮桑将女性管理家产时的精明谨慎等同于《箴言》中所赞美的女性之德，赋予女性的经济行为以信仰的光环。女性领主不仅要成为一位精明的管理者，她还应当亲自参加力所能及的劳作。在面对领地上的百姓时，她应当慈悲为怀，而非横征暴敛。

除了上述两类贵族女性，皮桑还针对生活在中下层的女性提出了合理的建议。对于商人的妻女，皮桑以细致的笔触为后人留下了中世纪晚期商人阶层堪比王侯的奢侈生活的实录。但是，皮桑明确反对这种挥霍和浪费，在她看来这些女人仅仅追求贵族阶层的物质享受却不去提升自己的德行，这样的行为并不会使她变得更高贵。至于那些为了购买奢侈品而使得日常生活捉襟见肘，乃至典当、负债的女性，皮桑认为她们必将沦为他人的笑柄，并且将其视为理想的女性形象的反面例证。通过描述这些爱慕虚荣的商人妻女，皮桑总结道："如果不具备高贵的品质、美德和礼节，没有人可以称得上是高贵。如果你没有这些品质，无论你是谁，你都称不上是贵族。你坚持自己是的话，就是在自欺欺人。"②在《淑女的美德》中，皮桑从道德和经济的双重角度批判了中世纪晚期工商业阶层崛起而带来的弥漫于市民社会当中的奢靡享受之风。针对一般市民家庭的女性，皮桑建议她们在日常生活中勤俭节约，量入为出。这些女性应当尽其所能的乐善好施，通过力所能及的慈善行为来为自己积攒彼岸的财富。针对那些生活在社会底层的女性们，例如无依无靠的寡妇、女仆、劳动者的妻子乃至妓女，皮桑都站在同情她们的立场针对其生存境况一一提出了务实可靠的建议。

皮桑在这部女性之鉴中将社会经济行为主体的身份赋予各个阶层的女性。如果说治理国家和封地的政治职责只为少数贵族女性所独有，那么参与社会经济活动则是每一位女性日常生活的一部分。皮桑通过对于女性从事和她们社会身份相关的经济行为的描述，向读者论证了女性是社会经济领域里重要的参与者的观点。在这个意义上，皮桑借《女性之城》和《淑女的美德》中对于女性经济活动的论述，建构出女性社会身份的另一个重要组成部分——女性是社会经济行为的参与主体。

---

① 克里斯蒂娜·德·皮桑：《淑女的美德》，张宁译，南昌：江西人民出版社，2009年，第131页。
② 同上书，第139页。

皮桑认为社会经济事务中通行的审慎、理智、精明的行为准则不仅存在于女性的经济活动当中，而且还应当成为女性为人处世的策略和技巧。在《淑女的美德》中，皮桑认为追求灵魂不朽和彼岸救赎是女性灵性生活的目标，而美好的声誉，他人的尊重和仰慕则是女性在尘世生活中提升道德水准的动力和目的。为了实现尘世生活的目标，皮桑建议女性以她们在经济行为中展现出的审慎和精明为自己塑造出高尚光辉的公众形象。皮桑的这一观念与中世纪盛行的厌女思想针锋相对。在中世纪的传统观念里，女性的名誉和声望并不属于她本人，而是其男性家长的财产。但是，皮桑却认为女性的声誉和美名是她最为宝贵的私人财富，应当细心呵护，并且尽力去提升自己的道德水准。[①]她建议女性不妨运用管理和经营物质财富的方式，来"经营"自己无形的精神财富——声誉和美名。

皮桑为女性"经营"自己的声誉提出的第一条建议便是，女性应当将她的善行呈现在大庭广众之下。皮桑指出："通常，捐赠应该在暗中进行（从而捐赠人不至于因此自高而犯罪），但如果这位淑女的心中不含有骄傲，她就应该在众人面前进行捐赠，从而为别人树立美好的榜样。……看上去这似乎有一点伪善，但这也是所谓'正直的伪善'，因为它的目的是好的。……事实上，为这美好的目的而产生的'伪善'有时候是不可避免的，它并不冒犯任何值得尊敬的人。"[②]皮桑认为这种公开展示美德的行为既有利于女性建构自己的声誉，也有其社会价值，能够产生良性的社会效应。总而言之，这一"正直的伪善"对于女性和社会都大有裨益。其次，对于经常进行社交的贵族女性而言，皮桑认为她们应当在恰当的时机展示她们的慷慨大方，因为这有助于传播女性的美名。除了以上的建议，皮桑还在《淑女的美德》中列举了许多女性在"经营""管理"自己的声誉时应当注意的细节和可以采取的策略。皮桑的这一番论述意在指出，女性的美名和声誉是属于她自己的宝贵私人财富。女性在尘世生活中应当一方面提升和培养自己的德行，另一方面也不妨为自己树立更加美好的声誉。在皮桑看来，对于名誉的珍惜会使得一个人自觉地去追寻美德，这种积极的尘世生活也有益于女性灵

---

① Rosalind Brown-Grant, *Christine de Pizan and the Moral Defence of Women: Reading Beyond Gender*, Cambridge: Cambridge University Press, 2003, pp.193-195.

② 克里斯蒂娜·德·皮桑：《淑女的美德》，张宁译，南昌：江西人民出版社，2009年，第65—66页。

性生活目标的实现,因为出众的德行是一个人获得彼岸救赎的重要条件之一。

通过以上的分析我们可以发现,皮桑受到了中世纪晚期社会生产方式变革的影响,她将经济活动中的行为准则引入女性的日常生活当中,作为她们接人待物的处世原则。但是,皮桑在强调女性应该成为一个审慎、理性,精明的经济行为主体时,并不希望女性成为一个为了金钱和利益而不择手段的掠夺者。相反,皮桑在《淑女的美德》中一再告诫女性读者,她们在社会经济活动中应当秉持公平互利的原则,并且最大限度地保护那些社会弱势群体的利益。她指出贵族女性应当对百姓宽容体恤,反对任何形式的横征暴敛。工商业阶层的女性则应在商贸活动中坚持诚信原则,在交易中互惠双赢,"如果您,富有的妇人,希望以此而得拯救,在买卖交易的时候,不要以奸诈的手段欺诈你的邻舍。"① 皮桑对女性经济行为准则的论述,与她在政治领域中所秉持的政治有机体观念有内在的相通之处。在她看来,社会各阶层之间无论高低贵贱都应当彼此尊重,只有这样社会才能够安宁稳定,全社会的共同利益才能够最大限度地得到实现。

作为《女性之城》的续篇,《淑女的美德》以历史和现实生活中在政治领域与经济领域中做出杰出贡献的女性为例,来论证女性的社会身份绝不仅仅局限于在家庭中做一个温柔谦恭的妻子和母亲,女性可以成为审慎睿智的统治者和精明能干的经济行为主体。她们天赋的智慧与美德应当在更为广阔的社会公共空间里得到施展和运用,这不仅有益于女性个人道德水准和精神素养的提升,而且还能够为人类社会带来极大的利益和福祉。所以笔者认为,皮桑以自己的作品作为反映女性本真面貌的"真理之镜",以呈现于其中的理想化女性形象为中世纪晚期的女性建构自己的社会身份提供了一个可资借鉴的参照系。

四、《贞德之歌》:民族身份的觉醒

在以性别议题为主旨的作品中,例如《女性之城》和《淑女的美德》,皮桑一再强调女性社会身份的价值和意义,以及女性突破私人空间的藩篱参与社会公共事务的必要性。对于皮桑个人而言,她应法国王室之邀而写作的一系列政治论著,可以被视为她以女性身份介入社会公共事务的举措。在皮桑晚年的创作中,她对于女性社会身份的关注不再局限于反抗父权制社会对女性的束缚和压抑,而

---

① 克里斯蒂娜·德·皮桑:《淑女的美德》,张宁译,南昌:江西人民出版社,2009年,第160页。

是将视野延伸至对法兰西民族身份的思考与建构中。西欧中世纪晚期民族意识的兴起与皮桑试图重建女性社会身份的努力汇合在一起，促使她在最后一部作品《贞德之歌》中，以对女英雄贞德形象的塑造和赞美来唤起法国民众对于民族身份的认同。在这部作品当中，皮桑的性别观念与政治理想达到了高度的统一。

皮桑所生活的年代是一个极度动荡但又蕴含着变革与新生的社会转型期，现代国家与民族意识开始逐步形成，西欧社会开启了从中古走向近代的艰难曲折的历程。学者斯特雷耶认为："一个国家本质上是存在于它国民的内心和思想中的；如果国民的内心不承认国家的存在，那么任何逻辑上的推导都不可能使国家存在。"① "近代以来所形成的欧洲国家基本上都是民族国家，虽然对于国家的忠诚不完全等同于民族主义，但是在一些国家，民族主义最终强化了对于国家的忠诚。"② 在中世纪晚期，国家与民族身份的概念在英国和法国逐步形成。在此之前，教会的普世性主张使得西欧思想界将普世帝国视为首要的政治理想，但丁在他的《论世界帝国》和《神曲》中都深入细致地表达了这一政治理念。但是在1300年之后，西欧的主要政治形式逐步演变为主权国家，普世教会不得不开始承认保卫个体国家要高于对教会的忠诚和对于基督教社会共同财富的追求。从中世纪晚期开始，在越来越多的西欧民众的观念中，对于国家的忠诚高于一切。这种忠诚往往被赋予了爱国主义的意味，国家则试图将这种温热的忠诚转化为狂热的民族主义。

15世纪上半叶对于法国而言既是从百年战争的低谷走向胜利和光复的苦难历程，又是国家和民族意识觉醒并且逐步成型的历史时期。残酷的反侵略战争促使法兰西民族的民族意识空前高涨，并且唤醒了民众内心深处的民族身份认同感。学者沃森认为法兰西民族是第一个形成民族的欧洲民族。③ 1529年是百年战争的转折点，来自奥尔良乡间的少女贞德扭转了法国在战争中的颓势，并且促成了查理七世在兰斯的加冕。贞德不仅为法国的胜利与光复带来了第一缕曙光，而且她也成了法兰西民族意识觉醒的契机之一。在这一年的7月，隐居于修道院中的皮

---

① 约瑟夫·R. 斯特雷耶：《现代国家的起源》，华佳、王夏、宗福常译，上海：上海人民出版社，2011年，第2页。

② 同上书，第31页。

③ 休·希顿—沃森：《民族与国家：对民族起源和民族主义政治的探讨》，吴洪英、黄群译，北京：中央民族大学出版社，2009年，第57页。

桑受到贞德的鼓舞，创作了最后一部作品《贞德之歌》，通过对这位女英雄的称颂来抒发她对于国家和民族的无限忠诚与眷恋。学者霍布斯鲍姆认为民族是特定时空之下的产物，而且是通过民族主义想象塑造出来的。①另一位学者安德森也指出，民族是被想象出的共同体，民族都渴望自己是自由的，而衡量这个自由的尺度和象征就是主权国家。②正是因为民族是通过集体想象建构出来的观念，所以文学作品在这个建构想象的共同体的过程中扮演了举足轻重的角色。皮桑创作的《贞德之歌》正是一部唤醒法兰西民族意识的自觉，并且在此基础之上试图建构民族身份的杰出作品。

　　主权国家观念和民族观念在形成之初，往往和对于君主的忠诚交织混杂在一起。就法兰西民族身份的认同而言，最初由教士提出，在18世纪民族主义观念产生之前它一直集中在国王身上，表现为对君主的信赖与忠诚。学者格林菲尔德指出："法兰西认同经历了这样的演变过程：从宗教—基督教认同到只有模糊宗教意味的政治—忠君认同，再到民族认同"③。在中世纪晚期，对于法兰西民族身份的认同建构在基督教信仰的基础之上。"franci"一词在东方代表基督教的这一事实被解释为法兰西人高度虔诚的证据，这使得他们区别于其他的民族，并且成为他们骄傲的理由。④编纂于13世纪末期的《法兰西大编年史》（*Grandes chroniques de France*）到得了国王的赞助，在圣丹尼斯写作完成，其中提出了集体认同的正式定义，并且对这种认同的塑造起到了有效的推进作用。⑤在中世纪晚期，罗马教廷授予法国国王"最虔诚"的称号，并且承认法国国王是神选的。法国国王随即将这一"最虔诚"的殊荣作为声张法兰西权力的根据，在内政和宗教事务上拒绝外来干涉。在法国学者的一系列论著当中，法国与上帝之间的紧密联系不是通过教会来实现的，而是直接体现在国王身上，法国在其创建之初便是

---

① 埃里克·霍布斯鲍姆：《民族与民族主义》，李金梅译，上海：上海世纪出版集团，2006年，第6—7页。

② 本尼迪克特·安德森：《想象的共同体：民族主义的起源与散布》，吴叡人译，上海：上海世纪出版集团，2006年，第7页。

③ 里亚·格林菲尔德：《民族主义：走向现代的五条道路》，王春华、祖国霞、魏万磊、谢虎、胡婷婷译，上海：上海三联书店，2010年，第89—90页。

④ 同上书，第92页。

⑤ 同上。

按照自己的立法来存在的。①法国王室的标志百合花被视为君主接受上帝的恩典和被神圣化的象征，因为在中世纪百合花是圣母玛利亚的标志。在中世纪晚期的法国，对于圣母的崇拜和对于君主的敬畏在百合花的标志中融合在一起。②在兰斯举行的国王加冕典礼本质上是一场神圣化君主的准宗教仪式。

中世纪晚期法国民众对于国家和民族身份的构想，在皮桑的一系列作品中得到了诗意的呈现。在《克里斯蒂娜·德·皮桑的幻象》中，坐在荒芜的花园里悲叹哭泣的高贵淑女利波拉是皮桑按照当时人们对于法兰西民族的文学想象塑造而出的。在这一时期，法兰西被想象为一位高贵美丽的女性——"法兰西女士"，她是一位金发碧眼的公主，身穿百合花点缀的长裙；同时法兰西亦被设想为花园，它是一座人间天堂。③在中世纪晚期的观念中，成为法兰西民族的一员，不仅意味着拥有法兰西的血统和世系，还表现为对法兰西的语言、制度和文化传统的认同与热爱。对于皮桑这样一位拥有意大利血统的女性而言，她所认同的法兰西民族身份并非得自家族的遗传，而是她自主选择的结果。在皮桑的笔下，无论是关注性别问题的作品抑或是涉及政治议题的论著，对于法国与法兰西民族的强烈真挚的情感都是其作品中的一个突出特点。④

皮桑虽然出生于中世纪晚期民主化程度最高的意大利威尼斯市，但是她却反感意大利式的城邦民主政体。皮桑之所以推崇中央集权的君主制，是因为法国的内战使得她拒绝一切可能导致分裂的政体。在皮桑晚年，经历了内战与百年战争的法国已经到了分崩离析的边缘，是贞德的胜利使得法国的再度统一有了一线微光。皮桑在长诗中歌颂蒙受上帝恩典的贞德，借此来表达她渴求和平与统一的政治理念。此外，来自民间的贞德成为守护法国的中坚力量并且促成了国王查理七世在兰斯的神圣加冕，这让皮桑看到了社会各阶层在国难面前的和衷共济，而这正是她在政治论著中反复宣扬的政治有机体理念的实现。贞德以民间少女的柔弱之躯对抗英国侵略者的虎狼之师，在上帝恩典的眷顾之下获得胜利并且收复失地

---

① 里亚·格林菲尔德：《民族主义：走向现代的五条道路》，王春华、祖国霞、魏万磊、谢虎、胡婷婷译，上海：上海三联书店，2010年，第93—94页。

② 同上书，第94—95页。

③ 同上书，第103页。

④ Kate Langdon Forhan, *The Political Theory of Christine de Pizan*, Burlington: Ashgate Pub Ltd., 2002, pp.67-68.

的传奇经历，在皮桑看来无疑是神话与传说中得蒙神恩的女英雄在尘世的再现。皮桑在《女性之城》与《淑女的美德》中反复论证女性的社会身份以及女性在进入社会公共空间后能够为全体民众带来的福祉，贞德的横空出世无疑是她所主张的性别观念的最佳例证。

《贞德之歌》完成于1429年7月31日，这首长诗是皮桑的最后一部作品。法国中世纪最杰出的女作家以对法国中世纪最杰出的女英雄的赞歌，来为自己的写作生涯画下句号。①在这首长诗中，皮桑寄托了她对于民族复兴的真挚期盼、对于挽救万民于水火之中的贞德的感激和敬仰、对于侵略者的痛恨与诅咒以及对于法国光明未来的坚定信念。此外，皮桑的这部诗体作品还具有建构法兰西民族身份想象的共同体的作用。在皮桑看来，民族身份不仅能够唤醒民众的抵抗意识，同时还能够消弭国内不同政治派别之间的矛盾纷争，使得法国走向统一与复兴。②

《贞德之歌》共有61个小节，前12个小节构成整部作品的序章，13至61小节构成主体部分。皮桑作为长诗的抒情主人公出现在序章当中，她以激越欢快的语调来表达自己雀跃的心情。她说道："我，克里斯蒂娜，在一所封闭的修道院里痛哭了11年之久……我现在开始第一次展露笑颜。我要充满喜悦的开怀大笑，因为当我悲哀地身陷囹圄之时，严冬即将离去。然而现在好天气回来了……我的语言将从哭泣转为欢笑。"③贞德的出现和她领导的一系列战争的胜利一扫皮桑心头笼罩的阴霾，使得她对于国家的未来充满了信心。对于这部作品的创作意图，皮桑是这样定义的："这应当向四方传扬，因为这值得被记住并且被写在——无论是否有人会不快——编年史和历史书当中。"④以这种方式，叙述者皮桑的身

---

① Kavin Brownlee, "Structures of Authority in Christine de Piazan's *Ditié de Jehanne d'Arc*", in *Discourses of Authority in Medieval and Renaissance Literature*, Kavin Brownlee and Walter Stephens eds., Hanover: University Press of New England, 1989, p.131.

② Earl Jeffrey Richards, "French Cultural Nationalism and Christian Universalism in the Works of Christine de Pizan", in *Politic, Gender, and Genre: The Politic Thought of Christine de Pizan*, Margaret Brabant ed., Boulder and Oxford: Westview Press, 1992, p.77.

③ Christine de Pizan, *The Selected Writings of Christine de Pizan*, Renate Blumenfeld-Kosinski and Kevin Brownle ed. & trans., New York: W.W.Norton & Company, Inc., 1997, p.253.

④ Ibid., p.254.

份由一个抒情主人公转化为编年史的作者，这部作品由此被赋予了建构民族记忆的权威地位。皮桑将贞德带给法国的胜利视为上帝的意志与恩典，她认为这是上帝对于法兰西民族虔诚信仰的奖赏。她以法国王室的百合花标志来支持这一观点，皮桑说道："上帝想要将他的恩典赐予法兰西——这是千真万确的——通过这个柔弱的少女……法兰西的百合花在信仰上从未犯错。"①

在作品的第13至61小节中，皮桑赞美了贞德保卫国家的英雄事迹以及她对于查理七世的政治期望。在皮桑看来，贞德的出现堪称上帝的神迹，是上帝恩典在尘世的具象化："蒙福的少女啊，难道你会忘却这一切吗？上帝赐予你如此之高的尊荣并让你去解开紧紧束缚着法兰西的绳索。……贞德，你诞生于一个吉祥的时刻，你的创造者是神圣的！上帝委派的少女啊，圣灵将其高贵的恩典倾注于你并且从不拒绝你的任何要求。"②在皮桑笔下，出身卑微的农家少女贞德所获得的恩典与眷顾胜过那些位高权重的朝臣们，而这一切皆源自于上帝不可思议的神迹。"一个女人，一个纯真的牧羊少女，她的勇敢无畏胜过罗马的任何一个男人！对上帝而言这不过是小事一桩。"③皮桑将贞德比作《圣经》中的女英雄以斯帖、犹滴和底波拉，她认为从未有人如同贞德这般体现上帝的全知全能。随后，皮桑还将贞德与那些受人敬仰的古代预言家们联系在一起，她说道："在五百多年前，默林、西比尔和比德都已在脑海中预见了她的出现，并且把她写入自己的作品当中，预言她将成为法兰西的拯救者。"④皮桑的这一论调不仅使得贞德的形象神圣化，而且还赋予作为长诗作者的自己以预言家的身份和权威。

皮桑认为贞德的女性身份不仅应验了《圣经》中所言的神的恩典往往赐予弱小之人的训诫，同时还象征了上帝对于全体女性的嘉奖。皮桑说道："啊！这是女性的无上荣耀！通过让一个女人把祸乱全国的无耻之徒和叛国者尽数驱逐，并且使得国家再度复原和振兴，上帝明确地表达了对于女性的钟爱——这件壮举成千上万的男人亦无法完成。"⑤皮桑的这一段论述很自然地让人联想起她在《女性之

---

① Christine de Pizan, *The Selected Writings of Christine de Pizan*, Renate Blumenfeld-Kosinski and Kevin Brownle ed. & trans., New York: W.W.Norton & Company, Inc., 1997, p.254.

② Ibid., p.255.

③ Ibid., p.256.

④ Ibid., p.257.

⑤ Ibid.

城》和《淑女的美德》中对于女性德行和价值的大声疾呼。在《贞德之歌》中，贞德无疑是那些活跃在女性之城中的女英雄的化身，在她的身上不仅体现了忠贞不渝的爱国之情，同时还展现出了女性的英武与善战。"她是我们英勇善战的民众的最高领袖，无论是赫克托尔抑或是阿喀琉斯都不具备这样的力量！"①皮桑在贞德身上看到了女性价值在社会公共空间的施展，这首赞美贞德的长诗和她在早期作品中对于女性气质和女性身份的反思与重构是相一致的。

这首长诗除了颂扬贞德，还包括了皮桑对于侵略者的刻骨仇恨与诅咒，她满腔愤怒地说道："你们以为已经征服了法国，并且认为她将永远臣服于你。但是时局已经今非昔比了，你们这些背信弃义之徒！"②皮桑认为那些惨死于侵略者之手的无辜百姓的鲜血和悲泣震动了上帝，上帝借贞德之手去惩罚那些残暴无耻的侵略者。长诗中对于侵略者的痛恨在某种意义上是对于法兰西民族身份的一种强调，皮桑以此来唤醒民众的爱国热情并促使他们投身到反抗侵略的战争当中。在皮桑的笔下，贞德的任务不仅仅是反击英国侵略者并光复法国，她同时还承担了更重要的救赎使命。在这个意义上，贞德的形象与皮桑之前所提及的《圣经》中的女英雄们更加深入地融合在了一起。学者理查兹认为，皮桑将贞德为祖国而战的义举等同于为信仰和真理而战，她借此将法国的反侵略战争视作神圣历史的一部分，使得贞德与法兰西民族成为人类救赎历史当中的英雄。③在皮桑看来，贞德的身份甚至已经超越了法兰西民族守护者的角色而成为普世价值和信仰的化身，她说道："我坚信她是上帝赐予大地之上所有人的礼物，所以通过她的行动和平将被缔造。击败英国人并非使她忧虑之事，因为她的渴望在别处：去防范信仰的毁灭。"④

在长诗中，皮桑对于领导法国抵抗运动的查理七世国王寄予厚望，一再强调

---

① Christine de Pizan, *The Selected Writings of Christine de Pizan*, Renate Blumenfeld-Kosinski and Kevin Brownle ed. & trans., New York: W.W.Norton & Company, Inc., 1997, p.258.

② Ibid.

③ Earl Jeffrey Richards, "French Cultural Nationalism and Christian Universalism in the Works of Christine de Pizan", in *Politic, Gender, and Genre: The Politic Thought of Christine de Pizan*, Margaret Brabant ed., Boulder and Oxford: Westview Press, 1992, p.88.

④ Christine de Pizan, *The Selected Writings of Christine de Pizan*, Renate Blumenfeld-Kosinski and Kevin Brownle ed. & trans., New York: W.W.Norton & Company, Inc. 1997, p.259.

这位君主与奥尔良少女之间的互动关系，她认为国王与贞德必将携手收复巴黎并且带领法兰西民族走向最终的胜利。皮桑盛赞查理七世的仁慈和宽宏，赞赏他不愿意伤害自己人民的悲悯之心："为了避免杀戮和伤害百姓他已经尽可能的等待了许久，流血牺牲使得他悲伤不已。"①皮桑曾经饱受内战和分裂之苦，所以她对于一位试图避免国民之间彼此厮杀的君主自然是推崇备至。她向所有法国人民大声疾呼："作为忠诚的法兰西人，将你自己和你的效忠之心奉献给他！"②皮桑以对明君的称颂来唤起民众心中对于法兰西民族身份的自觉和认同，并借此来表达自己的政治理念。在皮桑看来，查理七世与贞德的合作关系，证明了国家的统一和复兴离不开统治阶层与平民大众的合作，在国破家亡的危急关头社会各阶层都必须紧密携手、共克时艰。贞德的胜利不仅仅是彼岸的恩典，同时也是政治有机体理念在实践中的成功。

皮桑在《贞德之歌》的结尾称其为"克里斯蒂娜创作的最美的诗篇"③。皮桑之所以给予这部作品如此之高的评价，是因为在贞德的形象中凝聚了她一生为之呐喊的性别观念和政治理想。贞德是走出家庭进入社会公共空间的女性的代表，她所展示出的信仰之德、勇敢之德以及忠贞不渝的爱国情怀，证明了皮桑所宣扬的女性涉足社会公共事物将会给她的国家和民族带来福祉的观点。贞德虽然来自于社会底层，但是恰恰是这样一个卑微的农家少女在危亡之际拯救了她的国家和民族，这无疑是皮桑所主张的政治有机体理念的最佳例证。这部作品的重要性还体现在它对于法兰西民族身份的唤醒和建构上。代表法兰西民族的查理七世通过贞德这一蒙恩的中介形象与至高的上帝之间相互沟通，彰显了法兰西民族在上帝救赎计划当中的神圣性与独特性。皮桑在作品里表达的对于侵略者的仇恨和对于民族英雄的敬仰，无不作用于她对法兰西民族身份的呼唤与建构。法国政治学家德拉诺瓦认为，在浪漫主义时期法国为贞德的形象加冕并且将之神圣化，这与法国民族主义思想的兴起相关。④皮桑无疑是法国历史上第一位将贞德神圣化的作家，她的写作意图是通过神化贞德的形象来神化法兰西的民族身份，将法兰

---

① Christine de Pizan, *The Selected Writings of Christine de Pizan*, Renate Blumenfeld-Kosinski and Kevin Brownle ed. & trans., New York: W.W.Norton & Company, Inc. 1997, p.262.

② Ibid.

③ Ibid.

④ 吉尔·德拉诺瓦：《民族与民族主义》，郑文斌、洪晖译，北京：三联书店，2005年，第10页。

西民族置于基督教救赎历史的核心地位。皮桑在《贞德之歌》中对于民族身份的建构遵循了中世纪晚期定义民族身份的基本方式,即在与上帝的神圣关系中确立法兰西民族身份的神圣性,并且经由贞德这一中介将这种神圣性传递给每一个忠于国家与君主的臣民。

结　语
丰盛的遗产

　　无论是贝居因女作家们的宗教神秘主义写作抑或是皮桑涉及性别与政治议题的世俗写作，都在她们的有生之年对中世纪晚期的西欧社会生活产生了一定程度的影响。在她们的尘世生命旅程结束之后，这些充溢着灵性和智慧光华的杰作依旧在欧洲大地上广为流传，并且为正在逐步展开的文艺复兴运动吹响了号角。

　　梅希蒂尔德对炼狱救赎的关注和描述，回应了中世纪晚期的普通民众对于教会主张的炼狱救赎模式以及教士阶层的中介特权的不满。她在炼狱救赎幻象中扮演的积极角色，表达了被边缘化的平信徒对于直面彼此的人神关系的期盼与向往。梅希蒂尔德笔下无功利、非赎买式的炼狱救赎影响了但丁对炼狱的构思和表现。在炼狱山顶层的地上乐园中，梅希蒂尔德化身为但丁笔下象征公义与救赎之爱的圣女玛苔尔达，帮助灵魂完成最后的净化并引导他们恢复受造之初的纯真与无暇。海德薇希以爱与激情为核心的神秘主义写作深刻影响了14世纪低地国家伟大的神秘主义者吕斯布鲁克。吕斯布鲁克接受了海德薇希所倡导的"爱便是一切"的观念，在其代表作《灵性的婚礼》

（*The Spiritual Espousals*）中继承了她的学说。吕斯布鲁克进一步指出，爱不仅是基督教神秘主义者生活与信仰的核心主题，同时也应当成为所有基督徒的信仰和灵性生活的准则。玛格丽特·波蕾特在《单纯灵魂之镜》中首创了灵魂通过自我泯灭以回归于"无"的神学观点。这一学说被一度执教于巴黎大学的埃克哈特大师所采纳，成为他在《讲道录》（*Sermons*）中提出的"无区分的合一"（indistinct union）的思想源头之一。埃克哈特大师在《神圣的慰藉》（*The Book of Divine Consolation*）中所主张的："在人与上帝之间，不仅没有差异，也没有多样性。除一之外，别无所有。"[①]以及他提出的人类可以凭借灵魂的火花（spark of soul）来与上帝神秘合一的论断，都与波蕾特的神秘主义论述不谋而合。埃克哈特大师指出当灵魂与上帝完成无区分的合一后，灵魂将达到无惑而生（living without a why）的境界，这在一定程度上是对波蕾特笔下灵魂的自我泯灭与神圣之"无"的另一种神学表述。吕斯布鲁克在《澄明之书》（*The Little Book of Clarification*）里提出，在无中介的神秘合一当中，人类灵魂"经由爱被高举，并且在神里面向着自己和自己的一切事工而死。"[②]在吕斯布鲁克的这一番论述当中，我们同样可以听到贝居因女性神秘主义者在自己的作品里所宣扬的观点——灵魂应当在圣礼与事工之外服从圣爱的召唤，以此来寻觅上帝并与上帝在神秘之爱中合———的回音。

16世纪的宗教改革运动使得欧洲民众对于宗教信仰的态度发生了翻天覆地的变化。宗教改革的倡导者马丁·路德虽然自称反神秘主义和反隐修主义，但是他的神学思想却深受多位中世纪神秘主义者的影响，他在宗教改革运动中提出的因信称义的教义本身就不乏神秘主义的气息。不同于天主教会的传统观念，路德倡导的是一种新的信仰模式——以唯信来获得救恩。这种对教士中介特权的排斥，有可能以间接的方式受到了贝居因女性神秘主义写作的影响。路德所倡导的因信称义的教义认为，人类灵魂唯有通过"虚己"和"无我"才能够在上帝面前称义。此外，路德还认为无论是凭借信仰之外的理性来认识上帝，还是凭借善功来实现称义，都是人类骄傲自大的表现，而骄傲恰恰是人类堕落的根源和致死的七宗罪之首。相较于天主教会倡导的荣耀神学（Theology of Glory），路德倡导一

---

① Bernard McGinn, "Love, Knowledge, and Mystical Union in Western Christianity: Twelfth to Sixteenth Centuries", in *Church History*, Vol 56, No.1, 1987, p.16.

② John Ruusbroec, *John Ruusbroec: The Spiritual Espousals and Other Works*, James A. Wiseman, O.S.B. trans., Mahwah: Paulist Press, 1985, p.257.

种十字架神学（Theology of the Cross），借助这一神学观念，他以一种吊诡的方式将人类的理性和自由精神从一种平面化的认知深化为辩证的理解。[①]路德以这种二律背反的方式将人类的理性从教会的束缚当中解放出来，使其能够上升为思辨理性或辩证理性。这种对于个体理性与信仰关系的思考和探索，始于中世纪晚期的贝居因神秘主义写作。

皮桑以人文主义为基本价值取向的写作同样为文艺复兴时期的思想和文学领域留下了宝贵的遗产。皮桑挑起的玫瑰论战及其代表作《女性之城》和《淑女的美德》都促使人们去反思女性的身份与价值，探讨女性在社会政治、经济领域中所扮演的积极角色。由皮桑发起的对于性别伦理关系的思考，在她身后的两百多年间影响了许多文艺复兴时期的女性知识分子。[②]劳拉·切蕾塔（Laura Cereta）、纳瓦拉的玛格丽特（Margaret of Navarre）、莫德拉塔·冯特（Moderata Fonte）、鲁克蕾西亚·马里内拉（Lucrezia Marinella）和阿坎杰拉·塔拉波提（Arcangela Tarabotti）等一批杰出的女性人文主义作家，都在自己的作品里论述了女性的价值和社会角色。她们的思考和写作在不同的层面深化了皮桑所主张的性别平等观念，可以被视为玫瑰论战在文艺复兴时期的延续和扩展。皮桑在写作中广泛运用的互文手法，以及她对于男性经典文本的颠覆性重述和戏拟，对于当代女性文学创作与批评而言也具有一定的启示和借鉴意义。

除了对两性关系和性别伦理进行思考与论述，皮桑的一系列政治写作同样对文艺复兴时期的西欧思想界产生了影响。她站在第三等级的立场上对索尔兹伯里的约翰提出的政治有机体观念进行重新建构，使得工商业阶层和下层民众的政治诉求能够得到表达和声张。此外，皮桑还是中世纪第一个在自己的作品里积极建构民族身份认同感的作家。通过一系列君主之鉴，例如《奥泽致赫克托尔的信》与《克里斯蒂娜·德·皮桑的幻象》，以及长诗《贞德之歌》，皮桑致力于建构法兰西民族身份想象的共同体。从中世纪晚期到文艺复兴时期是欧洲历史进程中民族国家形成并崛起的重要历史时期，皮桑以自己的政治写作回应并加速了这一历史进程的到来。

---

① 赵林：《十字架神学的吊诡——路德神学的理性精神与自由思想新探》，赵林、样熙楠主编《神秘与反思》，桂林：广西师范大学出版社，2008年，第117页。

② Beatrice Gottlieb, "The Problem of Feminism in the Fifteenth Century", in *The Selected Writings of Christine de Pizan*, Renate Blumenfeld-Kosinski and Kevin Brownlee ed. & Trans., New York: W.W.Norton & Company, Inc., 1997, pp.292-293.

参考文献

英文文献

[1] Allen, Judson Boyce. *The Ethical Poetic of the Later Middle Ages*, Toronto, Buffalo and London: University of Toronto Press, 1982.

[2] Altann, Barbara K. and Deborah L. McGrady eds. *Christine de Pizan: A Case Book*. New York: Routledge, 2003.

[3] Amt, Emilie, ed. *Women's Lives in Medieval Europe: A Sourcebook*. New York: Routledge, 2010.

[4] Andersen, Elizabeth A. *The Voice of Mechthild of Magdeburg*. New York: Peter Lang, 2000.

[5] Ann-Marie Priest. Woman as God, God as Woman: Mysticism, Negative Theology, and Luce Irigaray. *Journal of Religion*, 83.1 (2003).

[6] Astell, Ann W. *Song of Songs in the Middle Ages*. Ithaca: Cornell University Press, 1995.

[7] Beer, France. *Women and Mystical Experience in the Middle Ages*. Woodbridge: The Boydell Press, 1992.

[8] Berman, Constance Hoffman, ed. *Medieval Religion: New Approaches*. New York: Routledge, 2005.

[9] Blamires, Alcuin, ed. *Woman Defamed and Woman Defended: An Anthology of Medieval Texts*. New York: Oxford University Press, 1992.

[10] Bloch, R. Howaed. *Medieval Misogyny and the Invention of Western Romantic Love*. Chicago: The University of Chicago Press, 1991.

[11] Blumenfeld-Kosinski, Renate. "Femme De Corps et Femme Par Sens": Christine De Pizan's Saintly Women. *Romanic Review* 87.2(Mar. 1996).

[12] ——. *Reading Myth: Classical Mythology and Its Interpretations in Medieval French Literature*. Stanford: Stanford University Press, 1997.

[13] ——, Duncan Robertson, and Nancy Bradley Warren, eds. *The Vernacular Spirit: Essays on Medieval Religious Literature*. New York: Palgrave MacMillan, 2002.

[14] Boase, Roger. *The Origin and Meaning of Courtly Love: A Critical Study of European Scholarship*. Manchester: Manchester University Press, 1977.

[15] Boon, Jessica A. Trinitarian Love Mysticism: Ruusbroec, Hadewijch, and the Gendered Experience of the Divine. *Church History*, Vol.72, No.3 (Sep, 2003).

[16] Brabant, Margaret, ed. *Politic, Gender, and Genre: The Politic Thought of Christine de Pizan*. Boulder and Oxford: Westview Press, 1992.

[17] Birk, Bonnie A. *Christine De Pizan and Biblical Wisdom: A Feminist-Theological Point of View*. Milwaukee: Marquette University Press, 2005.

[18] Broad, Jacqueline and Karen Green. *A History of Women's Political Thought in Europe*, 1400—1700. Cambridge: Cambridge University Press, 2009.

[19] Brown-Grant, Rosalind. *Christine de Pizan and the Moral Defence of Women: Reading Beyond Gender*. Cambridge: Cambridge University Press, 2003.

[20] Brownlee, Kevin. Widowhood, Sexuality, and Gender in Christine De Pizan. *Romanic Review* 86.2 (Mar. 1995).

[21] —— and Sylvia Hout, eds. *Rethinking the "Romance of the Rose": Text, Image, Reception*. Philadelphia: University of Pennsylvania Press, 1992.

[22] —— and Walter Stephens eds. *Discourses of Authority in Medieval and Renaissance Literature*. Hanover: University Press of New England, 1989.

[23] Brunn, Emilie Zum and Georgette Epiney-Burgard. *Women Mystics in Medieval Europe*. Trans. Sheila Hughes. St. Paul: Paragon House, 1998.

[24] Brumble, H. David, ed. *Classical Myths and Legends in the Middle Ages and Renaissance: A Dictionary of Allegorical Meanings*. Westport: Greenwood Press, 1998.

[25] Bynum, Caroline Walker. Fast, Feast, and Flesh: The Religious Significance of Food to Medieval Women. *Representation*, No.11 (Summer, 1985).

[26] ——. *Fragmentation and Redemption: Essays on Gender and Human Body in Medieval Religion*. New York: Zone Books, 1992.

[27] ——. *Holy Feast and Holy Fast: The Religious Significance of Food to Medieval Women*. Berkeley and Los Angeles: University of California Press, 1987.

[28] ——. *Jesus as Mother: Studies in the Spirituality of the High Middle Ages*. Berkeley and Los Angeles: University of California Press, 1982.

[29] Carruthers, Mary. *The Book of Memory: A Study of Memory in Medieval Culture*. Cambridge: Cambridge University Press, 2008.

[30] Chance, Jane. *The Literary Subversions of Medieval Women*. New York: Palgrave Macmillan, 2007.

[31] ——, ed. *Gender and Text in the Later Middle Ages*. Gainesville: University of Florida Press, 1996.

[32] Chodorow, Nancy. *The Reproduction of Mothering: Psychoanalysis and the Sociology of Gender*. Berkeley and Los Angeles: University of California Press, 1978.

[33] Desmond, Marilynn, ed. *Christine de Pizan and the Categories of Difference*. Minneapolis: University of Minnesota Press, 1998.

[34] Dickens, Andres Janelle. *The Female Mystic: Great Women Thinkers of the Middle Ages*. New York: I. B. Tauris, 2009.

[35] Dinshaw, Carolyn and David Wallace, eds. *The Cambridge Companion to Medieval Women's Writing*. Cambridge: Cambridge University Press, 2003.

[36] Dreyer, Elizabeth A. *Passionate Spirituality: Hildegard of Bingen and Hadewijch of Brabant*. Mahwah: Paulist Press, 2005.

[37] Dubruck, Edelgard E., ed. *New Images of Medieval Women: Essays Toward a Cultural Anthropology*. New York: Edwin Mellen Press, 1989.

[38] Dronke, Peter. *Women Writers of the Middle Ages: A Critical Study of Texts from Perpetua to Marguerite Porete*. Cambridge: Cambridge University Press, 1984.

[39] Ferzoco, George and Carolyn Muessig, eds. *Medieval Monastic Education*. London and New York: Leicester University Press, 2000.

[40] Forhan, Kate Langdon. *The Political Theory of Christine de Pizan*, Burlington: Ashgate Pub Ltd., 2002.

[41] Fraioli, Deborah A. The Literature Image of Joan of Arc: Prior Influence. *Speculum*, Vol. 56, No.4, 1981.

[42] Furlong, Monica, ed. *Visions and Longings: Medieval Women Mystics*. Boston: Shambhale Publications, Inc., 1996.

[43] Gilbert, Sandra M. and Susan Gubar. *The Madwoman in the Attic: The Woman Writer and the Nineteenth-Century Literary Imagination*. New Haven: Yale University Press, 2000.

[44] Green, D. H. *Women Readers in the Middle Ages*. New York: Routledge, 2007.

[45] Green, Karan and Constant J. Mews, eds. *Healing the Body Politic: The Political Thought of Christine de Pizan*. Turnhout: Brepols Publishers, 2005.

[46] Hadewijch. *The Complete Works. Trans*. Mother Columba Hart, O.S.B. Mahwah: Paulist Press, 1980.

[47] Ho, Cynthia. *Communal and Individual Autobiography in Christine de Pizan's Book of the City of Ladies*. CEA Critic 57.1 (Fall 1994).

[48] Hollywood, Amy. *Soul as Virgin Wife: Mechthild of Magdeburg, Marguerite Porete and Meister Eckhart*. Notre Dame: University of Notre Dame Press, 2001.

[49] Hollywood, Amy M. Beauvoir, Irigaray, and the Mystical. *Hypatia*, Vol.9, No.4, Feminist Philosophy of Religion (Autumn, 1994).

[50] Hout, Sylvia. Confronting Misogyny: Christine de Pizan and the Roman de la Rose. *Literature Criticism From 1400 to 1800*, Vol.130, Gale, 2007.

[51] Irigaray, Luce. *Speculum of the Other Woman*. Trans. Gillian C. Gill. Ithaca, New York: Cornell University Press, 1985.

[52] Kelly, Douglas. *Christine de Pizan's Changing Opinion: A Quest for Certainty in the Midst of Chaos*. Cambridge: D. S. Brewer, 2007.

[53] Kittell, Ellen E. and Mary A. Suydam, eds. *The Texture of Society: Medieval Women in the Southern Low Countries*. New York: Palgrave Macmillan, 2004.

[54] Kocher, Suzanne. *Allegories of Love in Marguerite Porete's Mirror of Simple Souls*. Turnhout: Brepols Publishers, 2008.

[55] Kraye, Jill, ed. *The Cambridge Companion to Renaissance Humanism*. Cambridge: Cambridge University Press, 1996.

[56] Larrington, Carloyne. *Women and Writing in Medieval Europe: A Sourcebook*. London and New York: Routledge, 1995.

[57] Lindahl, Carl, John McNamara and John Lindow, eds. *Medieval Folklore: A Guide to Myths, Legends, Tales, Beliefs, and Customs*. New York: Oxford University Press, 2002.

[58] Lorris, Guillaume de and Jean de Meun. *The Romance of the Rose*. Trans. Frances Horgan. New York: Oxford University Press, 2008.

[59] Louth, Andrew. *The Origins of the Christian Mystical Tradition: From Plato to Denys*. New York: Oxford University Press, 2007.

[60] Margolis, Nadia. *An Introduction to Christine de Pizan*. Gainesville: University Press of Florida, 2011.

[61] Matter, E. Ann. *The Voice of My Beloved: The Song of Songs in Western Medieval Christianity*. Philadelphia: University of Pennsylvania Press, 1992.

[62] McCormick, Betsy. Building the Ideal City: Female Memorial Praxis in Christine De Pizan's *Cité des Dames*. *Studies in the Literary Imagination* 36.1 (Spring, 2003).

[63] McCormick, Samuel. Mirrors for the Queen: A Letter from Chrstine de Pizan on the Eve of Civil War. *Quarterly Journal of Speech*, Vol.94, No. 3, August 2008.

[64] McGinn, Bernard, ed. *Meister Eckhart and Beguine Mystics: Hadewijch of Brabant, Mechthild of Magdeburg, and Marguerite Porete*. New York: The Continuum Publishing Company, 1994.

[65] ——. Love, Knowledge, and Mystical Union in Western Christianity: Twelfth to Sixteenth Centuries. *Church History*, Vol 56, No.1, 1987.

[66] ——, ed. *The Essential Writings of Christian Mysticism*. New York: Modern Library, 2006.

[67] ——. *The Growth of Mysticism: Gregory the Great Through the 12 Century*. New York: The Crossroad Publication Company, 1996.

[68] ——. *The Flowering of Mysticism: Men and Women in the New Mysticism: 1200—1350*. New York: The Crossroad Publication Company, 1998.

[69] ——. *The Foundation of Mysticism*: *Presence of God*. New York: The Crossroad Publication Company, 1999.

[70] Mechthild of Magdeburg. *The Flowing Light of the Godhead*. Trans. Frank Tobin. Mahwah: Paulist Press, 1998.

[71] Milhaven, John Giles. *Hadewijch and Her Sisters: Other Ways of Loving and Knowing*. New York: State University of New York Press, 1993.

[72] Miller, Tanya Stabler. What's in a Name? Clerical Representations of Parisian Beguines (1200—1328). *Journal of Medieval History*, Vol 33, Issus1, (Mar, 2007).

[73] Minnis, A. J. *Medieval Theory of Authorship: Scholastic Literary Attitudes in the Later Middle Ages*. Philadelphia: University of Pennsylvania Press, 1988.

[74] Minnis, A. J., A. B. Scott and David Wallace, eds. *Medieval Literary Theory and Criticism: 1100—1375. The Commentary Tradition*. New York: Oxford University Press, 2003.

[75] Mommaers, Paul and Elizabeth Dutton. *Hadewijch: Writer-Beguine-Love Mystic*. Leuven: Peeters Publishers, 2004.

[76] Mulder-Bakker, Anneke B. and Liz Herbert McAvoy, eds. *Women and Experience in Later Medieval Writing: Reading the Book of Life*. New York: Palgrave Macmillan, 2009.

[77] Murk-Jansen, Saskia. *Bride in Desert: The Spirituality of the Beguines*. London: Longman and Todd Ltd., 1998.

[78] Nederman, Cary J. *Christine de Pizan and Jean Gerson on the Body Politic: The Limits of Intellectual Influence?* a 2007 conference paper. http://ptw.uchicago.edu/Nederman07.pdf

[79] Newman, Barbara. *From Virile Woman to Woman Christ: Studies in Medieval Religion and Literature*. Philadelphia: University of Pennsylvania Press, 1995.

[80] ——. *God and Goddesses: Vision, Poetry, and Belief in the Middle Ages*. Philadelphia: University of Pennsylvania Press, 2005.

[81] Nowacka, Keiko. Reflections on Christine de Pizan's "Feminism". *Australian Feminist Studies*, Vol. 17, No. 37, 2002.

[82] Petroff, Elizabeth Alvilda, ed. *Medieval Women's Visionary Literature*. New York: Oxford University Press, 1986.

[83] ——. *Body and Soul: Essays on Medieval Women and Mysticism*. New York: Oxford University Press, 1994.

[84] Pizan, Christine de. *Christine de Pizan's Letter of Othea to Hector*. Trans. Jane Chance. Newburyport: Focus Information Group, Inc., 1990.

[85] ——. *Debate of the Romance of the Rose*. Ed. & trans. David F. Hult. Chicago: The University of Chicago Press, 2010.

[86] ——. *The Book of Deeds of Arms and of Chivalry*. Trans. Sumner Willard. University Park: Pennsylvania State University Press, 1999.

[87] ——. *The Book of Peace*. Eds. & trans. Karen Green, Constant J. Mews and Janice Pinder. University Park: Pennsylvania State University Press, 2008.

[88] ——. *The Book of the Body Politic*. Trans. Kate Langdon Forhan. Cambridge: Cambridge University Press, 1994.

[89] ——. *The Book of the City of Ladies*. Trans. Rosalind Brown-Grant. London: Penguin Books Ltd., 2000.

[90] ——. *The Treasure of the City of Ladies or The Book of the Three Virtues*. Trans. Sarah Lawson. London: Penguin Books Ltd., 2003.

[91] ——. *The Selected Writings of Christine de Pizan*. Trans. Renate Blumenfeld-Kosinski and Kevin Brownlee. New York: W.W.Norton & Company, Inc., 1997.

[92] ——. *The Vision of Christine de Pizan*. Trans. Glenda Mcleod and Charity Cannon Willard. Cambridge: D. S. Brewer, 2005.

[93] ——. *The Writings of Christine de Pizan*. Ed. & trans. Charity Cannon Willard. New York: Persea Books, Inc., 1994.

[94] Poor, Sara S. *Mechthild of Magdeburg and Her Book: Gender and Making of Textual Authority*. Philadelphia: University of Pennsylvania Press, 2004.

[95] Porette, Margaret. *The Mirror of Simple Souls*. Trans. Edmund Colledge, O.S.B., J.C.Marler, and Judith Grant. Notre Dame: University of Notre Dame Press, 1999.

[96] Porete, Marguerite. *The Mirror of Simple Souls*. Trans. Ellen L. Babinsky. Mahwah: Paulist Press, 1993.

[97] Potkay, Monica Brzezinski and Regula Meyer Evitt. *Minding the Body: Women and Literature in the Middle Ages, 800—1500*. New York: Twayne Publisher, 1997.

[98] Quilligan, Maureen. *The Allegory of Female Authority：Christine De Pizan's Cité Des Dames*. Ithaca, New York: Cornell University Press, 1991.

[99] Richards, Earl Jeffrey, ed. *Reinterpreting Christine de Pizan*. Athens: The University of Georgia Press, 1992.

[100] ——.Where Are the Men in Christine de Pizan's *City of Ladies*? Architectural and Allegorical Structures in Christine de Pizan's *Livre de la Cité des Dames*. *Literature Criticism From 1400 to 1800*, Vol.130, Gale, 2007.

[101] Robinson, Joanne Maguire. *Nobility and Annihilation in Marguerite Porete's Mirror of Simple Souls*. New York: State University of New York Press, 2001.

[102] Ross, Sarah Gwyneth. *The Birth of Feminism: Woman as Intellect in Renaissance Italy and England*. Cambridge: Harvard University Press, 2009.

[103] Rudy, Gordon. *The Mystical Language of Sensation in the Later Middle Ages*. New York: Routledge, 2002.

[104] Ruether, Rosemary Radford. *Goddesses and the Divine Feminine: A Western Religious History*. Berkeley and Los Angeles: University of California, 2005.

[105] Ruusbroec, John. *John Ruusbroec: The Spiritual Espousals and Other Works*. James A. Wiseman, O.S.B. trans., Mahwah: Paulist Press, 1985.

[106] Sells, Michael A. *Mystical Languages of Unsaying*. Chicago: The University of Chicago Press, 1994.

[107] Simons, Walter. *Cities of Ladies: Beguine Communities in the Medieval Low Countries*, 1200—1565. Philadelphia: University of Pennsylvania Press, 2001.

[108] Smith, Lesley and Jane H. M. Taylor eds. *Women, the Book and the Godly*. Cambridge: D. S. Brewer, 1995.

[109] Smith, Sidonie and Julia Watson, eds. *Women, Autobiography, Theory: A Reader*. Madison: University of Wisconsin Press, 1998.

[110] Sturges, Robert S. *Medieval Interpretation: Models of Reading in Literary Narrative*, 1100—1500. Carbondale: South Illinois University Press, 1991.

[111] Suydam, Mary A. The Touch of Satisfaction: Visions and the Religious Experience According to Hadewijch of Antwerp. *Journal Feminist Studies in Religion*, Vol. 12, No. 2 (Fall, 1996).

[112] Swanson, R. N. *Medieval Humanism and Other Studies*. Oxford: Basil Blackwell, 1970.

[113] Thornton, John F. and Susan B. Varenne, eds. *Honey and Salt: Selected Spiritual Writings of Saint Bernard of Clairvaux*. New York: Vintage, 2007.

[114] Tobin, Frank J. *Mechthild von Magdeburg: A Medieval Mystic in Modern Eyes*. Columbia: Camden House, 1995.

[115] Turner, Denys. *Eros and Allegory: Medieval Exegesis of the Song of Songs*. Collegeville: Cistercian Publication Inc., 1995.

[116] Voaden, Rosalynn. *God's Words, Women's Voices: The Discernment of Spirits in the Writing of Late-Medieval Women Visionaries*. Rochester: York Medieval Press, 1999.

[117] Wiethaus, Ulrike ed. *Maps of Flesh and Light: The Religious Experience of Medieval Women Mystics*. New York: Syracuse University Press, 1993.

[118] Willard, Charity Cannon. *Christine de Pizan: Her Life and Works*. 1984. New York: Persea Books, 1990.

[119] Wilson Katharina M., ed. *Medieval Women Writers*. Athens: University of Georgia Press, 1984.

[120] Wollock, Jennifer G. *Rethinking Chivalry and Courtly Love*. Santa Barbara: Praeger, 2011.

[121] Wulf, Maurice de. *Philosophy and Civilization in the Middle Ages*. New York: Dover Publications Inc., 1953.

[122] Zimmermann, Margarete and Dina de Rentiis, ed. *The City of Scholars: New Approaches to Christine de Pizan*. Berlin and New York: Walter de Gruyter & Co., 1994.

中文文献

[1] C.S. 路易斯：《中世纪和文艺复兴时期的文学研究》，曾珍珍译，上海：华东师范大学出版社，2010年。

[2] G.R. 埃文斯：《中世纪的信仰》，茆卫彤译，北京：北京大学出版社，2005年。

[3] 阿利斯特·麦格拉思：《宗教改革运动思潮》，蔡锦图、陈佐人译，北京：中国社会科学出版社，2009年。

[4] 埃德加·普雷斯蒂奇：《骑士制度》，林中泽、梁铁祥、林诗维译，上海，上海三联书店，2010年。

[5] 埃克哈特：《埃克哈特大师文集》，荣震华译，北京：商务印书馆，2010年。

[6] 埃里克·霍布斯鲍姆：《民族与民族主义》，李金梅译，上海：上海世纪出版集团，2006年。

[7] 安德鲁·洛思：《神学的灵泉——基督教神秘主义传统的起源》，孙毅、游冠辉译，北京：中国致公出版社，2001年。

[8] 安东尼·肯尼：《牛津西方哲学史（第二卷）·中世纪哲学》，袁宪军译，长春：吉林出版集团有限公司，2010年。

[9] 安瑟伦：《信仰寻求理解——安瑟伦著作选集》，溥林译，北京：中国人民大学出版社，2005年。

[10] 奥古斯丁：《忏悔录》，周士良译，北京：商务印书馆，2008年。

[11] ——，《论自由意志：奥古斯丁对话录二篇》，宫成泯译，上海：上海人民出版社，2010年。

[12] ——，《上帝之城》，王晓朝译，北京：人民出版社，2006年。

[13] 柏棣主编：《西方女性主义文学理论》，桂林：广西师范大学出版社，2007年。

[14] 保罗·费尔代恩：《与神在爱中相遇——吕斯布鲁克及其神秘主义》，陈建洪译，北京：中国致公出版社，2001年。

[15] 本尼迪克特·安德森：《想象的共同体：民族主义的起源与散布》，吴叡人译，上海：上海世纪出版集团，2006年。

[16] 波爱修斯：《哲学的慰籍》，朱东华译，北京：社会科学出版社，2008年。

[17] 布莱恩·蒂尔尼、西德尼·佩因特：《西欧中世纪史》，袁传伟译，北京：北京大学出版社，2011年。

[18] 查尔斯·霍默·哈斯金斯：《12世纪文艺复兴》，夏继果译，上海：上海人民出版社，2005年。

[19] 程德林：《西欧中世纪后期的知识传播》，北京：北京大学出版社，2009年。

[20] 大卫·瑙尔斯：《中世纪思想的演化》，杨选译，北京：商务印书馆，2012年。

[21] 黛博拉·A.弗雷奥利：《圣女贞德与百年战争》，上海：上海社会科学出版社，2013年。

[22] 方亚中：《非一之性——伊利加雷的性差异理论研究》，北京：外语教学与研究出版社，2008年。

[23] 菲奥娜·斯沃比：《骑士之爱与游吟诗人》，王晨译，上海：上海社会科学出版社，2013年。

[24] 海斯汀·拉斯达尔：《中世纪的欧洲大学——博雅教育的兴起》，邓磊译，重庆：重庆大学出版社，2011年。

[25] 汉斯-维尔纳·格茨：《欧洲中世纪生活》，王亚平译，北京：东方出版社，2002年。

[26] 亨利·皮雷纳：《中世纪的城市》，陈国梁译，北京：商务印书馆，2006年。

[27] 胡都斯·L.冈萨雷斯：《基督教思想史》，陈泽民、孙汉书、司徒桐、莫如喜、陆俊杰译，南京：译林出版社，2010年。

[28] 霍莱斯特：《欧洲中世纪简史》，陶松寿译，北京：商务印书馆，1988年。

[29] 吉尔·R.埃文斯：《异端简史》，李瑞萍译，北京：北京大学出版社，2008年。

[30] 吉尔松：《中世纪哲学精神》，沈青松译，上海：上海人民出版社，2008年。

[31] 科林·布朗：《基督教与西方思想》，查常平译，北京：北京大学出版社，2005年。

[32] 克里斯蒂娜·德·皮桑：《妇女城》，李霞译，上海：学林出版社，2002年。

[33] ——，《淑女的美德》，张宁译，南昌：江西人民出版社，2009年。

[34] 理查德·塔纳斯：《西方思想史》，吴象婴、晏可佳、张广勇译，上海：上海社会科学院出版社，2011年。

[35] 里亚·格林菲尔德：《民族主义：走向现代的五条道路》，王春华、祖国霞、魏万磊、谢虎、胡婷婷译，上海：上海三联书店，2010年。

[36] 李筠：《论西方中世纪王权观——现代国家权力观念的中世纪起源》，北京：社会科学文献出版社，2013年。

[37] 刘建军：《欧洲中世纪文学论稿》，北京：中华书局，2010年。

[38] 刘岩、邱小轻、詹俊峰编著：《女性身份研究读本》，武汉：武汉大学出版社，2007年。

[39] 刘岩编著：《母亲身份研究读本》，武汉：武汉大学出版社，2007年。

[40] 刘宗坤：《原罪与正义》，上海：华东师范大学出版社，2006年。

[41] 陆扬：《中世纪文艺复兴美学》，北京：北京师范大学出版社，2013年。

[42] 罗贝尔·福西耶：《这些中世纪的人——中世纪的日常生活》，周嫄译，上海：上海社会科学出版社，2011年。

[43] 罗伯特·福西耶：《剑桥插图中世纪史（950—1250）》，李增洪等译，济南：山东画报出版社，2008年。

[44] ——，《剑桥插图中世纪史（1250—1520）》，李桂芝等译，济南：山东画报出版社，2009年。

[45] 罗伯特·诺布尔·斯旺森：《欧洲的宗教与虔诚 1215—1515》，龙秀清、张日元译，上海：上海三联书店，2012年。

[46] 罗明嘉：《奥古斯丁上帝之城中的社会生活神学》，北京：中国社会科学出版社，2008年。

[47] 吕斯布鲁克：《七重阶梯——吕斯布鲁克文集》（卷一），陈建洪译，上海：华东师范大学出版社，2011年。

[48] 马格丽特·金：《文艺复兴时期的妇女》，刘耀春、杨美艳译，北京：东方出版社，2008年。

[49] 麦格拉思：《基督教文学经典选读》，苏欲晓译，北京：北京大学出版社，2004年。

[50] 迈克尔·卡米尔：《中世纪爱的艺术：欲望的客体与主体》，刘日明译，桂林：广西师范

大学出版社，2005年。

[51] 毛峰：《神秘主义诗学》，北京：三联书店，1998年。

[52] 米歇尔·索托：《法国文化史1：中世纪》，杨剑译，上海：华东师范大学出版社，2011年。

[53] 溥林：《中世纪的信仰与理解：波纳文图拉神哲学导论》，香港：道风书社，2006年。

[54] 乔治·杜比：《骑士、妇女与教士》，周嫄译，上海：上海人民出版社，2008年。

[55] 桑德拉·吉尔伯特、苏珊·古芭：《阁楼上的疯女人：女性作家与19世纪文学想象》，杨莉馨译，上海：上海人民出版社，2015年。

[56] 圣波纳文图拉：《中世纪的心灵之旅：波纳文图拉神哲学著作选》，溥林译，北京：华夏出版社，2003年。

[57] 圣伯尔拿、肯培多马等：《中世纪灵修文学选集》，章文新、汤清等译，北京：宗教文化出版社，2011年。

[58] 宋素凤：《多重主体策略的自我命名：女性主义文学理论研究》，济南：山东大学出版社，2000年。

[59] 苏拉密斯·萨哈：《第四等级——中世纪欧洲妇女史》，林英译，广州：广东人民出版社，2003年。

[60] 汤普逊：《中世纪经济社会史》，耿淡如译，北京：商务印书馆，1997年。

[61] 唐逸：《信仰与理性：西方中世纪哲学思想》，桂林：广西师范大学出版社，2005年。

[62] 田薇：《信仰与理性——中世纪基督教文化的兴衰》，保定：河北大学出版社，2001年。

[63] 托马斯·卡西尔：《中世纪的奥秘：天主教欧洲的崇拜与女权、科学及艺术的兴起》，朱东华译，北京：北京大学出版社，2011年。

[64] 王美秀、段琦、文庸、乐峰等：《基督教史》，南京：江苏人民出版社，2006年。

[65] 王亚平：《基督教的神秘主义》，北京：东方出版社，2001年。

[66] ——，《西欧中世纪社会中的基督教教会》，北京：中央编译出版社，2011年。

[67] 威尔·杜兰：《世界文明史·信仰的时代》，幼师文化公司译，北京：东方出版社，1998年。

[68] ——，《世界文明史·宗教改革》，幼师文化公司译，北京：东方出版社，1998年。

[69] 沃尔特·厄尔曼：《中世纪政治思想史》，夏洞齐译，南京：译林出版社，2011年。

[70] 沃格林：《政治观念史稿：卷二·中世纪（至阿奎那）》，叶颖译，上海：华东师范大学出版社，2009年。

[71] ——，《政治观念史稿：卷三·中世纪晚期》，段保良译，上海：华东师范大学出版社，2009年。

[72] 伍尔夫：《中古哲学与文明》，庆泽彭译，上海：华东师范大学出版社，2005年。
[73] 夏洞奇：《尘世的权威：奥古斯丁的社会政治思想》，上海：上海三联书店，2007年。
[74] 休·希顿-沃森：《民族与国家：对民族起源和民族主义政治的探讨》，吴洪英、黄群译，北京：中央民族大学出版社，2009年。
[75] 雅克·勒高夫：《钱袋与永生：中世纪的经济与宗教》，周嫄译，上海：上海人民出版社，2007年。
[76] ——，《中世纪文明：400—1500年》，徐家玲译，上海：格致出版社，2011年。
[77] 雅克·勒戈夫：《中世纪的知识分子》，张弘译，北京：商务印书馆，2002年。
[78] 雅克·韦尔热：《中世纪大学》，王晓辉译，上海：上海人民出版社，2007年。
[79] 阎国忠：《美是上帝的名字——中世纪神学美学》，上海：上海社会科学出版社，2003年。
[80] 杨慧林、黄晋凯：《欧洲中世纪文学史》，南京：译林出版社，2001年。
[81] 杨慧林：《圣言·人言：神学阐释学》，上海，上海译文出版社，2002年。
[82] 杨克勤：《夏娃、大地与上帝》，上海：华东师范大学出版社，2008年。
[83] 杨正润：《现代传记学》，南京：南京大学出版社，2009年。
[84] 约阿希姆·布姆克：《宫廷文化：中世纪盛期的文学与社会》，何珊、刘华新译，北京：三联书店，2006年。
[85] 约翰·赫伊津哈：《中世纪的秋天》，何道宽译，广州：花城出版社，2017年。
[86] 约翰·马仁邦主编：《劳特利奇哲学史：第三卷·中世纪哲学》，孙毅等译，北京：中国人民大学出版社，2009年。
[87] 约瑟夫·R.斯特雷耶：《现代国家的起源》，华佳、王夏、宗福常译，上海：上海人民出版社，2011。
[88] 章安祺、黄克剑、杨慧林：《西方文艺理论史：从柏拉图到尼采》，北京：中国人民大学出版社，2007年。
[89] 张宪：《启示的理性——欧洲哲学与基督宗教思想》，成都：四川出版集团巴蜀书社，2006年。
[90] 赵敦华：《基督教哲学1500年》，北京：人民出版社，2007年。
[91] 赵林、杨熙楠主编：《神秘与反思》，桂林：广西师范大学出版社，2008年。
[92] 赵山奎：《精神分析与西方现代传记》，北京：中国社会科学出版社，2010年。
[93] 朱迪斯·M.本内特、C.沃伦·霍利斯特：《欧洲中世纪史》，杨宁、李韵译，上海：上海社会科学院出版社，2007年。

后　记

　　这本书是在我的博士论文的基础上修订而成的。它不仅是我在三年读博期间所取得的学术成果，同时也是我多年沉潜于欧洲中世纪文学研究的一个粗略总结。这部研究著作的出版并非我在这一研究领域学术探索之旅的终点，相反，我与中世纪文学的不解之缘远未终结。

　　有人曾对我说，学术研究之路往往是孤寂的。但是在我看来，它是一段充满了智性乐趣的人生旅程。一路走来我很少感觉到自己是在孤军奋战，因为在我的身旁有一群志同道合的师长和友人相伴左右。在我困惑迷茫之际，总是能够得到他们的慷慨帮助与热情鼓励。在这一段不算漫长的学术探索之旅中，我收获的不仅是心灵的启迪，更是温暖的情谊。

　　首先，我要感谢恩师王志耕教授。我能够在王老师的引导下走进文学研究的殿堂，堪称人生的一大幸事。在求学期间，王老师不仅给了我沉甸甸的学术生命，而且让我真正知晓了文学研究的价值和旨归。王老师旁征博引的授课使得我掌握了进行学术研究的方法与途径，他还通过身教让我明白了何谓知识分子的道德操守和社会职责。在师生相处的三载光阴里，无论是研究上的难题，抑或是生活中的烦恼，我都能够向王老师倾吐并且从他那里获得无私的帮助。王老师出众的学术水平、严谨的治学态度、高尚的人格品质以及他那堂吉诃德式的道义勇气都给予我潜移默化的影响。王老师，感谢您带我走上了学术研究的道路，让我获得了开阔的学术视野，您的教诲我将永远铭记在心。

其次，我要感谢南开大学文学院的王立新教授。立新老师深厚的希伯来文学素养以及他对于《圣经》的独到见解，使得我在他的课上受益匪浅。在本书的写作与修改过程中，立新老师提出的一系列建议让我备受启发。此外，我还要感谢北京大学的刘意青教授和东北师范大学的刘建军教授。刘意青教授不仅仔细阅读了全文，而且她在每一页上都做出了批注，给本书提出了大量的宝贵意见。刘建军教授是欧洲中世纪文学研究领域的专家，他对我提出了极具价值的修改建议，并且鼓励我在中世纪文学研究的道路上奋勇前行。

再次，我要感谢上海外国语大学文学研究院的诸位领导和同仁老师们，感谢你们给予我进入文学研究院从事研究与教学工作的宝贵机会。文学研究院和谐的人际关系与良好的人文氛围为我的研究工作提供了有力的支持。

感谢中国博士后科学基金会面上资助项目在本书出版过程中的资金支持。此外，我还要感谢北京大学出版社的李娜编辑，感谢她为这本书的顺利出版付出的辛勤劳动。

这本书的出版还见证了我与同窗好友们的情谊。感谢同门胡笑瑛教授的帮助和关心，她的陪伴使得在异地求学的我能够迅速地适应新环境、开始新生活。感谢同门师妹陈琳对本书进行的细致校对。感谢刘璐、汪静、张虎、王小可、庞燕宁、王慧敏、张锦玉、杜文平、刘晶等友人，你们的善良和热忱使得我在求学期间能够保持积极乐观的心态。与你们在一起的时光不仅是轻松愉悦的，而且还充满了思辨的乐趣。

最后，我要向长久以来一直支持我的父母说一声谢谢！你们的爱无时无刻地环绕在我的身旁，使得我在漫长的求学之路上能够心无旁骛、风雨兼程。

杜力

2017 年 6 月